Français

CM2 cycle 3 / niveau 3

À portée de mots

Janine Leclec'h-Lucas
Jean-Claude Lucas
Professeurs des écoles

Robert Meunier
Instituteur

Conforme aux nouvelles orientations

HACHETTE Éducation

Couverture : SG Création

Maquette intérieure : Th. Poulet et M.-L. Poulet - Infograph

Illustrations : C. Adam, pp. 228-229 ; G. Besnard, pp. 222-223, 230-231 ; A. Boyer, p. 200 ; C. Gandini, pp. 218-219 ; S. Gangloff, pp. 198, 212-213 ; J.-L. Goussé, pp. 174, 176, 177, 190, 199, 202, 209, 224-225 ; J.-P. Jauzenque, pp. 201, 210-211, 220-221 ; T. Poulet, 206-207 ; M. Sauvage, 214-215, 216-217 ; R. Turlet, 232-233. Les autres illustrations sont de F. Dimberton.

ISBN : 201116379-X

© Hachette Livre 2002
43, quai de Grenelle, F 75905 Paris cedex 15.
www.hachette-education.com

Le code de la propriété intellectuelle n'autorisant, aux termes des articles L. 122-4 et L. 122-5, d'une part que les « copies ou reproductions réservées à l'usage privé du copiste et non destinées à une utilisation collective », et, d'autre part, que « les analyses et les courtes citations » dans un but d'exemple et d'illustration. « Toute représentation ou reproduction intégrale, ou partielle, faite sans le consentement de l'auteur ou de ses ayants droit ou ayants cause, est illicite ».

Cette représentation ou reproduction, par quelque procédé que ce soit, sans autorisation de l'éditeur ou du Centre français de l'exploitation du droit de copie (20, rue des Grands-Augustins, 75006 PARIS) constituerait donc une contrefaçon sanctionnée par les articles 425 et suivants du Code Pénal.

Préface

Cette collection propose une vision du livre de français clairement articulée autour de l'autonomie pédagogique.

Notre choix a été dicté par une évidence :

L'enseignant est un professionnel qui choisit et assume sa pédagogie. Le rôle d'un manuel n'est donc pas de lui imposer une démarche formalisée, mais de le soutenir dans ses actions de formation.

L'enseignant trouvera donc ici les outils dont il a besoin, en l'occurrence un vaste choix d'exercices, tout en bénéficiant d'une grande latitude d'utilisation, en relation directe avec la vie de sa classe, car toutes les séquences sont classées par disciplines et permettent un usage très souple en fonction des exigences de chacun.

Les séquences sont généralement construites sur le même schéma :

- un bandeau servant de référentiel à l'élève, qui récapitule les notions essentielles étudiées dans le chapitre ;
- de nombreux exercices d'appropriation de la notion abordée. Certains permettent d'avancer un peu au-delà des compétences attendues à ce niveau : ils sont au service d'une pédagogie différenciée ;
- un exercice, repéré par un tampon, est corrigé en fin de manuel et permet un travail en autonomie ;
- un ou deux exercices d'expression écrite sont présents pour que le travail systématique se finalise dans la pratique de la langue ;
- Dans de nombreuses séquences, un exercice « À toi de jouer… » offre une approche plus ludique et une autodictée permet de fixer les acquis en proposant un travail en temps différé.

L'objectif de cet ouvrage étant de favoriser l'appropriation des outils de la communication, nous avons proposé un large éventail d'activités de vocabulaire autant systématiques que thématiques. L'avant-dernière partie est consacrée à des activités d'expression et à la liaison lecture-écriture, et la dernière partie présente des lectures très diversifiées ; chacune d'elles est accompagnée d'un questionnaire d'évaluation.

Certaines séquences pourront être perçues comme relevant de compétences dépassant le niveau attendu en fin de scolarité primaire. Nous ne les avons pas conçues pour être l'objet d'une étude systématique mais bien pour apporter, au travers de quelques exercices, un éclairage sur des problèmes soulevés au cours des activités de langue française.

Le *livre du maître* associé à cet ouvrage :

- donne la correction de tous les exercices (exceptés, bien sûr, certains exercices d'expression) ;
- propose, pour chaque séquence et pour les enseignants qui le souhaiteraient, un texte de découverte de la notion abordée ;
- apporte des exercices spécifiques complémentaires ainsi que des dictées ;
- fournit un exercice d'évaluation.

Nous ne doutons pas qu'avec ces ouvrages l'enseignant trouvera des outils propres à asseoir une pédagogie de la réussite.

Sommaire

Grammaire

La phrase Phrase verbale et phrase non verbale	**8-9**
La ponctuation	**10-11**
Types et formes de phrases	**12-13**
La phrase simple - La phrase complexe Les propositions	**14-15**
La phrase active - La phrase passive	**16-17**
Les groupes de la phrase	**18-19**
L'accord sujet-verbe (1)	**20-21**
L'accord sujet-verbe (2)	**22-23**
Les compléments d'objet	**24-25**
Les compléments circonstanciels	**26-27**
Les classes de mots	**28**
Le verbe	**29**
Le nom et le déterminant	**30-31**
Le pronom personnel	**32-33**
Les pronoms démonstratifs, possessifs, indéfinis, interrogatifs et relatifs	**34-35**
L'adjectif qualificatif	**36-37**
L'attribut du sujet	**38-39**
Le complément du nom	**40-41**
L'adverbe	**42-43**
La préposition	**44**
La conjonction	**45**
Nature et fonction : l'analyse grammaticale	**46** à **48**
Juxtaposition et coordination	**49**
Les différentes propositions	**50-51**
Les différentes propositions subordonnées	**52-53**
Synthèse	**54** à **56**

Conjugaison

L'infinitif et les trois groupes de verbes	**58-59**
Le verbe se conjugue	**60-61**
Le présent de l'indicatif : généralités	**62-63**
Le présent de l'indicatif : verbes du 1er groupe (particularités)	**64-65**
Le présent de l'indicatif : verbes particuliers	**66-67**
L'imparfait de l'indicatif	**68-69**
Le futur simple	**70-71**
Le passé simple	**72-73**
La concordance des temps (1) L'imparfait et le passé simple	**74-75**
Les temps composés de l'indicatif	**76-77**
Le présent de l'impératif	**78-79**
Le présent du conditionnel	**80-81**
Le présent du subjonctif	**82-83**
La forme pronominale	**84**
Voix active - Voix passive	**85**
La concordance des temps (2)	**86-87**
Synthèse	**88** à **90**

Orthographe

Les mots invariables	**92**
Écrire la fin des noms (1)	**93**
Écrire la fin des noms (2)	**94-95**
Écrire la fin des noms (3)	**96-97**
Homonymies (1)	**98-99**
on/ont, **son/sont**, **à/a**, **et/est**, **ou/où**, **se/ce**, **ces/ses**, **mais/mes**	
Homonymies (2)	**100-101**
s'est/c'est, **si/s'y**, **dans/d'en**, **sans/s'en**	
Homonymies (3)	**102-103**
quel(s)/quelle(s)/qu'elle(s), **la/là/l'a**, **on/on n'**	
le son [j] : **ill** ou **y**	**104**
c ou **qu** / **g** ou **gu**	**105**
Nom ou verbe ?	**106**
Les noms et les adjectifs qualificatifs terminés par le son [œr]	**107**
Les préfixes **in**, **dés**, **en**, **trans**, **ir**, **il**	**108**
Orthographe et familles de mots	**109**
Le nom : variation en genre et en nombre	**110 à 112**
Le pluriel des noms composés	**113**
L'adjectif qualificatif : variation en genre et en nombre	**114 à 116**
Adjectif qualificatif ou nom propre ? Adjectifs qualificatifs de couleurs	**117**
Participe passé en **é** ou infinitif en **er** ?	**118-119**
Participe présent ou adjectif verbal ?	**120**
Synthèse	**121-122**

Vocabulaire

Le dictionnaire	**124-125**
Les différents sens d'un mot	**126**
Sens propre - Sens figuré	**127**
Radical, préfixe, suffixe	**128-129**
La dérivation	**130-131**
Synonymes et contraires	**132-133**
Les homonymes	**134**
Les différentes familles de mots	**135**
Mots génériques et mots particuliers	**136**
Une langue vivante	**137**
Les niveaux de langue	**138**
Des expressions imagées	**139-140**
Autour de la citoyenneté	**141** à **145**
Autour de la géographie	**146** à **149**
Autour de l'économie	**150** à **153**
Autour de la santé	**154** à **157**
Autour des arts	**158** à **161**
Autour des sciences	**162** à **166**

Grammaire | Conjugaison | Orthographe | Vocabulaire | Expression écrite | Lecture

Sommaire

Expression écrite

La « une » d'un journal	**168** à **170**
Une page de journal	**171-172**
L'interview	**173** à **175**
La notice de fabrication	**176** à **178**
La fiche de lecture	**179** à **181**
La description	**182** à **185**
Préparer un exposé	**186** à **191**
Commenter des photos	**192-193**
Jeux d'écriture	**194** à **196**

Lecture

Ils ont dit « non » à la violence	**198**
50 000 météorites par an tombent sur la Terre	**199**
De l'électronique aux robots	**200**
La bataille des frontières	**201**
Les changements dans le paysage	**202**
Le grand cycle de l'eau	**203**
L'Arctique	**204**
Étages des montagnes d'Europe	**205**
L'aéropostale	**206-207**
Les orages et la foudre	**208-209**
La voile	**210-211**
Les conseils municipaux des jeunes	**212-213**
Les Bas-Rouges voient rouges !	**214-215**
Drôle de cadeau de Noël !	**216-217**
L'homme masqué	**218-219**
Pour sauver Pierre	**220-221**
Tiny MacTimid, fantôme d'Écosse	**222-223**
Le secret de maître Cornille	**224-225**
La gloire de mon père	**226-227**
Enquête	**228-229**
Crin-Blanc	**230-231**
Un jeu d'enfer La première manche	**232-233**

Corrigés

Corrigés des exercices	**234** à **239**

Grammaire

Grammaire

Conjugaison

Orthographe

Vocabulaire

Expression écrite

Lecture

La **phrase** – **Phrase verbale** et **phrase non verbale**

Une phrase est **une suite de mots qui a un sens**.
Une phrase écrite commence par **une majuscule** et se termine par **un point**.
Une phrase qui contient un verbe conjugué est **une phrase verbale**.

Exemple : La pluie n'a pas cessé de toute la journée.

Une phrase qui ne contient pas de verbe conjugué est **une phrase non verbale**.

Exemples : Amélioration du temps pour la fin de la semaine.
Merci beaucoup.

1. Place chaque ensemble de mots dans l'ordre afin de former une phrase. N'oublie pas la majuscule et le point.
- a - de - Pierre - le - marqué - son - but - équipe - deuxième
- étala - elle - beurre - biscotte - la - doucement - le - sur
- bories - de - sèches - en - cabanes - les - d' - anciennes - bergers - sont - pierres
- de - histoire - à - impossible - son - croire

2. Recopie uniquement les énoncés qui ont un sens.
- La dénonciade du regret a lampourté la canicule d'hier.
- Visiblement, il n'avait rien compris.
- La robustesse de cette voiture n'est plus à démontrer.
- Partager l'adresse de la banane autorise le funambule.
- Le vent le bateau vers une petite île.
- Doucement !

3. Dans chaque énoncé, modifie l'ordre des mots afin de former une phrase correcte.
- Il versa la tasse dans le café.
- Papa qui cuisait dans le four a sorti le gâteau.
- Romain a planté sa tente de mer en bord de camping.
- Comment ce problème résoudre ?
- Le petit frère d'Amélie que tu lui avais promis t'a réclamé le bonbon.

4. Recopie et complète chaque énoncé avec l'un des mots en gras afin de former une phrase correcte.

de - à - pour
- On reparlera … cela plus tard.

dans - a - était
- Cuzco, au Pérou, … la capitale des Incas.

dont - où - car
- La Tunisie est le pays … je suis né.

avec - ni - même
- Tu peux lui répondre, … brièvement.

que - dont - qui
- Voici l'ami … je t'avais parlé.

5. Indique, pour chaque énoncé, s'il s'agit d'une phrase verbale ou non verbale.

a) Ces sandales sont entièrement en cuir.
b) La montée au col est douce et progressive.
c) Lens, facile vainqueur de Nantes.
d) Terrible désillusion pour la championne du monde.
e) Le concert aura finalement lieu vendredi.

6. Transforme chaque phrase non verbale en phrase verbale.

Exemple : Facile victoire de ce boxeur.
▸ *Ce boxeur a remporté une victoire facile.*

- Vers 19 heures, arrivée du TGV Lille-Paris.
- Attention, descente dangereuse.
- Démarrage difficile pour ce premier festival.
- Quelle joie de vous revoir !
- Lutte contre la violence sur les stades italiens.

7. *Lis le texte, puis relève quatre phrases non verbales.*

Quelle journée ! Tout avait pourtant bien commencé. Mes grands-parents étaient arrivés les premiers. Mamie Sylvette avait bien du mal à cacher un gros paquet bleu décoré d'un ruban doré. Mon cadeau, évidemment… Et puis tout le reste de la famille avait défilé dans l'appartement. Vers 13 heures, Maman avait crié :
– À table, tout le monde !
Mes cousins s'étaient précipités vers les chaises. Ceux-là, on a toujours l'impression qu'ils meurent de faim ! Et puis Papa est sorti du couloir en trombe. Il était tout pâle. Il s'est adressé à ma grand-mère :
– Mamie Sylvette, c'est bien vous qui avez posé un paquet bleu dans notre chambre ?
– Oui. Il vous gêne, François ?
– Non, non… mais… il bouge tout seul !

8. *À partir de cette fiche, rédige un petit texte présentant la marmotte.*
Utilise uniquement des phrases verbales.

MARMOTTE
(57 à 90 cm)
Altitude de vie : de 1 000 à 3 200 m.
Nourriture : herbes, graines, baies, racines.
Répartition : Alpes, Massif central, Pyrénées.
Habitat : galeries souterraines.

9. *Récris cette petite annonce en utilisant des phrases verbales.*

Urgt. Vds VTT junior Trek 3000. pn. neufs. parfait état. coloris argent. px 195 €.

10. *Indique, pour chaque énoncé, s'il s'agit d'une phrase verbale ou non verbale.*

a) Attention, escalier glissant.
b) Dernière station-service avant l'autoroute.
c) Êtes-vous certain d'être bien entouré ?
d) Virgile attendit.
e) Inadmissible !

À **TOI** DE JOUER…

11. *Ce mercredi matin, les parents d'Émilien Catastrophe lui ont laissé une liste de consignes.*

- Défense de mettre le chien dans la machine à laver.
- Prière de ne pas repeindre le canapé avec le ketchup.
- Interdiction …
- Merci de …
- Attention à …
- Pas de …
- Inutile de …

Recopie et complète cette liste en utilisant uniquement des phrases non verbales. Choisis ensuite deux recommandations et transforme-les en phrases verbales.

AUTO**DICTÉE**

Quimper, ville d'art et d'histoire
Capitale culturelle de la Cornouaille, capitale administrative du Finistère, Quimper est aussi, grâce à la qualité de son patrimoine architectural, classée « ville d'art et d'histoire ».

Grammaire

La **ponctuation**

Les signes de ponctuation en fin de phrase sont :

le point [.] : il marque la fin d'une phrase déclarative ou impérative ;
le point d'exclamation [!] : il marque la fin d'une phrase où est exprimé un sentiment ;
le point d'interrogation [?] : il marque la fin d'une phrase qui pose une question ;
les points de suspension [...] : ils indiquent qu'une suite est possible.

Les signes de ponctuation dans la phrase sont :

la virgule [,] : elle sert à séparer des mots ou des groupes de mots et à marquer une petite pause ;
le point-virgule [;] : il marque une pause plus importante que la virgule ;
les deux-points [:] : ils introduisent une explication ou une énumération.

On trouve également :

les parenthèses [( )] : elles servent à donner une précision ;
les tirets [–] : ils indiquent un changement de personnage dans un dialogue ;
les guillemets [« »] : ils indiquent que quelqu'un parle.

 1. Recopie le texte en ajoutant les points. N'oublie pas les majuscules.

Avant de lire une carte, il faut l'orienter pose-la grande ouverte sur le sol, cherche la flèche qui indique le nord magnétique et pose ta boussole à côté de la flèche tourne en même temps la carte et la boussole, jusqu'à ce que l'aiguille rouge de la boussole et la flèche de la carte indiquent la même direction ne bouge plus, ta carte est bien orientée

C. WEISS, Guide du jeune Robinson à la montagne, Nathan.

2. Recopie et termine chaque phrase en utilisant le point qui convient.

- Veux-tu aller à la plage
- Nous l'avons appris par le journal télévisé
- C'est inouï
- Le chien va-t-il vouloir te suivre
- Qui

3. Recopie chaque phrase en plaçant correctement la ponctuation. N'oublie pas les majuscules.

a) Il manque un point et une virgule.
le mardi 17 mars 2002 le train Foix-Toulouse quitta la gare pour un voyage de routine

b) Il manque un point et trois virgules.
un jour comme à son habitude le roi vint s'installer dans la grande salle du conseil entouré de ses ministres

c) Il manque un point et trois virgules.
afin de ne pas se perdre dans l'épais brouillard les deux hommes s'attachèrent une corde autour de la taille comme les alpinistes et se mirent en route

d) Il manque un point d'interrogation et deux virgules.
les joueurs anglais après leurs deux défaites consécutives vont-ils redresser la tête

4. Recopie le texte en plaçant correctement la ponctuation. Il manque un point, un deux-points et plusieurs virgules.

Dans le garage de tante Julie s'entasse un incroyable bric-à-brac une vieille voiture qui n'a plus de moteur deux armoires bancales un énorme tas de bois une ancienne pompe à essence 2 418 numéros du journal *L'Équipe* douze boîtes en fer-blanc contenant la collection de porte-clés du cousin Albert une sculpture en bois grandeur nature d'un aigle aux ailes déployées

5. Recopie le texte en allant à la ligne et en plaçant les tirets à chaque changement de personnage dans le dialogue.

Les soldats décidèrent de gravir la montagne. En chemin, ils rencontrèrent un berger et lui demandèrent : À qui appartient ce royaume ? À la reine Sabaya, répondit le berger à voix basse. Cette reine est-elle aimable ? Oh, non, gémit le berger. Avec ses gardes et ses chiens, elle terrorise tous les habitants de ces montagnes. Le capitaine Mortimer se tourna vers ses hommes : Je crois que nous allons rendre une petite visite à cette dame…

6. Recopie le texte en plaçant entre parenthèses une explication de ton choix.

Exemple : À cette date-là (le 16 juillet), le temps est généralement chaud.

Nous prenions toujours le train à la même heure (…) et dans la même gare (…). Ce jour-là (…), ma mère nous avait pourtant fait lever très tôt. Elle était déjà habillée, maquillée et portait une robe aux dessins bizarres (…). Ma sœur et moi avions deviné que ce ne serait pas un voyage ordinaire.

7. Écris un petit texte dans lequel tu utiliseras obligatoirement :

un deux-points - trois tirets - un point d'interrogation - un point d'exclamation.

Tu peux utiliser le nombre de points et de virgules que tu souhaites.

8. Recopie le texte en plaçant la ponctuation convenable. N'oublie pas les majuscules.

(Il manque une virgule et quatre points.)

Dans la société féodale les paysans sont les plus nombreux ils cultivent les terres du seigneur et mènent une vie misérable certains des serfs n'ont pas le droit de quitter le domaine seigneurial ils habitent de pauvres chaumières et sont souvent victimes de famines et d'épidémies

J.-P. Dupré, d'après l'encyclopédie *Visa junior*, Nathan.

9. Recopie le texte en ajoutant les points. N'oublie pas les majuscules.

les rails de la voie ferrée firent entendre un son aigu suivi d'un grondement lointain une bouffée d'air jaillit de la bouche du tunnel le train arrivait enfin Whitbourne s'avança vers la ligne blanche qui marquait le bord du quai ses pieds couvraient à moitié les mots « attention à la marche » peints en jaune pâle sur le béton la pression du vent se fit plus forte dans le tunnel et le bruit sourd s'amplifia il y eut un mouvement général vers l'avant

S. Nicholls, *Arrêt sur image*, trad. S. Cassin, Hachette Jeunesse.

AUTODICTÉE

Au cœur des steppes d'Asie centrale, la mer Caspienne est la plus grande des mers intérieures de la planète. Attention, ce n'est pas un grand lac ! La mer Caspienne est salée. Alimentée par des fleuves, elle l'est cependant trois fois moins que les océans du globe.

Types et formes de phrases

Il existe **quatre types de phrases**.
La phrase déclarative sert à donner une information.
Exemple : Le train entre en gare.

La phrase interrogative sert à poser une question. (**?**)
Exemple : Le train entre-t-il en gare ?

La phrase impérative permet de donner un ordre ou un conseil.
Exemple : Monte dans le train.

La phrase exclamative permet d'exprimer un sentiment : joie, colère, crainte, etc. (**!**)
Exemple : Attention au train !

Chaque type de phrase peut être de **forme affirmative** ou de **forme négative** (ne… pas, ne… jamais, ne… plus, etc.).
Exemple : Ne crois-tu pas que le train aura du retard ? (phrase interrogative-négative)

1. *Lis le texte, puis recopie : une phrase déclarative - une phrase interrogative - une phrase impérative - une phrase exclamative.*

Après avoir longtemps marché, le jeune tambour rencontre une petite vieille.
« – Beau soldat, donne-moi un sou.
– Je t'en donnerai deux et même une douzaine, si j'en avais, grand-mère. Mais vraiment, je n'en ai pas.
– Tu en es sûr ?
– J'ai fouillé mes poches toute la matinée et je n'y ai rien trouvé.
– Regarde encore, regarde bien.
– Dans mes poches ? Je veux bien essayer de nouveau, pour te faire plaisir, mais je suis certain que… Tiens, qu'est-ce que c'est que ça ?
– Un sou. Tu vois bien que tu en avais.
– Je te jure que je ne le savais pas. C'est incroyable ! »

D'après G. RODARI, *Histoire à la courte paille*,
trad. C. TEMPERINI, Hachette Jeunesse.

2. *Reproduis le tableau. Place la lettre de chaque phrase sur la bonne ligne.*

types de phrases	lettres
phrases déclaratives	
phrases interrogatives	
phrases impératives	
phrases exclamatives	

a) Voulez-vous manger une crêpe ?
b) N'éteins pas la bougie.
c) La règle du jeu n'est pas très compliquée.
d) Complètement stupide !
e) L'essentiel était de participer.
f) Qui boirait un thé au caramel ?
g) Comme cela semble facile !
h) Théo ne pourra rien faire pour t'aider.
i) Ouvre donc le journal.
j) Écoute.
k) C'est superbe !
l) Les oies ne sont-elles pas des oiseaux migrateurs ?

3. *Reprends les phrases de l'exercice 2 et classe-les en deux colonnes : phrases affirmatives et phrases négatives.*

4. Indique le type et la forme de chaque phrase.

Exemple : Les bateaux rentrent au port.
▶ *(phrase déclarative-affirmative)*

- Les vagues ne sont-elles pas gigantesques ?
- Ne restez pas sur le pont.
- Depuis dix ans, on n'avait jamais vu ça.
- Quel terrible coup de vent !
- Même les gros navires semblaient avalés par les creux de la mer.

5. Écris la phrase interrogative qui correspond à chacune de ces réponses.

- C'est le facteur qui a sonné.
- Ce jeu coûte exactement 21 euros.
- Mon nom est Alain Proitch.
- Je préférerais jouer au badminton.
- Nous ne reviendrons pas en Martinique avant deux ans.

6. Transforme les phrases déclaratives en phrases impératives.

- Vous ne devez pas écrire dans la marge.
- Il faut que tu écoutes cette émission.
- Tu ne dois pas boire cette eau.
- Il faut que tu te laves les mains.
- Je te demande d'écrire plus lisiblement.
- Il est impératif que tu sortes le chien avant ce soir.

7. Parmi ces phrases, transforme uniquement les phrases déclaratives-affirmatives en phrases exclamatives. Utilise comme ou que.

Exemple : Ce chien est sage.
▶ *Que ce chien est sage !*

- Ce jeu n'est pas intéressant.
- Ton frère est insupportable.
- Cette pêche est sucrée.
- La maison était triste et silencieuse.
- Cette région est méconnue.
- Ce reportage n'apporte aucune information nouvelle.

8. Transforme les phrases interrogatives selon l'exemple.

Exemple : Tu aimes le chocolat ?
▶ *Aimes-tu le chocolat ?*
▶ *Est-ce que tu aimes le chocolat ?*

- Elles sont mécontentes ?
- Vous me téléphonerez demain ?
- Ces champignons sont comestibles ?
- La maison est habitée ?

9. Écris une phrase interrogative portant sur chaque groupe en gras.

*Exemple : Les derniers ours français vivent **dans les Pyrénées**.*
▶ *Où les derniers ours français vivent-ils ?*

- **L'ours** est le plus grand carnivore de France.
- Il se nourrit **de végétaux, de fruits, de racines et de petits animaux**.
- Il retourne également des pierres **pour chercher des fourmis**.
- Il hiberne généralement **de novembre à avril**.

À TOI DE JOUER...

10. À partir de ce dessin, invente une phrase déclarative, une phrase interrogative, une phrase impérative et une phrase exclamative. Deux de tes phrases seront à la forme affirmative et deux à la forme négative.

La **phrase simple** – La **phrase complexe**
Les **propositions**

Une phrase ne contenant qu'un verbe conjugué est **une phrase simple**.
On l'appelle aussi proposition indépendante.

Exemple : Elle **était** là depuis longtemps.

Une phrase contenant plusieurs verbes conjugués est **une phrase complexe** :
il y a autant de propositions que de verbes conjugués.

Exemple : Je **me souviens** de notre premier appartement, / on **avait** une vieille dame comme voisine. / Elle **aimait** écouter les oiseaux / qui **sifflent** dans les arbres.

La proposition est constituée du **verbe** et de l'ensemble des **éléments qui en dépendent** (sujet, compléments, attribut).

---

1. *Recopie le texte et encadre les verbes conjugués. Souligne les phrases simples en rouge et les phrases complexes en bleu.*

Les promeneurs avançaient tranquillement sur le chemin forestier. Quand ils entendirent les premiers grondements, ils accélérèrent le pas. Peu de temps après, la pluie commença à les rattraper. Maintenant, il fallait qu'ils courent pour rejoindre leurs véhicules. Ils étaient complètement trempés lorsqu'ils se mirent à l'abri ; le ciel était zébré d'éclairs.

 2. *Recopie le texte. Souligne les phrases simples en rouge et les phrases complexes en bleu.*

La porte d'entrée est fermée à clé, puis le portail. Ils ajustent leurs casques, arriment les sacs à dos. [...] Ils se retournent... Les volets sont fermés, la grande maison semble dormir. Le bleu nuit du ciel pâlit. Les deux enfants prennent le chemin qui s'enfonce sous la voûte de feuillage où la nuit s'est réfugiée. Le faisceau de leur éclairage danse sur le sol. Ils ont bientôt disparu dans l'ombre.

A. DE NYSSE, *Perdus en forêt*,
« Les P'tits Romans Passeport », Hachette Éducation.

3. *Recopie les phrases et sépare d'un trait les propositions.*

• La terre a tremblé cette nuit mais il n'y a aucun dégât.
• Alexandra pratique l'équitation depuis peu ; elle adore ça.
• Fera-t-il du vélo ou ira-t-il à la piscine ?
• La lionne chasse, le lion se repose et les petits se chamaillent.
• Les maisons étaient construites en bois et leurs toits étaient couverts de chaume.

4. *Recopie les phrases. Souligne les verbes conjugués et sépare d'un trait les différentes propositions.*

• Le trapéziste prend son élan, se balance régulièrement au bout de son trapèze et attend patiemment son partenaire.
• Le spectacle aurait dû commencer depuis dix minutes, mais le rideau est toujours fermé.
• Vincent avançait prudemment et ouvrit délicatement la porte sans la faire grincer, puis pénétra silencieusement dans la pièce sombre.
• Chaque matin, Auriane se lève très tôt et se prépare rapidement avant de partir au travail.
• Louis chargea les bagages dans le coffre de la voiture, ferma la porte d'entrée à clé et enfin grimpa dans sa voiture.

5. Transforme chaque phrase complexe en deux phrases simples.

- Le renard poursuit les poules qui se sauvent en caquetant.
- Le soleil, qui est à son zénith, nous réchauffe agréablement.
- La réunion à laquelle nous avons assisté hier soir était très intéressante.
- L'encyclopédie que tu as consultée est magnifiquement illustrée.
- Les enfants que vous voyez font tous partie de la même classe.

6. À partir de ces deux phrases simples, rédige une phrase complexe.

- L'avion va bientôt décoller. L'avion roule au bout de la piste.
- Je traverse le pont. Le pont est un pont suspendu.
- Romain regarde la télévision. La télévision est dans le salon.
- Le coureur de 110 m haies est en tête de la course. Le coureur de 110 m haies a gagné la dernière compétition.
- Théo va à la piscine. Les derniers championnats se sont déroulés dans cette piscine.

7. Écris des phrases complexes en prenant à chaque fois une phrase de la liste A et une phrase de la liste B. Utilise un des mots suivants : pourtant, et, mais, car, ou.

Liste A
- Julien cueille des framboises.
- La pluie tombe.
- J'aimerais bien sortir.
- Nous jouerons au football.
- Thomas a pris froid.

Liste B
- Le soleil brille.
- Il n'était pas assez couvert.
- Nous irons à la piscine.
- Je n'en ai pas le droit.
- Sa sœur ramasse des fraises.

8. Ajoute des éléments pour transformer chaque phrase simple en phrase complexe.

- Jérôme se rend à la piscine.
- Ce champion a remporté la course.
- Les feuilles tombent des arbres.
- La sonnerie du téléphone retentit.
- Les pompiers arrivèrent très rapidement.

9. Recopie le texte. Souligne les verbes conjugués et sépare les différentes propositions.

La mêlée qui s'ensuivit fut terrifiante. Ils tombèrent à l'eau, pataugèrent, reprirent le combat de plus belle, sans que rien pût devoir les calmer. Enfin ils regagnèrent la berge, s'ébrouèrent, se séchèrent et se mirent en poste, chacun sur son rocher. Le monde était redevenu aussi calme que possible.

On entendit un plouf. C'était le frère. Sa patte ressortit de l'eau, brandissant un poisson brillant et frétillant, qui fut entièrement dévoré avant de pouvoir s'échapper.

H. JOHANSEN, *Il était une fois deux oursons*, trad. Y.-M. MAQUET, Gallimard Jeunesse.

À TOI DE JOUER...

10. Rédige cinq phrases simples. Avec un camarade, assemblez vos phrases simples pour qu'elles deviennent des phrases complexes.

Vous obtiendrez certainement des phrases complexes amusantes !

AUTODICTÉE

Au tribunal, le juge préside et prononce la peine. L'avocat défend l'accusé. Le procureur de la République tente de prouver la faute et demande l'application de la loi. S'il s'agit d'un crime, il y a aussi un jury composé de neuf personnes tirées au sort parmi les citoyens ; ce sont les jurés.

La **phrase active** – La **phrase passive**

Une phrase est à la **voix active** quand **le sujet fait l'action**.
Exemple : Le vent secoue les branches.
             S   V

Une phrase est à la **voix passive** quand **le sujet subit l'action**.
Celui qui fait l'action est **le complément d'agent**.
Exemple : Les branches sont secouées par le vent.
             S   V   complément d'agent

Seules les phrases actives contenant un c.o.d. peuvent être transformées à la voix passive.
Le c.o.d. devient alors le sujet.
Exemple : La pluie éclabousse les vitres. Les vitres sont éclaboussées par la pluie.
             S   c.o.d.   S   complément d'agent
             Les nuages s'amoncellent dans le ciel. (pas de transformation possible)

La voix passive se construit avec l'auxiliaire **être** au temps du verbe de la phrase
à la voix active.
Exemple : La rivière inonde les prés. (voix active)
                       présent
             Les prés sont inondés par la rivière. (voix passive)
                      être au présent

Dans une phrase à la voix passive, le complément d'agent n'est pas toujours exprimé.
Exemple : Un arbre a été déraciné. (On ne sait pas par qui.)
             S

1. *Recopie chaque phrase, puis encadre le verbe et souligne le sujet (ou le GS). Indique s'il s'agit de la voix active ou passive.*
- Beaucoup d'oiseaux migrent vers les pays chauds, en automne.
- Leur site de nidification est alors délaissé.
- Ils accumulent de la graisse pendant l'été.
- Des milliers de kilomètres sont parcourus par certains d'entre eux.
- Certaines espèces s'orientent grâce au Soleil, à la Lune ou aux étoiles.
- Des accidents sont parfois causés par le froid, la maladie ou par les prédateurs.
- La population des oiseaux reste cependant à peu près stable.

2. *Recopie chaque phrase, puis encadre le verbe et souligne le sujet (ou le GS). Indique s'il s'agit de la voix active ou passive.*
- Le centre spatial français se trouve en Guyane.
- Un satellite n'a pas besoin de moteur.
- Sa vitesse est transmise par un lanceur.
- *Iridium* est le nom d'un réseau de satellites.
- Un projet de station sur la Lune est étudié par les scientifiques.

3. *Écris des phrases en ajoutant à chaque fois un sujet et un complément d'agent de ton choix.*
- … est observé par …
- … ont été volées par …
- … est élu par …
- … a été retrouvé par …
- … êtes appelés par …
- … sont invités par …

4. Recopie le texte, puis encadre les verbes et souligne les sujets (ou les GS). Indique, pour chaque phrase, si elle est à la voix active ou passive.

Une nuit, alors qu'il dormait, il fut réveillé par un bruit étrange. Quand il alluma la lumière, il s'aperçut qu'une des cordes de la mandoline avait été cassée. Le lendemain, lorsqu'il sauta du lit, il entendit un remue-ménage dehors.

N. DE HIRSCHING, *Le Fantôme de Madame Gage*, Bayard Astrapi.

5. Relève seulement les phrases à la voix active qui ont un c.o.d. Souligne-le.
- Le *San Diego* est un galion espagnol du XVIIe siècle.
- Il a coulé en 1600, en mer de Chine.
- Ce bateau transportait beaucoup de richesses.
- Des plongeurs ont repéré l'épave en 1991.
- Les chasseurs d'épaves ont remonté plus de 5 000 objets.
- Ce navire est un témoignage de l'histoire du XVIIe siècle.
- Le *Nautile*, un sous-marin, a également approché le *Titanic*.
- Des plongeurs amateurs fouillent beaucoup les fonds méditerranéens.

6. Écris les phrases que tu as relevées dans l'exercice 5 à la voix passive.

7. Recopie ces phrases à la voix passive, puis souligne le complément d'agent.
- L'eau est parfois polluée par des produits chimiques.
- En Afrique, l'eau de la rosée est récupérée par les habitants des villages.
- Les petits insectes sont mangés par les lézards.
- Les voix ne sont pas perçues par les vipères.
- Les vers et les limaces sont chassés par la salamandre.
- Les graines de rosiers sont couvertes de poils.
- L'herbier est constitué de fleurs multicolores.
- Un bain peut être parfumé par des plantes.

8. Transforme les phrases de l'exercice 7 à la voix active.
(Attention aux temps des verbes !)

9. Relève, dans le texte, les phrases à la voix passive.

Les volailles étaient voraces et sans pitié. De leurs pattes aux ergots acérés comme des lames de poignards, elles fouillaient le sol jusque dans ses moindres recoins. Les grenouilles n'eurent pas d'autre choix que de se replier dans la forêt toute proche. Grenou Grabataire perdit une patte arrière ; elle fut arrachée puis avalée par une poule jaune. […] Grelotte fut touchée à la glotte. […] Grimace fut tuée, enfin presque, car peu après, elle retrouva ses esprits.

C. ARTHUR, S. GIREL, *La Guerre des grenouilles*, Père Castor-Flammarion.

10. Ces phrases sont à la voix passive, mais n'ont pas de complément d'agent. Transforme-les à la voix active en utilisant un sujet de ton choix.

Exemple : La fenêtre a été fermée.
▶ *Le gardien a fermé la fenêtre.*
- La mer est polluée.
- Les marchandises sont vendues.
- Le tableau a été peint.
- La terre sera labourée.
- Les articles sont terminés.
- Les cerises seront cueillies.
- Le texte a été tapé sur l'ordinateur.
- Des films sont tournés.

11. Recopie chaque phrase, puis encadre le verbe et souligne le sujet. Indique s'il s'agit de la voix active ou passive. *(Attention au temps !)*
- L'eau est distribuée par des tuyaux.
- Ma voisine est rentrée de vacances.
- Le sol est recouvert de feuilles.
- Des cavaliers étaient arrivés des montagnes.
- La viande était accompagnée de pruneaux.
- Le préau de l'école a été abattu.

Les **groupes** de la **phrase**

Une phrase simple est constituée :
– **d'un groupe sujet (GS)**. Il fait l'action exprimée par le verbe.
C'est un nom ou un groupe nominal (GN), un pronom, un verbe à l'infinitif ou une proposition.

Exemples : L'astre solaire brille. Il réchauffe la Terre.
　　　　　　　GNS　　　　　　　　 S

– **d'un groupe verbal (GV)**. Il exprime ce que fait le sujet (verbe d'action) ou ce qu'est le sujet (verbe d'état). C'est un verbe seul ou accompagné d'un élément obligatoire (attribut, complément d'objet).

Exemples : La mauvaise herbe pousse. La pelouse est verte. Nous tondons la pelouse.
　　　　　　　　　　　　　V　　　　　　　　　 GV　　　　　　　　　GV

La phrase simple est souvent complétée par un ou plusieurs **groupes facultatifs (GF)** ; on peut : 1) les déplacer ; 2) les supprimer.

Exemples : Depuis hier, le soleil brille.
　　　　　　　　GF
　　　　　　Demain, Papa tondra la pelouse derrière la maison.
　　　　　　　GF　　　　　　　　　　　　　　　　　GF

1. *Décompose les parties de phrases en gras dans un tableau à deux colonnes : GS et GV.*

• Dans les montagnes, **certaines plantes sont comestibles**.
• **On fait d'excellents fromages** avec le lait des brebis.
• Derrière les chèvres **arrivent les moutons**.
• **Le bétail mange du foin** pendant l'hiver.
• Partout, sous nos pieds, **grouillent de minuscules insectes**.

2. *Recopie les phrases qui ne contiennent pas de groupe sujet.*

• Sous les Tropiques, la chaleur fut accablante.
• N'oublie pas ton rendez-vous.
• Dans la foule retentirent quelques cris.
• Appelle-nous en arrivant.
• Demain, faites vos valises.
• Après plusieurs heures d'attente, les résultats tant espérés furent enfin affichés.

3. *Décompose les parties du texte en gras dans un tableau à deux colonnes : GS et GV.*

Le moment était arrivé. **Demi-Lune quitta son tepee**. **Il prépara ses affaires** : un sac de provisions, une couverture et une lance. **Aujourd'hui était le grand jour**. [...] **Demi-Lune goûta la tranquillité des lieux** encore quelques instants, puis monta sur son cheval. [...] **Le trajet fut agréable** car **l'aube était fraîche**. [...]

N. DE HIRSHING, *Un vilain petit loup*, Rageot.

4. *Recopie les phrases qui ne contiennent pas de groupe verbal.*

• Quel beau pays !
• Le tronc fendu, l'arbre vivait toujours.
• Dans ce cirque, y a-t-il des lamas ?
• Samedi soir, nouvelle défaite de l'équipe.
• Arrivée dans les prochaines heures d'une nouvelle perturbation.

5. Écris chaque phrase en ne conservant que les constituants obligatoires. Indique ensuite leur nature.

Exemple :
Quelques spéléologues explorent une grotte.
       GS   GV

- Dans la nuit, le hibou hulule.
- La mésange construit un nid fermé, à l'aide de mousse, de lichens et de toiles d'araignée.
- À la recherche de petits insectes, le pivert est très bruyant.
- La femelle du coucou, avec toupet, pond ses œufs dans le nid d'un autre oiseau plus petit.
- Dans les sous-bois, l'épervier pourchasse ses proies entre les branches.

6. Écris chaque phrase en la complétant à l'aide d'un groupe facultatif qui répondra à la question posée.

- Le concert se terminera … *(quand ?)*
- Le public attentif applaudit … *(comment ?)*
- *(où ?)* … les artistes saluèrent.
- La foule quitta la salle … *(comment ?)*
- *(quand ?)* … les parkings se vidèrent.

7. Recopie et complète le texte à l'aide des groupes facultatifs suivants :

très vite – en Afrique – en 1492 – sans remords – comme une vulgaire marchandise – dans des régions inhospitalières.

…, un certain Christophe Colomb découvre l'Amérique et les Indiens. …, les Européens vont partir à la conquête de ce Nouveau Monde. …, les conquérants réduisent les Indiens en esclavage. Beaucoup d'entre eux fuient … plutôt que de se soumettre. Les Européens vont alors chercher … des hommes pour travailler. Ils les vendent … . C'est la « traite des Noirs ».

8. Écris trois phrases en respectant à chaque fois la structure donnée.

- GS + GV + GF
- GF + GS + GV
- GF + GS + GV + GF

9. Recopie chaque groupe en gras et indique s'il s'agit d'un GS, d'un GV ou d'un groupe facultatif.

- **Avec son nez pointu**, le héron harponne les poissons.
- **Sa haute silhouette** se reconnaît facilement.
- Le martin-pêcheur se tient à l'affût, **sur une branche**.
- Il avale le poisson, **la tête la première**.
- Le canard colvert **a la tête verte**.
- **Sa femelle** a une couleur terne.

10. Recopie chaque phrase et souligne en rouge le GS, en bleu le GV et en vert les groupes facultatifs.

- Souvent, le cerf mange l'écorce des jeunes arbres.
- Le sanglier retourne la terre à l'aide de ses canines.
- Le chevreuil, par des coups de dents sur les arbres, marque son territoire.
- Parfois, l'écureuil mange les œufs des oiseaux.
- Le blaireau, très propre, construit des toilettes à proximité de son terrier.

11. Reproduis le tableau et recopie à la bonne place les éléments de chaque phrase.

GS	GV		GF
	verbe	complément obligatoire	

- D'entrée de jeu, l'équipe des verts marque un superbe but.
- Le renard sournois, sans bruit, observait le poulailler.
- Au-dessus de la plage s'élèvent des cerfs-volants multicolores.
- Sa haute silhouette se reconnaît facilement.
- La chèvre est une excellente grimpeuse et se nourrit en arrachant la moindre pousse.
- Jadis, les ânes portaient des fardeaux très lourds sur les chemins.

Grammaire

L'**accord sujet-verbe** (1)

Le verbe **s'accorde** en **nombre** et en **personne avec son sujet**.

Le sujet du verbe indique **de qui** ou **de quoi** on parle.
Il répond à la question « Qui est-ce qui… ? » ou « Qu'est-ce qui… ? » posée avant le verbe.

Pour identifier le sujet du verbe, on peut l'encadrer par « C'est… qui »
ou « Ce sont… qui ».
Le sujet (ou GS) du verbe peut être un nom propre ou un nom commun,
un groupe du nom, un pronom, un infinitif ou toute une proposition.
Exemples : **Benjamin** joue dans la cour. **Il** joue au ballon. **Jouer au tennis** est interdit.

Dans une phrase déclarative, le sujet (ou GS) est généralement placé **avant** le verbe.
Quand il est placé **après** le verbe, on parle de **sujet inversé**.
Exemple : Sur le petit parking stationnaient **deux voitures**.

Le sujet est parfois **éloigné** du verbe.
Exemple : **Le lac**, aux eaux immobiles et froides, dormait sous la brume.

Plusieurs verbes peuvent avoir **le même sujet**.
Exemple :
Ils se dirigèrent vers la rive, posèrent leur attirail et inspectèrent la surface de l'eau.

---

1. Recopie chacune des phrases. Encadre le verbe et souligne le groupe sujet.
- À la fin de la quatrième scène, il s'effondra.
- Au fond du tunnel apparut une faible lumière.
- Arnold, toujours sûr de lui, répondit le premier.
- Parler fort me fatigue.
- Les poèmes qu'elle lit sont de Jacques Prévert.

2. Recopie chacune des phrases. Encadre le verbe et souligne le groupe sujet.
- Voulez-vous sortir de là !
- Sur la façade de la maison, les volets, arrachés par la tempête, pendaient comme des oiseaux blessés.
- Un couple d'oiseaux s'est installé dans le peuplier et bâtit son nid.
- Un parapente s'élève dans l'azur que traverse un superbe arc-en-ciel.
- Cette fleur forme des plaques touffues d'où émergent, de mai à mi-août, des tiges portant des fleurs blanches et roses.

3. Récris chaque phrase en inversant le verbe et le groupe sujet.
- Au milieu du rond-point, une étrange statue s'élevait.
- Sur les trottoirs, les passants s'attroupaient.
- Au loin, retentit une sirène.
- Une voix cria : « Attention ! »
- De la statue, une clameur monta brusquement.

4. Récris chaque phrase en remplaçant le groupe sujet par un infinitif.
Exemple : Ici, le stationnement est interdit.
▸ *Ici, stationner est interdit.*
- Depuis toujours, le bricolage me passionne.
- Afin d'éviter les problèmes musculaires, l'échauffement est nécessaire au sportif.
- Le partage est indispensable à toute société.
- Même avec les nouvelles technologies, la lecture reste mon passe-temps préféré.
- Aujourd'hui, quand on parle des déchets, le recyclage doit être une préoccupation essentielle.

5. Récris chaque phrase en remplaçant le groupe sujet par un autre de ton choix. (Attention à l'accord du verbe !) Tu peux inventer des phrases amusantes !

- Le dentiste m'examina longuement l'intérieur de la bouche.
- Dans ce vieux coffre, elles découvriront peut-être un trésor…
- Debout sur le toit, une femme faisait de grands signes.
- Armel et moi étions les meilleurs amis du monde.
- Sur le stade couvert de neige s'activait une troupe de balayeurs.

6. Recopie les phrases en conjuguant les verbes au présent de l'indicatif.

- Au fond de la vallée *(retentir)* des aboiements.
- Les feuilles de la criste marine, une fleur du bord de mer, confites dans du vinaigre blanc, *(donner)* un excellent condiment.
- Pendant qu'ils *(regarder)* la télévision, leur travail n'*(avancer)* pas.
- Ce jardin exotique, créé par trois frères, *(être)* une formidable réussite.
- Aux portes de l'Amazonie *(se dresser)* les ruines du Machu Picchu, le plus célèbre site inca.
- Le train *(entrer)* en gare, *(s'immobiliser)* le long du quai. Les voyageurs *(récupérer)* leurs bagages, *(descendre)* et *(se mêler)* à la cohue.

7. Lis le texte, puis relève chaque verbe conjugué avec son sujet.

Dans le calme et le demi-jour d'une petite chambre, un bon vieux à pommettes roses, ridé jusqu'au bout des doigts, dormait au fond d'un fauteuil, la bouche ouverte, les mains sur les genoux. À ses pieds, une fillette, habillée de bleu, lisait la vie de saint Irénée dans un livre plus gros qu'elle… Cette lecture miraculeuse avait opéré sur toute la maison : le bon vieux dormait dans son fauteuil, les mouches au plafond, les canaris dans leur cage, là-bas sur la fenêtre.

D'après A. DAUDET, *Contes choisis*, Flammarion.

8. Écris cinq phrases en utilisant les groupes sujets suivants.

- Un tigre …
- La Havane …
- L'ordinateur que mon père a acheté …
- On …
- Prendre son temps …

9. Recopie les phrases en conjuguant les verbes à l'imparfait de l'indicatif.

- Au bord de la rivière *(s'installer)* deux pêcheurs.
- Martin et ses deux sœurs *(observer)* les étoiles.
- Le peintre, observant ses premiers essais, *(hésiter)* à ajouter un peu de colorant.
- Avec l'arrivée du froid, les premières gelées *(blanchir)* la campagne.
- Le long du canal *(pousser)* des saules et des peupliers.
- À l'entrée du village, un panneau de grandes dimensions *(annoncer)* : « Attention, virage dangereux. »
- Dans le jardin de l'école, quelques élèves *(arracher)* les mauvaises herbes, *(cueillir)* les framboises et *(arroser)* les salades.

À TOI DE JOUER…

10. Ces verbes sont fantaisistes… mais pas leurs terminaisons !

Assemble chaque verbe avec un sujet, puis imagine une suite à la phrase.

Exemple : Chaque soir, je parmituniais les chaussettes de l'oncle Alfred.

Sujet	Verbe
Tu	dévistouillez
La fée Samantha et toi	cornabillent
Merlin et moi	parmituniais
Les trois lutins	martibulle
Le géant Tombaterre	escouzions
Je	rémoiqueras

L'accord sujet-verbe (2)

Attention à toujours bien identifier le sujet du verbe !
Le, **la**, **les**, **l'** placés **devant le verbe** ne sont **jamais sujets** du verbe ; ce sont des pronoms personnels compléments.
Exemple : **Fanny** compte les livres et les range dans la bibliothèque.
(C'est Fanny qui range les livres.)

Deux sujets singuliers valent **un sujet pluriel**.
Exemple : **Fanny et sa sœur** rangent les livres.

Quand le sujet est un **groupe nominal** comportant **un complément du nom**, le verbe s'accorde avec le nom, pas avec son complément.
Exemple : **Les frères de Fanny** rangent les livres.

Quand le sujet du verbe est le pronom relatif **qui**, le verbe s'accorde avec l'antécédent de ce pronom relatif.
Exemple : Ce sont les frères et la sœur de Fanny **qui** rangent les livres.

Quand un verbe a **plusieurs sujets** résumés par **un seul mot** (tout, rien, personne…), c'est avec ce mot qu'il s'accorde.
Exemple : Romans, dictionnaires, livres documentaires, **tout** se trouve dans la bibliothèque.

1. Recopie les phrases en conjuguant les verbes au présent de l'indicatif.
• Je *(détacher)* les timbres, puis je les *(coller)*.
• Les peintres *(décaper)* le mur, puis le *(laver)*.
• Le médecin *(ausculter)* les deux enfants et les *(rassurer)*.
• Les cerfs-volants *(s'élever)* dans le ciel et le *(décorer)* de mille couleurs.
• Papa *(découper)* les planches, les *(raboter)*, les *(poncer)* et les *(vernir)*.
• Les rayons du soleil *(éblouir)* le pilote et l'*(aveugler)*.

2. Recopie les phrases en conjuguant les verbes au présent de l'indicatif.
• C'est Karim qui *(connaître)* la réponse.
• Toi qui *(être)* grand, décroche ce tableau.
• Les premiers, qui *(venir)* de franchir la ligne d'arrivée, *(lever)* les bras.
• C'est moi qui *(choisir)* les cartes postales mais c'est toujours Elsa qui les *(écrire)*.

3. Recopie les phrases en conjuguant les verbes à l'imparfait de l'indicatif.
• Le miel et la confiture *(attirer)* guêpes et mouches.
• Au centre du terrain *(se dresser)* une estrade et un chapiteau.
• Le paquet de biscottes *(être)* sur l'étagère.
• Les roues de la voiture *(paraître)* dégonflées.
• La radio et la télévision *(annoncer)* la même nouvelle.
• Dans le pré *(gambader)* une jument et son poulain.

4. Recopie les phrases en conjuguant les verbes au présent de l'indicatif.

• La pluie, le vent, la grêle, rien ne *(décourager)* ce cycliste.
• Gardien, cadres et employés, chacun *(participer)* au succès de l'entreprise.
• Sourire du gardien, amabilité de l'hôtesse d'accueil, efficacité des cadres et des employés, tout *(participer)* au succès de l'entreprise.
• Douceur de l'air, beauté des paysages, tout *(inviter)* à la promenade.

5. Récris chaque phrase en mettant le groupe sujet au pluriel.

• Une association entretiendra le chemin.
• Mon voisin, sans se soucier de l'heure, continue de jouer du saxophone.
• Le contrôleur me demande mon billet et le vérifie.
• Au bord du torrent se tenait un pêcheur.
• Vendredi soir débutera la compétition de danse qui se poursuivra toute la semaine.

6. Recopie ces phrases interrogatives. Encadre les verbes et souligne les sujets.

• Quel type de voyage aimeriez-vous faire ?
• Quel champion détient le titre mondial ?
• Combien d'étoiles compte notre galaxie ?
• Pourquoi n'écoutent-elles pas tes conseils ?
• Qui a répondu complètement à la question ?

7. Recopie les phrases en conjuguant les verbes au présent de l'indicatif.

• Tu *(ouvrir)* les sachets et tu les *(vider)* dans le bol.
• Antonin *(tailler)* ses crayons et les *(ranger)* dans leur boîte.
• Mes parents *(déballer)* le scanner et l'*(installer)* immédiatement.
• Le directeur *(réunir)* ses collaborateurs et leur *(annonce)* sa décision.
• Des rives du lac, dans un dernier rayon de soleil qui les *(illuminer)*, *(s'envoler)* les flamants roses.

8. Recopie le texte en conjuguant les verbes au présent de l'indicatif.

Les belles et vieilles demeures *(donner)* beaucoup de cachet à la ville qui *(déborder)* de charme. Les remparts, les bâtisses moyenâgeuses et les demeures modernes *(se mêler)* harmonieusement. Dans un délicieux mélange de passé et de présent, tout *(être)* là, pétillant de vie. Et, bien sûr, au pied des remparts *(s'étaler)* le port de plaisance où *(claquer)* les drisses sur les mâts métalliques dès que le moindre vent *(balayer)* les eaux du golfe.

9. Recopie et complète chaque phrase avec un groupe sujet de ton choix.

• … s'installe sur la place du village.
• Au loin, retentissent … .
• … tourbillonnent sous les assauts du vent.
• … sèchent au soleil.

10. Recopie les phrases en conjuguant les verbes au présent, à l'imparfait ou au futur simple de l'indicatif, selon le sens de la phrase.

• Aujourd'hui, je *(laver)* les assiettes, puis je les *(rincer)* et je les *(essuyer)*.
• Bientôt, les architectes *(terminer)* le plan et le *(proposer)* au directeur de l'usine.
• Vendredi dernier, le ministre des Finances *(annoncer)* une baisse des impôts.
• L'année prochaine, *(débuter)* d'importants travaux sur cette route.
• Maintenant, les élèves *(copier)* le résumé ; après, ils le *(relire)*. Ce soir, ils l'*(apprendre)* et le *(réciter)* demain.

AUTODICTÉE

Pratiquées de façon intensive, la pêche et l'exploitation forestière mettent en danger certaines espèces. Ainsi, d'ici 50 ans, un quart des espèces végétales risque de disparaître. Protéger la biodiversité est donc d'une importance capitale.

Les **compléments d'objet**

Le complément d'objet appartient au groupe verbal ; il désigne **l'objet sur lequel porte l'action** exprimée par le verbe.

Le complément d'**objet direct** répond à la question « Qui ? » ou « Quoi ? » posée après le verbe.
Exemple : L'arbitre siffle <u>la fin du match</u>.
                                Quoi ?

Le complément d'**objet indirect** répond à la question « À qui ? », « À quoi ? », « De qui ? », « De quoi ? » posée après le verbe.
Exemple : L'an prochain, il s'occupera <u>de leur entraînement</u>.
                                            De quoi ?

Le complément d'objet peut être :
– un **nom** ou un **groupe nominal** ▸ Mes parents ont **un nouveau portable**.
– un **nom propre** ▸ J'ai téléphoné à **Marion**.
– un **pronom** ▸ Je **lui** ai parlé longtemps.
– un **infinitif** ▸ Elle aime **bavarder**.
– une **proposition** ▸ Elle promet **qu'elle viendra nous voir**.

1. Recopie chaque groupe en gras et indique s'il s'agit d'un sujet inversé ou d'un c.o.d.
- **Le feu d'artifice** éclairait l'obscurité.
- Dans la nuit s'élevaient **des clameurs**.
- **Les spectateurs** levaient la tête.
- Ils scrutaient **la voûte** illuminée.
- Puis revenait **le silence**.
- Quelquefois retentissait **une formidable détonation**.

2. Recopie chaque phrase. Souligne le verbe et encadre le c.o.d.
- Les fleurs ont des formes diverses.
- Toutes, elles égaient les paysages.
- Le vent disperse les graines légères.
- Elles donneront, plus tard, de nouvelles plantes.
- Chez les fleurs, comme chez les hommes, on trouve des lève-tôt et des couche-tard !
- Attention, certaines renferment des substances toxiques.

3. Recopie et complète avec un c.o.d., quand c'est possible.
- L'enfant pâlit.
- Le bruit a surpris.
- Ce soir, il dormira.
- De sa fenêtre, elle apercevait.
- Les abeilles produisent.

4. Recopie et complète chaque phrase avec un c.o.d. en utilisant les indications données entre parenthèses.
- Si tu sors, prends …. *(groupe nominal)*.
- Pour ma fête, j'ai eu …. *(groupe nominal)*
- Mon grand-père adore …. *(infinitif)*
- Demain, appelle …. *(nom propre)*
- Mon professeur me dit …. *(proposition)*

 5. Relève trois c.o.d. dans ce texte.
Les météorologues étudient les conditions atmosphériques ; ils prévoient leur évolution, c'est-à-dire le temps qu'il fera et avertissent les populations de l'arrivée de catastrophes naturelles.

Planétoscope Sciences, Nathan.

6. Recopie chaque phrase en utilisant un pronom personnel c.o.d. afin d'éviter la répétition.

• Maman prépare les ingrédients et mélange les ingrédients.
• Elle goûte la préparation et sucre la préparation.
• Léa sort un moule et beurre le moule.
• Elle travaille la pâte et étale la pâte.
• Quand le gâteau sera cuit, qui va sortir le gâteau du four ?

7. Recopie chaque phrase en remplaçant la proposition subordonnée par un GN c.o.d. de même sens.

Exemple : Je comprends qu'il soit déçu.
▶ *Je comprends sa déception.*

• Nous constatons qu'il était en retard.
• Les parents de Maureen ont découvert qu'elle a menti.
• J'attends qu'il vienne.
• Les journaux indiquent que le temps va changer.
• Chris nous annonce qu'il arrivera vers 16 heures.

8. Recopie chaque phrase. Souligne le verbe et encadre le c.o.i.

• Le capitaine parle durement à ses hommes.
• Le vent s'acharne à souffler sur la plaine.
• Ce chanteur manque de talent.
• Armel ressemble beaucoup à sa sœur.
• Grand-père se souvient de son enfance à la campagne.

9. Recopie chaque phrase en remplaçant le c.o.i. par un pronom personnel.

Exemple : Je me souviens du vainqueur de cette course. ▶ *Je me souviens de lui.*

• Le chef parle à ses hommes.
• Bérénice ressemble à Régis.
• Le sorcier se saisit d'un couteau.
• Je pense encore beaucoup à Margaux.
• L'automobiliste demande un renseignement à l'agent de police.

10. Recopie chaque phrase. Souligne les compléments d'objets et indique s'il s'agit de c.o.d. ou de c.o.i.

• Les assaillants tiraient des flèches de tous côtés.
• Elle assure qu'elle se couche tôt.
• Victor et Gabriel parlent de leurs vacances.
• Depuis ce matin, nous attendons impatiemment le plombier.
• Romain raconte des histoires à sa petite sœur.
• Il me parle souvent de son oncle d'Amérique.

11. Recopie les phrases et souligne les c.o.d. *(Attention, toutes les phrases ne contiennent pas un c.o.d. !)*

• Le hêtre a des feuilles caduques.
• Stéphanie a choisi un grand pot pour ses géraniums.
• Mes fraisiers donnent beaucoup de fruits, cette année.
• Sachez semer au bon moment.
• Certaines plantes sont toxiques.

12. Écris trois phrases dans lesquelles chaque nom ou groupe nominal suivant sera complément d'objet.

Manon - quatre pattes - un labyrinthe.

13. Indique, pour chaque phrase, si le GN en gras est un c.o.d.

Dans une fleur, les pétales et les sépales forment **la corolle**. Après la floraison, seul reste **le pistil**. Les graines du pistil tombent et s'installent **en terre**. Elles germent et donnent **une nouvelle plante**. Une nouvelle fleur verra **le jour**.

AUTODICTÉE

Le domaine des pics, c'est la forêt. Ils tapotent les écorces et fouillent les vieilles souches pour découvrir les insectes qui s'y cachent. Ils tambourinent sur les arbres et creusent les troncs pour se construire des abris.

Les **compléments circonstanciels**

Le complément circonstanciel (c.c.) est un complément du verbe qui sert à préciser **les circonstances dans lesquelles se déroule un événement**. On peut bien souvent le déplacer ou le supprimer.

Le complément circonstanciel de **lieu** répond à la question « Où ? », « Par où ? », etc.

Le complément circonstanciel de **temps** répond à la question « Quand ? », « Combien de temps ? »

Le complément circonstanciel de **manière** répond à la question « Comment ? »

Il existe d'autres compléments circonstanciels : **but**, **cause**, **moyen**, etc.

1. Recopie les phrases et souligne les compléments circonstanciels.

- Le jardinier bêche une parcelle de terre au fond du jardin.
- Quand il pleut, il rentre ses outils à l'abri.
- Au bout du chemin, il faut avancer lentement pour ne pas glisser.
- Le couvreur est monté sur le toit de la maison pour remettre des tuiles neuves.
- Chaque matin, le laitier dépose des bouteilles de lait devant les portes des maisons.

 2. Indique la circonstance *(temps, lieu, manière)* **des compléments circonstanciels en gras.**

Pour survivre, les abeilles doivent maintenir une température convenable. **L'hiver**, elles forment un groupe très serré **autour de la reine** et « tremblent » en faisant vibrer leurs muscles. Elles réussissent ainsi à conserver la chaleur **dans la partie interne de la ruche**. **L'été**, elles remuent leurs ailes pour créer un courant d'air rafraîchissant.

M. A. JULIVERT, *Les Abeilles*, Bordas.

3. Recopie les phrases en supprimant les compléments circonstanciels.

- Avant chaque repas, il faut se laver les mains.
- Lundi prochain, nous irons faire du judo au gymnase.
- Comme chaque année, toute la famille viendra nous rejoindre à la montagne pour passer d'excellentes vacances tous ensemble.
- Les horaires d'ouverture de la bibliothèque sont affichés à la porte d'entrée.
- À cause du très grand nombre de véhicules, les voitures avancent tout doucement le long du port.

4. Récris les phrases en déplaçant les compléments circonstanciels.

- Cet après-midi, nous attendons un coup de téléphone de notre oncle du Québec.
- De superbes fleurs poussent dans le jardin de mon oncle Jules.
- Les bateaux rentrent au port pour vendre leur poisson à la criée.
- Émilie a trouvé un portefeuille dans le parc.
- Le train avance très lentement à l'approche de la gare.

5. *Indique la circonstance (lieu, temps, manière) des compléments circonstanciels en gras.*

- Le serpent se déplace en ondulant **dans les feuilles du bananier**.
- **Tous les mercredis**, ma tante Cathy nous rend visite.
- **Le soir**, **à la lisière de la forêt**, les loups se rassemblent.
- Le père de Quentin m'a **gentiment** réparé mon vélo.
- Autrefois, les chevaliers se battaient **avec férocité**.

6. *Pose une question portant sur le complément circonstanciel en gras.*

*Exemple : Bertille est arrivée **hier**.*
▶ **Quand** Bertille est-elle arrivée ?

- Julien a répondu **à toute vitesse**.
- **Vers neuf heures**, les deux enfants surgirent dans la pièce.
- Les outils du jardinier sont rangés **dans la cabane** au fond du jardin.
- **Dès les premiers froids**, les oiseaux se rassemblent sur les fils électriques.
- Le funambule se déplace **avec agilité** sur son fil tendu.

7. *Recopie les phrases. Souligne les compléments circonstanciels et indique la circonstance (temps, lieu, manière).*

- On trouve beaucoup de panneaux publicitaires sur les murs des villes.
- Les publicitaires renouvellent leurs affichages tous les quinze jours.
- Aux États-Unis, on peut recevoir depuis longtemps plusieurs dizaines de chaînes télévisées.
- Les journaux sont imprimés rapidement sur des presses rotatives.
- Dans sa voiture, mon père écoute régulièrement la même station de radio.

8. *Dans ce texte, retrouve deux c.c. de lieu et trois c.c. de temps.*

Au Moyen Âge, on ne mangeait régulièrement de la viande que dans les châteaux, les palais et les abbayes. Même le gibier était réservé aux propriétaires des prairies et des bois. Aujourd'hui, les pays les plus riches produisent suffisamment de viande pour tous, mais tous n'ont pas les moyens d'en consommer régulièrement. Dans les pays pauvres, les gens ne peuvent en manger que de temps en temps.

Mémo Junior, Larousse.

9. *Écris trois phrases en respectant à chaque fois la structure donnée.*

- c.c. de temps + GS + GV.
- GS + c.c. de manière + GV + c.c. de lieu.
- c.c. de lieu + c.c. de temps + GS + GV.

10. *Recopie les phrases. Souligne les compléments circonstanciels et indique la circonstance.*

- À travers le monde, il existe de très nombreuses associations humanitaires.
- Depuis 1961, Amnesty International défend les personnes emprisonnées à cause de leur race, de leur religion ou de leurs opinions.
- La Croix-Rouge fut créée par le Suisse Henri Dunant en 1863.
- Elle porte secours à des victimes lors de catastrophes naturelles et des guerres.
- Régulièrement, on trouve des sacs dans les boîtes aux lettres pour la collecte des anciens vêtements.

AUTODICTÉE

En automne, certains amateurs partent en forêt pour cueillir des champignons aux parfums sauvages. En été, les promeneurs recherchent les fraises des bois ou les framboises des montagnes.

Grammaire

Les **classes** de **mots**

Chaque mot de la langue française appartient à une classe de mots : c'est sa **nature**. **Celle-ci ne change généralement jamais**, quelles que soient la phrase et la place du mot dans la phrase.
Exemple : Le <u>ballon</u> est dégonflé. Ils ont perché le <u>ballon</u> dans un arbre.
       nom (sujet)   *nom (complément)*

La classe grammaticale d'un mot est toujours indiquée dans le dictionnaire.
Les mots de la langue française se répartissent en **neuf classes** :

- **les verbes** : croire, chanter
- **les noms** : Damien, marteau
- **les déterminants** : le, mon, cette
- **les pronoms** : il, nous, le tien
- **les adjectifs qualificatifs** : beau, petit
- **les adverbes** : peu, facilement
- **les prépositions** : sur, dans, à
- **les conjonctions** : mais, ou, et
- **les interjections** : hé ! ouf ! oh !

Si on hésite sur la nature d'un mot, on cherche à le remplacer par un autre, plus simple, dont on connaît la nature. Les deux mots appartiendront obligatoirement à la même classe.

---

1. Remplace chacun des mots en gras par un autre, puis indique sa classe.
(Le sens de la phrase peut changer, mais celle-ci doit rester grammaticalement correcte.)

Les chaînes de télévision s'invitent sur l'ordinateur grâce à Internet. Elles en profitent pour se **métamorphoser** en **média interactif**. À tout moment, quel que soit l'endroit, les **webtélés** offrent tout un éventail de services : participation à des **forums** de discussion, achat en direct et, bien sûr, émissions en direct. Clavier et souris en guise de télécommande, la télévision s'échappe de la petite **lucarne** pour se **découvrir** sur le moniteur de l'ordinateur.

Zoom 2001, Hachette Jeunesse.

2. Chasse l'intrus dans chacune de ces listes.

a) hublot - métal - perforer - pinède - bâtonnet.
b) formidable - révolution - poétique - capricieux - risible.
c) pour - avec - de - contre - le.
d) je - ma - cette - plusieurs - une.
e) déranger - recevoir - balancier - manier - téléphoner.

3. Remplace chacun des mots en gras par un autre, plus simple, puis indique sa classe. *(Le sens de la phrase peut changer, mais celle-ci doit rester grammaticalement correcte.)*

- Un **valeureux** chevalier **interpella vertement** le **félon**.
- Des **gardénias** s'épanouissaient devant des **persiennes hideuses**.
- À cette époque, le **protocole prohibait** le **tutoiement**.

4. Recopie et complète chaque liste avec trois mots de la même catégorie grammaticale.

- quelques - cette - …
- vase - girafe - …
- admettre - sortir - …
- facile - poli - …

 5. Indique la classe de chacun des mots en gras.

- Camille **arpentait** la rue d'un pas **allègre**.
- Les couleurs **chatoyantes** de son **étole** tranchaient sur le noir de sa robe.
- Ghislain tourna son visage **totalement euphorique vers** ses parents et courut jusqu'à eux.

Le **verbe**

Le verbe est le cœur de la phrase verbale.

Il attribue une qualité, une caractéristique au sujet : c'est un **verbe d'état**
(être, paraître, sembler, devenir, demeurer, rester, avoir l'air…).
Exemples : La mer **devient** grise. Hugo **a** l'air inquiet.

Il indique l'action faite par le sujet : c'est un **verbe d'action**.
Exemples : Le vent **se lève**. Les nuages **s'amoncellent**.

Les verbes d'action sont **transitifs** s'ils acceptent un complément d'objet direct.
Ils sont **intransitifs** dans le cas contraire.
Les verbes **auxiliaires** (**être** et **avoir**) permettent la conjugaison aux temps composés.
Exemples : j'ai chanté - nous sommes sortis.

Dans le dictionnaire, les verbes sont écrits à **l'infinitif** (chanter, sortir).
Leur terminaison varie selon la conjugaison.

1. Lis le texte, puis relève les verbes et donne l'infinitif des verbes conjugués.

Les portes battaient toute la nuit. Les coins et les angles des meubles vous cognaient méchamment au passage, les abat-jour se soulevaient pour vous envoyer la lumière dans les yeux et vous éblouir, les clefs allaient se cacher dans les coins derrière les armoires fermées à double tour.
– Ah ! les enfants ne veulent pas obéir à leurs parents. Ils nous obéiront peut-être ! répétaient les objets.
Toutes les pendules étaient arrêtées, les robinets ne coulaient plus, le ferme-porte automatique ne fermait plus les portes, mais les ouvrait pour laisser passer les courants d'air, les poignées des portes et des fenêtres refusaient de tourner. Mais Hermine, qui commandait les jeux des enfants, était aussi têtue que les choses.

C. Roy, *La Maison qui s'envole*, Gallimard.

2. Classe les verbes en trois colonnes : verbes d'état, verbes d'action transitifs, verbes d'action intransitifs.

frémir - détester - classer - demeurer - chuter - étinceler - imprimer - être - guider - rester - vider - survoler - résonner - dormir - permettre.

3. Recopie les phrases en écrivant en rouge les verbes d'état et en vert les verbes d'action.

- Sergio relit les aventures de Ted Burton.
- Sur la place, les forains installent leurs étals.
- Nous hébergeons ce mois-ci un ami espagnol.
- Au soir de l'étape, le coureur semblait totalement épuisé.
- Les secouristes hélitreuillent l'alpiniste blessé.
- Ces chiens me paraissent dangereux.
- Le groupe Dun sera demain en concert à Cherbourg.
- Le magasin nous livrera le canapé jeudi prochain.

AUTO**DICTÉE**

La Loire est le dernier fleuve sauvage d'Europe. Les rois de France ont apprécié ses berges mais, aujourd'hui, les princes des lieux s'appellent le scarabée bleu, le saule pourpre, la libellule ou le héron cendré. Préserver la Loire est donc une nécessité et le fleuve a été inscrit au patrimoine mondial de l'humanité par l'Unesco.

Le **nom** et le **déterminant**

Les **noms** désignent les êtres humains, les animaux, les objets, les idées.
Un nom peut être :
– **commun** ou **propre** ▸ un garçon, Quentin ;
– **masculin** ou **féminin** ▸ un garçon, une fille ;
– **singulier** ou **pluriel** ▸ un enfant, des enfants.

Un nom formé à partir de plusieurs mots est appelé un **nom composé**
(un arc-en-ciel, un porte-clés, une grand-mère).

Le **déterminant** précède le nom. Il apporte des renseignements sur son **genre**
et sur son **nombre** et forme avec lui un groupe nominal.

On divise les déterminants en plusieurs catégories :
– les **articles** : le, la, les, l', au, aux (définis) ; un, une, des (indéfinis) ; du (partitif) ;
– les adjectifs **possessifs** : mon, ton, son, ma, notre, ses… ;
– les adjectifs **démonstratifs** : ce, cet, cette, ces ;
– les adjectifs **numéraux** : quatre, cinq, six… ;
– les adjectifs **indéfinis** : chaque, quelques, plusieurs… ;
– les adjectifs **exclamatifs** ou **interrogatifs** : quel, quelle, quels…

1. Classe les noms en deux colonnes : noms communs et noms propres.

la Bulgarie - *le* Rhin - *un* canapé - Bruxelles - *une* casserole - *la* politesse - *un* menuisier - Sammy - *le* soleil - *l'*Everest - *une* hésitation - Pasteur - Auxerre - *un* miroir - *une* libellule.

2. En prenant un élément dans chacune des deux listes, forme des noms composés.

a) grille - midi - chauve - drap - pare - fort - grand - porte.
b) housse - souris - coffre - bonheur - pain - brise - père - après.

3. Mets les groupes nominaux au singulier.

- ces navires
- ses bijoux
- les étoiles
- leurs amies
- vos dictées
- ses tantes
- des concerts
- ces activités
- nos bagages

4. Recopie et complète soit par un nom générique, soit par des noms propres.

- Des villes américaines : San Francisco, …, … .
- Des … masculins : Simon, …, Romain
- Des pays européens : …, …, … .
- Des … français : la Côte-d'Or, le Calvados, … .
- Des régions françaises : le Limousin, …, … .

5. Recopie les phrases, puis souligne les noms. Définis-les ensuite comme dans l'exemple.

Exemple : championne
▸ *nom commun, féminin, singulier.*

- La championne a réalisé son meilleur temps au meeting de Lausanne.
- Le Mexique est le pays où vécurent les Aztèques.
- La réussite d'un plateau de fruits de mer dépend de la fraîcheur des produits.

6. *Recopie les phrases, puis relève les déterminants et définis-les.*

Exemple :
vos ▶ *adjectif possessif, féminin, pluriel.*

- Vos casquettes sont posées sur le buffet.
- Ce village est célèbre pour ses sculpteurs.
- Notre sœur ne nous a donné aucunes nouvelles depuis trois mois.
- Quelle formidable démonstration !
- Dans cette boutique, quelques objets pourraient enrichir ta collection.

7. *Recopie et complète le texte avec des articles qui conviennent.*

Cela fait … années que j'enseigne … philosophie dans … même université et je ne sais jamais où est ma classe. … ascenseurs me jouent … tours. Je veux aller … dernier étage et voilà que je me retrouve … sous-sol. Il ne se passe pas … jour sans qu'… porte automatique ne se referme sur moi. … portes automatiques sont mes pires ennemies.

I. B. Singer, Le Jour où je me suis perdu, trad. M. P. Bay, Stock.

8. *Recopie et complète le texte avec les déterminants qui conviennent.*

Dans *(article défini)* wagon de deuxième classe tentait de dormir *(article indéfini)* boxeur poids welter qui devait affronter *(adjectif numéral)* jours plus tard, à Oruro, *(article défini)* champion amateur bolivien dans *(article défini)* même catégorie, *(adjectif possessif)* manager, *(adjectif possessif)* masseur et *(adjectif numéral)* petites sœurs de *(article défini)* Charité. *(article défini)* nonnes n'appartenaient pas à *(adjectif démonstratif)* délégation sportive et resteraient à Ollagüe.
(adjectif démonstratif) train comportait aussi *(adjectif numéral)* mécaniciens, *(article défini)* responsable du wagon postal et *(article indéfini)* contrôleur.

D'après L. Sepulveda « Changement de route », dans Rendez-vous d'amour dans un pays en guerre et autres histoires, trad. F. Gaudry, éd. Métailié.

9. *Pour chaque nom, choisis le déterminant correct : un ou une. Si tu hésites, tu peux t'aider du dictionnaire. Classe ensuite ces noms en deux colonnes : noms masculins et noms féminins.*

… incendie - … infection - … lotion - … pétale - … malaise - … artère - … manie - … manège - … frayeur - … interrogatoire.

10. *Lis le texte, puis relève, avec le nom déterminé : un adjectif démonstratif - un adjectif possessif - deux adjectifs indéfinis - six articles différents.*

Il y a quelques siècles, alors que la contrée était peu habitée, une vieille femme, qui vivait seule sur la rive gauche du fleuve, s'en allait chaque jour chercher une cruche d'eau potable à une fontaine qui se trouvait sur la rive droite. Or, un soir d'automne, il y eut sur les Pyrénées un orage comme ces montagnes n'en ont peut-être plus jamais vu depuis lors. La pluie tomba si violemment que le Llobregat monta d'un coup, se mettant à charrier des arbres énormes arrachés aux rivages. La crue fut aussi brève que violente et, le lendemain matin, le fleuve avait regagné son lit mais le pont n'était plus là.

B. Clavel, Légendes des lacs et des rivières, Hachette Jeunesse.

À TOI DE JOUER…

11. *Complète ce texte en imaginant un contenu fantaisiste. Utilise le plus possible de déterminants différents et conserve les rimes.*

Dans la vieille malle d'un oncle navigateur
J'ai trouvé :
Trois tracteurs et un apiculteur,
Une cage d'ascenseur,
Plusieurs officiers supérieurs, …

Essaie ensuite d'écrire un autre texte sur le même principe mais en changeant de sonorité finale.

Le **pronom personnel**

Grammaire

Les pronoms personnels **remplacent des noms** ou **des groupes nominaux**. Ils en évitent souvent la répétition.

Les pronoms personnels indiquent :
– **la (les) personne(s) qui parlent** (je, nous…) : 1re personne ;
– **la (les) personne(s) à qui on parle** (tu, vous…) : 2e personne ;
– **la (les) personne(s) ou l'objet dont on parle** (ils, elles…) : 3e personne.
Les pronoms personnels peuvent être **sujets** ou **compléments d'objet**.

		pronoms personnels sujets	pronoms personnels compléments d'objet
singulier	1re personne 2e personne 3e personne	je tu il, elle, on	me, m', moi te, t', toi se, s', le, la, lui, soi
pluriel	1re personne 2e personne 3e personne	nous vous ils, elles (eux)	nous vous se, s', les, eux, elles, leur

En et **y** sont également des pronoms personnels compléments.
Exemples : Il lui racontera l'histoire. Nous vous surprendrons.
            S c.o.i.   S   c.o.d.

 1. Recopie le texte. Souligne chaque pronom personnel et indique s'il est sujet ou complément.

Papa, depuis le début, prétendait que l'assistant maternel s'était trompé dans un de ses dosages. Mais le chef pédiatre était sûr de ses programmeurs ; il nous l'avait juré-craché : Gengis et Attila auraient été exactement pareils s'ils n'étaient pas nés sous cyber-contrôle.
On nous autorisait tout juste à en douter. Car la vie avait considérablement changé à la maison depuis que les jumeaux étaient sortis de la couveuse, cinq ans auparavant.

C. CARRÉ, *Week-end sur Mars*, Casterman.

2. Écris le texte en utilisant des pronoms personnels pour éviter les répétitions.

Julien est un jeune garçon de onze ans. Julien se rend tous les mercredis seul à la piscine. La piscine se situe à peine à un kilomètre de chez lui. Julien fait partie du groupe des bons nageurs. Les bons nageurs ont un entraînement deux fois par semaine. Julien aime bien Laurent, le maître nageur. Le maître nageur est exigeant avec ses élèves car il sait que ses élèves peuvent avoir de bons résultats.

3. Remplace chaque pronom personnel par un GNS qui peut convenir.

- Ils sont ravis de faire une promenade.
- On a arrêté le voleur de téléphones portables.
- Il décolle tous les soirs à 22 h 30.
- Elle se rend au club de gymnastique.
- On a organisé la Coupe du Monde de football en 1998.

4. Recopie et complète chaque phrase avec le pronom personnel qui convient et conjugue le verbe au futur simple.

• Toi et moi, … *(aller)* en vacances au Portugal.
• Charles et toi, … *(prendre)* le petit déjeuner en descendant de l'avion.
• Elle et lui, … *(répondre)* à toutes vos questions.
• Damien, Bryan et moi, … *(apprendre)* par cœur notre rôle pour la pièce de théâtre.
• Eux et toi, … *(être)* candidats pour être représentant des élèves de votre classe.

5. Réunis les deux phrases en une seule en utilisant des pronoms personnels.

• Pierre mangera à la cantine.
Tu mangeras également à la cantine.
• Elle téléphonera à ses grands-parents.
Il téléphonera aussi à ses grands-parents.
• Antonin et Sophie collectionnent des étiquettes de boîtes de camembert.
Je collectionne également des étiquettes de boîtes de camembert.
• Tu marcheras dans les Pyrénées.
Je marcherai aussi dans les Pyrénées.
• Vincent est passionné de motos.
Je suis également passionné de motos.

6. Récris chaque phrase en remplaçant le c.o.d. par le pronom qui convient.

• Luc prend ses rollers.
• Lucie prête son petit studio à sa cousine.
• Antoine prête facilement sa console de jeux à ses amis.
• Nous oublions souvent l'arrosage des plantes vertes.
• Logiquement, Alexandre devrait gagner le match ; techniquement, il est plus fort.

7. Invente des phrases respectant la structure donnée. Puis tu remplaceras les GNS par des pronoms personnels.

• GNS – V – c.o.d.
• GNS – V – c.o.d. – c.o.i.
• c.c. – GNS – V – c.o.d. – c.o.i.

8. Récris chaque phrase en remplaçant le pronom personnel en gras par un GN qui peut convenir.

• Nous **l'**avons manqué de peu.
• Les deux sœurs **la** pratiquent le jeudi.
• Le garagiste **les** a réparées très rapidement.
• On ne peut pas **le** rencontrer tout de suite car il est vraiment trop occupé.
• Les promeneurs avançaient prudemment quand ils **les** ont vus s'enfuir.

9. Récris les phrases en remplaçant les c.o.d. et les c.o.i. par *en* ou *y*.

• Nous pensons à la fête de l'école.
• Les randonneurs traversent souvent des ruisseaux.
• Chaque semaine, nous rapportons un panier de fruits et légumes de chez nos grands-parents.
• Amélie parle très souvent de sa petite sœur.
• Mathieu renonce à son dessert.

10. Écris les phrases en remplaçant les groupes nominaux en gras par les pronoms personnels qui conviennent.

• **Amanda** récupère **tous les bouts de tissu** pour faire des habits à ses poupées.
• **Zidane et Pirès** se font des passes pour progresser vers le but adverse.
• En vacances au bord de la mer, Sophie et Thomas dégustent **des glaces à l'italienne**.
• **Quelqu'un** ferme **la porte** en passant dans le couloir.
• **Ma voisine et moi** jouons à la corde à sauter.

AUTODICTÉE

La truite
Carnivore, la truite est un redoutable prédateur. Elle se nourrit de vers, d'escargots aquatiques et de larves d'insectes. Elle les trouve au fond des rivières. La truite chasse également de petits poissons dans l'eau, mais elle peut aussi attraper des insectes en dehors de l'eau.

Les **pronoms démonstratifs**, **possessifs**, **indéfinis**, **interrogatifs** et **relatifs**

Les **pronoms démonstratifs**, **possessifs** et **indéfinis remplacent des groupes nominaux** afin d'en éviter les répétitions.

Ils ont le même genre, le même nombre et la même fonction que les groupes nominaux qu'ils remplacent.

Exemples : J'adore les fleurs. **Celles-ci** sont magnifiques !
pronom démonstratif, sujet du verbe être

Max a beaucoup de billes. J'ai apporté **les miennes**.
pronom possessif, c.o.d. du verbe apporter

Les **pronoms démonstratifs** servent à montrer : ceci, cela, celle, ceux, celui-ci...

Les **pronoms possessifs** remplacent un nom précédé d'un déterminant possessif.
Exemples : mon livre ▸ **le mien** ; ta maison ▸ **la tienne** ; nos vacances ▸ **les nôtres**.

Les **pronoms interrogatifs** servent à **poser des questions** : qui, que, lequel...
Exemple : **Laquelle** de ces deux maquettes préfères-tu ?

Les **pronoms indéfinis** : on, quelqu'un, personne, d'autres, quelque chose, plusieurs, certains, la plupart, les uns, les autres, rien, aucun, chacun, tous...

Les **pronoms relatifs** introduisent des propositions subordonnées relatives : qui, que, dont, où, lequel, laquelle, lesquels...
Exemple : J'aime le livre **que** tu m'as offert.

1. Recopie les phrases et souligne les pronoms démonstratifs.

• Kevin assiste au match de football. Il aime bien les deux équipes, celle vêtue de rouge et celle vêtue de bleu.
• Les joueurs de la première équipe sont bons, mais ceux de la deuxième sont quand même meilleurs.
• Avec cela, nous avons de quoi refaire toutes les pièces du rez-de-chaussée !
• « Cette maison est superbe, mais je préfère celle-ci ! » dit Tom.
• Celle-là n'est pas mal non plus, mais j'aime mieux la tienne.

2. Recopie les phrases et souligne les pronoms possessifs.

• Maman nous a préparé des gaufres ; j'aime mieux celles de Mamie. Les siennes sont plus moelleuses et on peut les manger avec beaucoup de chocolat.
• Peux-tu me prêter ton vélo ? Le mien n'est toujours pas réparé !
• Mon professeur de judo a été champion de France, et le vôtre ?
• Comment sont leurs légumes ? Les nôtres sont énormes cette année.
• Je n'ai pas de bandes dessinées. Peux-tu me prêter les tiennes ?

3. Recopie les phrases et souligne les pronoms indéfinis en bleu, les pronoms interrogatifs en rouge.

• Je ne comprends pas : quelqu'un est entré mais personne n'est ressorti !
• Certains disent que le temps change ; d'autres pensent le contraire. Qui croire ?
• Lesquels d'entre vous n'ont pas compris ? Personne ne lève la main. On pensait que plusieurs explications étaient nécessaires, mais tous ont compris du premier coup.
• Les uns attendaient patiemment alors que les autres n'arrêtaient pas de faire les cent pas. Parmi ceux-ci, certains en profitaient pour acheter des revues, d'autres faisaient des provisions de nourriture. Que faire de plus ?

4. Lis le texte. Retrouve tous les pronoms démonstratifs, possessifs et indéfinis, puis classe-les en trois colonnes.

Un dimanche au bord de l'eau

Dimanche dernier, nous nous sommes tous retrouvés à la campagne pour un très grand pique-nique. À peine arrivés au bord de l'eau, pendant que les uns installaient de grandes couvertures à même le sol, les autres déballaient toutes les provisions amenées par chacun. Tous avaient apporté quelque chose. Certains avaient préparé des salades composées, d'autres avaient confectionné des gâteaux. Celui que tout le monde préfère est le cake de tante Marie. Le sien est aux fraises alors que le nôtre est au chocolat. Moi, j'adore les fraises !
Après le repas, nous avons entamé une partie de pêche. Mon oncle Louis a pris plusieurs petits poissons alors que ceux de mon père étaient certes moins nombreux, mais plus gros !

5. Recopie et complète les phrases avec les pronoms suivants : les miennes - cela - certains - les miens - d'autres.

Les manches des clubs de golf de mon professeur sont en graphite, ... sont en fer. Il envoie toutes ses balles sur le parcours, alors que je récupère souvent ... dans l'eau ou dans le sable. ... m'énerve un peu !
... aimeraient avoir l'expérience de Severiano Ballesteros alors que ... préféreraient avoir la jeunesse et la fougue de Tiger Wood.

6. Récris chaque phrase en remplaçant le pronom en gras par un groupe nominal.

• Je préfère **ceux** qui ronronnent tout le temps.
• Pouvez-vous m'envoyer **celle-là** ?
• Quel est **celui** qui a remporté le tournoi ?
• L'Égypte fut **celui** des pharaons.
• La tulipe est **celle** que je préfère.

7. Recopie les phrases, puis souligne en bleu les pronoms démonstratifs et en rouge les pronoms possessifs.

Depuis la rentrée des classes, les enfants jouent aux billes pendant les récréations. Ce matin, Léo a apporté les siennes ; certaines sont en fer, d'autres sont en verre.
« Celles-ci sont magnifiques, déclare-t-il. Mais je préfère celles de mon copain Hugo ; elles sont plus belles ! »
Comme ils sont sortis un peu en retard de la classe, tous les emplacements de jeu sont pris, même le leur.
« Cela n'est pas juste, ils auraient pu éviter de prendre le nôtre. Ils savent bien que l'on joue toujours au même endroit ! » grogne Hugo.

AUTODICTÉE

À la plage, certains jouent au ballon alors que d'autres font des châteaux de sable. Théo et son père font partie de ceux-là.
« – Ton château est superbe, Théo !
– Le tien aussi, Papa ; mais je préférais celui que tu as fait hier ! »

L'adjectif qualificatif

L'adjectif qualificatif est un mot qui **précise** les caractéristiques d'**un nom** ou d'**un pronom**.
Exemples : Son **nouveau** film sortira le mois **prochain**. On dit qu'il est **spectaculaire**.

Le **participe présent** et le **participe passé** peuvent être utilisés comme des adjectifs qualificatifs.
Exemples : un billet **gagnant** ; de l'herbe **coupée**.

L'adjectif qualificatif **s'accorde** en **genre** et en **nombre** avec le nom ou le pronom qu'il qualifie, même s'il en est éloigné.
Exemples : un garçon pol**i** ; une fille pol**ie** ; des enfants pol**is**.
Rong**ée** par la mer, la falaise s'effondrait.

Les fonctions de l'adjectif qualificatif sont généralement :

– **épithète du nom** : l'adjectif qualificatif fait partie du groupe nominal ;
Exemple : Les touristes **anglais** achètent une **énorme** brioche **vendéenne**.

– **attribut du sujet** : l'adjectif qualificatif fait partie du groupe verbal ; il est séparé du nom qu'il qualifie par un verbe d'état : être, paraître, sembler, devenir, demeurer, avoir l'air …
Exemple : cette pomme semble **verte**.

1. *Relève les huit adjectifs qualificatifs avec les noms qu'ils qualifient.*

L'équipe lilloise a connu un formidable baptême européen. Le match s'annonçait pourtant difficile. Mais l'équipe, soudée et volontaire, a réalisé un match presque parfait. Une belle réussite pour son entraîneur.

2. *Recopie les groupes nominaux, puis souligne en bleu les adjectifs qualificatifs, en vert les participes présents utilisés comme adjectifs qualificatifs, en rouge les participes passés utilisés comme adjectifs qualificatifs.*

- un outil coupant
- une terrible nouvelle
- un phénomène bizarre
- un évier bouché
- un été pluvieux
- une femme active
- un chien perdu
- un insecte rampant
- une route élargie
- un siège pliant

3. *Recopie et complète chaque groupe nominal avec un adjectif qualificatif de ton choix.*

un navigateur … - des livres … - un pantalon … - des informations … - un gâteau … - une peur … - une commerçante … - des fumées … .

4. *Recopie et associe pour chaque liste (a et b) le groupe nominal avec l'adjectif qualificatif qui convient.*

a)
- un nez • • clairs
- des yeux • • ouverte
- une bouche • • grises
- des moustaches • • fin

b)
- des voitures • • puissants
- un siège • • teintée
- des freins • • coûteuses
- des pneus • • lisses
- une vitre • • confortable

5. *Recopie les phrases. Souligne les adjectifs qualificatifs et indique leur fonction.*
- Bastien a l'air désolé par sa modeste performance.
- Cette corde est légère, mais permet de franchir des passages vertigineux.
- Ma gourde isotherme conserve facilement les boissons chaudes ou froides.
- Ce curieux fruit exotique est vraiment délicieux !

6. *Transforme l'adjectif épithète en adjectif attribut en faisant deux phrases.*
Exemple : Un joli tableau décorait le mur du salon. ▶ Le tableau était joli. Il décorait le mur du salon.
- Un énorme bouquet multicolore occupait le centre de la table.
- Dans deux semaines, ce nouveau modèle sera mis en vente.
- Nous découvrons en même temps que vous sa curieuse coiffure.
- Maman n'achète jamais ces pâtisseries grasses et très sucrées.

7. *Transforme l'adjectif attribut en adjectif épithète en ne faisant qu'une seule phrase.*
- Ces yaourts sont délicieux. Jane en consomme énormément.
- Ce livre est mal relié. Clémentine le rapporte chez son libraire.
- Le rideau de brume était épais. Il bouchait l'horizon.
- Le poème est amusant. Les élèves l'apprennent avec plaisir.

8. *À l'aide des listes de mots, forme des groupes nominaux. Utilise quatre d'entre eux dans des phrases amusantes.*

déterminants	noms	adj. qualificatifs
quelques	souci	incroyable
quatre	Papous	géant
le	télescope	multicolores
mon	voiles	minuscule
cette	erreur	derniers
les	maison	principal
une	hamsters	mécaniques

9. *Lis le texte, puis relève les dix adjectifs qualificatifs avec les noms qu'ils qualifient.*
Exemple : véritable (bonheur).

Véritable bonheur pour l'amoureux d'une montagne propre et sauvage, le cœur de l'Oberland offre aux randonneurs d'altitude la plénitude des grands espaces glaciaires silencieux, le vertige des immenses parois que l'on frôle, l'ivresse des vallons déserts et secrets. Sa traversée est un itinéraire superbe pour un voyage à pied dans une montagne de rêve.

P. NEYRET, « Au pays des géants de glace », *Montagnes magazine*, n° 250, août/septembre 2001.

À **TOI** DE JOUER...

10. *En utilisant la première syllabe de chaque adjectif qualificatif, tu peux former deux autres adjectifs qualificatifs. À toi de les retrouver ! Utilise-les ensuite dans deux phrases.*

daltonien - tentaculaire - féerique - durable - désertique - odorant.

AUTO**DICTÉE**

Un épais crachin, froid et poisseux, noyait la ville et transformait les lampadaires en lunes pâles et tristes. Pauline était furieuse contre cette ville inconnue et rébarbative.

L'attribut du sujet

L'attribut est un mot (ou un groupe de mots) qui **donne un renseignement sur le sujet**.

L'attribut est relié au sujet par un **verbe d'état** (être, devenir, sembler, rester, avoir l'air, demeurer, paraître…).
Exemple : Le nuage est menaçant.
　　　　　　 S　　 V　 attribut

L'attribut du sujet peut être :
– un **adjectif qualificatif** ▶ Le ciel reste **gris**.
– un **groupe nominal** ▶ Les fines gouttes devenaient **des grêlons**.
– un **pronom** ▶ Le vent, devenu violent, **le** resta jusqu'au soir.
– un **nom propre** ▶ Le responsable du groupe est **Florian**.

L'attribut du sujet **s'accorde en genre et en nombre** avec le sujet.
Exemples : La pluie est **cinglante** ; les bourrasques sont **cinglantes**.

L'attribut du sujet ne peut être ni supprimé, ni déplacé, car la phrase n'aurait pas de sens.

1. Recopie les phrases. Entoure chaque verbe d'état et souligne l'attribut du sujet.
- « La nuit, tous les chats sont gris », me disait ma grand-mère.
- Les petits ruisseaux deviennent de grosses rivières.
- La lune restait lumineuse et souriante.
- Mon lieu de vacances préféré demeura longtemps la Bretagne.
- Le Nil est un fleuve égyptien.

2. Recopie le texte. Entoure chaque verbe d'état et souligne l'attribut du sujet. Relie-le au sujet par une flèche.

Les animaux vivant dans le sable sont difficiles à observer ; en effet, ils restent enfouis dans le sol la majeure partie de leur vie. Ils semblent ainsi capables de supporter le mouvement des marées sans trop souffrir. Les invertébrés (les animaux sans squelette) paraissent être les seuls à s'adapter à ces conditions de vie et l'estran[1] est leur domaine.

[1]. Espace compris entre le niveau de la haute mer et celui de la basse mer.

3. Recopie les phrases en remplaçant le verbe avoir par un verbe d'état.
Exemple : Boris a peur. ▶ Boris est apeuré.
- Eurydice a un plâtre.
- Tiphaine a faim.
- Grégory a de la barbe.
- Sofia a soif.
- Bastien a froid.
- Laura a le sourire.

4. Recopie et complète le texte avec les attributs suivants : les descendants - chasseurs - les Aborigènes - pêcheurs - gardiens de troupeaux - plus bas.

Jusqu'à l'installation des bagnards anglais en Australie, à partir de 1788, les seuls hommes vivant dans cet immense pays étaient … .
Ils étaient … d'hommes arrivés il y a probablement 40 000 ans en Nouvelle-Guinée et en Australie. À ce moment-là, le niveau de la mer était beaucoup … .
De nos jours, les hommes sont restés … et … .
L'État essaie de les sédentariser en leur procurant, dans des lieux fixes, de quoi manger ; ils apprennent aussi à cultiver la terre. Certains sont devenus … .

5. Recopie uniquement les phrases contenant un attribut du sujet.
- Ce roman est une histoire vraie.
- Ce roman manque de suspense.
- Ce roman a plus de 150 pages.
- Ce roman demeure mon préféré.
- Ce roman a l'air passionnant.

6. Recopie et complète chaque phrase avec un groupe nominal attribut du sujet.
- Sa tante est … .
- Le professeur de musique a l'air … .
- La chenille devient … .
- L'escalade reste … .
- Mes voisins sont … .

7. Recopie chaque phrase en remplaçant le groupe nominal attribut du sujet par un adjectif qualificatif attribut du sujet.
Exemple : Cet arbre semble d'un grand âge.
▶ *Cet arbre semble âgé.*
- La fête de Marine fut une grande réussite.
- Jérémy est un insolent.
- Les notes paraissent d'un bon niveau.
- Papy reste d'une grande habileté.
- Ce jeu de cartes est d'une grande complexité.

8. Relève les attributs du sujet et indique leur nature.
- L'atmosphère devenait étouffante.
- La ville gagnante fut Saint-Lô.
- Crier n'est pas chanter.
- Nous restâmes arrêtés.
- Solène était gaie et le resta toute la journée.
- Le chauffage était un ridicule poêle à bois.

9. Récris les phrases avec le sujet proposé. *(Attention aux accords !)*
- Le temps devient froid. *(les journées)*
- Le soleil est chaud. *(les températures)*
- Le vent reste violent. *(les averses)*
- Le nuage a l'air gigantesque. *(les nuages)*
- L'air paraît frais. *(les gouttes)*

10. En utilisant le verbe être (ou un autre verbe d'état), parle :
– du premier jour des vacances ;
– de l'automne ;
– de ton plat préféré.

11. Récris les phrases avec le sujet proposé. *(Attention aux accords !)*
- L'ours paraît brutal et obstiné. *(les ours)*
- Le goéland est grand et massif. *(les goélands)*
- Le crabe est vif et agressif. *(l'araignée de mer)*
- Le renard est roux et fin. *(les renardes)*
- Le cheval paraît agile et obéissant. *(les juments)*

À TOI DE JOUER…

12. Observe l'image et décris-la en cinq phrases. Utilise un attribut du sujet dans chaque phrase (essaie de varier sa nature).

AUTODICTÉE

L'hermine est un peu plus grande que la belette. Elle s'en distingue par le bout de sa queue, toujours noir. En hiver, dans les zones de montagne, elle devient blanche. Elle peut ainsi échapper à ses prédateurs.

Le **complément du nom**

Le nom (ou le groupe nominal) peut être **complété** et **précisé** par un **nom** ou par un **groupe nominal**.
Ce nom (ou GN) est **un complément du nom** ; c'est une expansion du nom, comme l'adjectif qualificatif épithète.
Exemple : La feuille **de laurier** est allongée.
   nom   complément
            de nom

Le complément du nom est souvent relié au nom par **une préposition**.
Exemples : un plat **à gâteaux** ; une assiette **en carton** ; une tasse **de thé**.

Certains compléments du nom sont construits **sans préposition**.
Exemples : la place **Vendôme** ; le parc **Astérix**.

Le complément du nom peut également être :
– un **verbe à l'infinitif** ▶ une pâte **à tartiner**.
– un **adverbe** ▶ la mode **d'aujourd'hui**.

1. Recopie chaque groupe nominal en gras. Souligne le complément du nom et entoure la préposition qui l'introduit.

À cette époque, **les gens des petites villes** s'éclairaient avec **des lampes à huile** et des bougies. Dans les grandes villes, **l'éclairage au gaz** était généralement utilisé. Quelques particuliers utilisaient aussi l'éclairage au gaz, mais c'était très coûteux et, comme la **distribution du gaz** n'existait pas, ils devaient avoir **leur propre système de production**.

2. Recopie et complète avec une des prépositions : *sur - de - à - en - sans*.
- Un chapeau … plumes.
- Une chemise … manches.
- Une veste … lainage.
- Une vue … la mer.
- Un bouchon … champagne.

3. Recopie en remplaçant le complément du nom en gras par un adjectif qualificatif.
- Un bracelet **en argent**.
- Un jour **d'hiver**.
- Le stade **de Toulouse**.
- La nuit **du pôle**.
- Un coin **d'ombre**.
- Un plat **de Chine**.

4. Recopie en remplaçant l'adjectif qualificatif en gras par un complément du nom.
- Des plantes **tropicales**.
- Un transport **aérien**.
- Un livre **historique**.
- Une jupe **plissée**.
- Un plat **marocain**.
- Une boisson **gazeuse**.

5. Recopie et indique la nature des compléments du nom en gras (GN, adverbe, infinitif).
- Un lapin **aux pruneaux**.
- Une table **à repasser**.
- Une histoire **sans fin**.
- Le temps **d'hier**.
- Une fable **de La Fontaine**.
- Une poêle **à frire**.

6. Recopie et complète chaque nom avec un complément du nom introduit par une préposition.
- Un blouson …
- Des chaussures …
- Un costume …
- Un bracelet …
- Un plat …
- Une boîte …
- Une collection …
- Un pneu …
- Un train …
- Un jour …

7. Recopie et complète chaque nom avec un complément du nom sans préposition.

- Le justicier ...
- La rue ...
- L'océan ...
- La tour ...
- Le père ...
- Un nœud ...
- Le match ...
- Le président ...
- Le chanteur ...
- Ma sœur ...

8. Recopie et complète chaque phrase avec un nom et un complément du nom.

- « Le lièvre et la tortue » est ... .
- Le pâtissier prépare des ... .
- La mer charrie des ... .
- Maman place sur le feu une ... .
- Pour la nouvelle année, j'envoie des ... .

9. Recopie chaque phrase. Souligne le complément du nom et mets une croix sous le nom qu'il précise.

- Cédric est l'aîné des quatre enfants.
- La rue Paul-Verlaine est très sombre.
- Papa a acheté un fer à souder.
- Je m'endors en regardant ce film sans intérêt.
- Le roi Louis XI était très cruel.

10. Recopie chaque nom et ajoute au moins deux compléments du nom introduits par des prépositions différentes.

Exemple : une tasse à thé ; une tasse avec soucoupe.

du lait ... - un os ... - un texte ... - une leçon ... - un bateau ... .

11. Écris une phrase avec cinq des expressions trouvées dans l'exercice 10.

AUTODICTÉE

La plage est parfois un dépotoir. Une canette de boisson oubliée sur une plage mettra environ 200 ans à se décomposer. Il faudra à un sac en plastique biodégradable 3 mois pour se désagréger, au risque qu'une tortue de mer s'étouffe en l'avalant.

12. Recopie le texte. Souligne chaque complément du nom et mets une croix sous le nom qu'il précise. *(Il y a huit compléments de nom.)*

À peine débarqué sur l'île des Trois Étoiles, le roi Singe s'était enfoncé dans la forêt qui recouvrait les pentes de la montagne. Il finit par croiser un bûcheron qui lui indiqua le chemin de la grotte où vivait le sage Immortel avec ses élèves. Il arriva enfin à l'entrée de la caverne. Mais une lourde porte en bois en fermait l'accès. Sur le côté, un grand gong servait de cloche d'appel pour les visiteurs.

P. FAULIOT, *L'Épopée du roi Singe*, Casterman.

À TOI DE JOUER...

13. Remplace chaque adjectif qualificatif par un complément du nom contenant un nom d'animal.

Exemple :
Un froid glacial. ▶ *Un froid de canard.*

- Une mauvaise langue.
- Une mémoire importante.
- Une forte fièvre.
- Une grande faim.
- Un petit trou.
- Un cou épais.
- Un appétit léger.
- Un mauvais caractère.
- Un saut minuscule.

L'adverbe

L'adverbe est un **mot invariable**. Il modifie le sens :

– d'un **verbe** ▸ Nous écrivons **lisiblement**.
– d'un **adjectif qualificatif** ▸ Vous avez une **très** belle écriture.
– d'un **autre adverbe** ▸ Écrivez **plus** lisiblement.
– de **toute une phrase** ▸ **Soudain**, il déchira la lettre.

Les adverbes se répartissent en plusieurs catégories, selon ce qu'ils expriment.
Exemples : adverbes de **temps**, de **lieu**, de **manière** (demain, toujours, ici, ailleurs, clairement), adverbes de **quantité** (peu, beaucoup), adverbes d'**opinion** (oui, non, peut-être), etc.

Les adverbes peuvent se présenter sous la forme de **mots simples** (doucement) ou de **groupes de mots** (tout à coup).

---

1. Recopie les phrases et souligne les adverbes.
- Elsa claqua violemment la porte.
- Nous répondrons volontiers à votre invitation.
- Ce très curieux château est vieux de cinq siècles.
- Vous ne pensiez pas être là ce soir.
- Bien imprudemment, Alex avait affirmé qu'il était libre demain.

 2. Lis le texte et recopie tous les adverbes.

« Normalement, je ne laisse jamais les enfants s'approcher des fauves, dit le dompteur. Ils s'agitent trop. Et quand une de mes bêtes s'énerve, elle peut faire beaucoup de mal… Mais nous pouvons certainement essayer avec Pete, un jeune lion. »
Quand Ann et Helen entrèrent dans la cage derrière le dompteur, le lion se leva et s'étira paresseusement.
« Nous avons de la compagnie, Pete », dit le dompteur. Et il gratta son élève favori derrière les oreilles. Il prit ensuite la main d'Helen et la plaça sur le dos de Pete. Guidée par le dompteur, Helen passa lentement et doucement sa toute petite main sur le corps de l'animal. Pete demeurait calme et parfaitement détendu.

D'après L. A. HICKOK, *L'Histoire d'Helen Keller*, trad. R. ROSENTHAL, R. Laffont.

3. Recopie le texte en remplaçant chacun des sept adverbes par un autre de ton choix.

Élena se retira brutalement dans sa chambre. Ici, elle aurait la paix. Peu de gens la croyaient encore capable de courir vite. Elle leur prouverait bientôt qu'elle était toujours l'une des meilleures.

4. Recopie les phrases en précisant le sens de chaque mot en gras avec un adverbe.

*Exemple : Nils **se leva** de sa chaise.*
▸ *Nils se leva précipitamment de sa chaise.*
- Christophe était **content** de son résultat.
- Le camion **freina** et s'arrêta.
- Joane **voudrait** se promener seule.
- Madame Norbert possède une **jolie** voiture.
- Ses cheveux lui cachaient **complètement** le visage.

5. Classe les adverbes en cinq colonnes, selon ce qu'ils expriment : le temps, le lieu, la manière, la quantité, l'opinion.

partout - assez - certainement - moins - facilement - mal - là-bas - aujourd'hui - loin - sûrement - devant - calmement - trop - dessus - brillamment - bientôt - tout de suite - peut-être - énormément - bien sûr - par moments.

6. À partir de ces adjectifs qualificatifs, forme les adverbes correspondants.

différent - puissant - violent - joli - curieux - récent - plaintif - courant - net - suffisant.

7. Parmi ces mots, recopie uniquement les adverbes.

vêtement - emprisonnement - élégamment - distraitement - raisonnement - négligemment - lâchement - événement - principalement - sifflement - sportivement - brièvement.

8. Attention ! Certains mots peuvent être adverbes ou prépositions.

Exemple : Auriane est assise devant.
(adverbe : ici, là…)
Auriane est assise devant moi
(préposition : vers, sans…)

D'autres peuvent être adverbes ou adjectifs qualificatifs.

Exemple : Dimitri parle fort.
(adverbe : poliment, lentement…)
Dimitri est fort.
(adjectif qualificatif : mince, grand…)

Indique la catégorie de chaque mot en gras.

- Ce cerf-volant vole **haut** dans le ciel.
- Le château est dominé par un **haut** donjon.
- Coline a fait de **gros** efforts durant le deuxième trimestre.
- Monsieur Harold a parié **gros** sur ce cheval.
- Un angle **droit** peut se tracer à l'équerre ou au compas.
- Il n'est pas si facile de marcher **droit** en fermant les yeux.

9. Recopie chaque phrase, puis souligne l'adverbe en rouge et le mot dont le sens est modifié en bleu.

- Martha nettoie soigneusement son vélo.
- Cet élève arrive assez régulièrement en retard.
- Anaïs n'aime guère les œufs durs.
- Pour le carnaval, Doug a confectionné un masque totalement terrifiant.

10. Écris un petit texte dans lequel tu utiliseras obligatoirement les cinq adverbes suivants, dans l'ordre dans lequel ils sont donnés.

ne… pas - subitement - moins - ailleurs - dorénavant.

À **TOI** DE JOUER…

11. Charades

- Mon premier est le singulier des adjectifs qui font leur pluriel en « aux ».
- Mon second est, par ordre alphabétique, le premier département français.
- Mon troisième est le diminutif de « professionnel ».
- Mon quatrième est de la taille d'un clou mais présente un relief en spirale.
- Mon cinquième est la dernière syllabe de « tomate ».
- Mon tout est un adverbe composé signifiant « sans prévenir ».

- Mon premier est un ensemble de végétaux clôturant un terrain.
- Mon second s'oppose au sud.
- Mon troisième est « le mois des fleurs ».
- Mon quatrième ne dit pas la vérité.
- Mon tout est un adverbe signifiant « beaucoup ».

AUTO**DICTÉE**

Le rouge-gorge

Cet oiseau passereau est très commun dans les jardins et les bois de toute l'Europe. Bien qu'ayant une nature apparemment amicale (il n'éprouve pas vraiment de timidité envers les hommes), il défend farouchement son territoire contre ses congénères.

La **préposition**

La préposition est un **mot invariable** qui relie un complément au mot complété (verbe, nom…)
Exemples : un plat **de** pâtes   Il pense **à** toi.
   nom   complément   verbe complément

Quelques **prépositions simples** :
à, de, par, pour, sans, avec, avant, après, contre, pendant, chez, sous, sur.

Quelques **prépositions composées** :
à cause de…, afin de…, au lieu de…, au-dessus de…, grâce à…, loin de…

1. Recopie et complète les phrases avec les prépositions : *à*, *de*, *avec*, *en*, *pour*, *sous*.

• La Terre est comme un fruit, … un noyau central.
• … en faire le tour, il faut parcourir 40 000 km.
• Nous trouvons … surface une pellicule rocheuse (la croûte terrestre) qui ne mesure que 5 km … les océans et 40 km … l'emplacement des chaînes … montagnes.

2. Recopie et complète le texte avec les prépositions : *au-dessus*, *dans*, *après*, *depuis*, *de*, *vers*.

Les oiseaux migrateurs, … toujours, partent en automne … des pays plus chauds. Ils parcourent des milliers … kilomètres, … des montagnes et des mers. Au printemps, … la mauvaise saison, ils reviennent et s'installent … un nouveau nid.

3. Recopie chaque phrase et indique la nature du mot introduit par la préposition en gras.

• Bertille s'exprime **avec** gentillesse.
• Il refuse **de** reconnaître son erreur.
• Le lion dort **au lieu de** nourrir ses petits.
• Mes cousins mangent **chez** nous.
• J'ai acheté une cravate **pour** Jérémy.
• Sylvain mange un fruit **après** un gros morceau de fromage.
• Nous allons partir au sports d'hiver **pendant** les vacances.

4. Recopie chaque phrase et indique la nature du mot complété.

• Un feu **de** bois éclairait la pièce.
• Les hommes étaient assis **en** cercle.
• Le chef parla **après** un long silence.
• Il fallait partir **à travers** bois.
• Le manque **de** nourriture était problématique.

5. Recopie chaque phrase et complète le nom avec une préposition et un complément.

• Maman achète deux draps … .
• Nous utiliserons de la crème … .
• Le camping … est encore complet, cette année.
• Les joueurs … ne s'arrêtent qu'à la nuit tombée.
• Nous ferons un tour … .

6. Écris une phrase avec chaque verbe, en le complétant avec un c.c. de temps, de lieu ou de manière introduit par une préposition.

monter - atterrir - examiner - bourdonner - venir.

7. Classe les compléments en gras en deux colonnes : compléments du verbe, compléments du nom.

Les vanniers tressent des paniers **en osier**. Ils les vendent **sur les marchés** et les exposent **à côté des stands** de poterie. La Provence est aussi une terre **d'oliviers**. **Pendant l'été**, toutes les variétés d'olives sont à découvrir. Les amateurs se pressent **derrière les étalages**.

La **conjonction**

La **conjonction de coordination relie des mots** ou **des groupes de mots**, le plus souvent **de même nature** et toujours **de même fonction**.
Exemples : Pierre est petit **mais** musclé. Boire **ou** conduire, il faut choisir.
  Le vent se lève **et** la pluie n'est plus très loin.
Les conjonctions de coordination sont : mais, ou, et, donc, or, ni, car.

La **conjonction de subordination** sert à **relier la proposition subordonnée à la proposition principale**.
Exemple : Nous serons là **quand** tu auras besoin de nous.

Les principales **conjonctions de subordination** sont :
comme, si, que, quand, lorsque, puisque, quoique…

Il existe aussi des **locutions conjonctives** :
dès que, pour que, parce que, à moins que, afin que, tandis que, avant que…

1. Recopie les phrases et entoure les conjonctions de coordination. Souligne ensuite les éléments coordonnés.

Exemple : Jason et son frère essayent leurs nouveaux rollers.

• Vous recevrez le colis aujourd'hui ou demain.
• Je voudrais jouer dehors mais il pleut.
• La casquette de Benoît est jaune et rouge.
• Dans ce village, il n'y a ni école ni commerces.
• Vos maillots de football sont lavés donc propres.

2. Recopie et complète les phrases avec les conjonctions de subordination ou les locutions conjonctives suivantes : *quand, pour que, parce qu', si, avant qu'*.

• Nous irons voir nos grands-parents … notre voiture est réparée pour le week-end.
• Nous participerons au tournoi de tennis … nous aurons fait davantage de progrès.
• Loana ne participera pas à la compétition de natation … elle s'est fait une entorse à la cheville.
• Les portes du cinéma ont été ouvertes … les gens puissent entrer.
• Ne descendez jamais du train … il ne soit complètement arrêté.

3. Recopie et complète chaque phrase en utilisant la conjonction demandée.

• Le chien aboie … *(coordination)*
• Il faut être gentil … *(subordination)*
• Le jour se lève … *(coordination)*
• Le plombier viendra … *(subordination)*
• Pierre s'assoit … *(coordination)*

4. Récris les phrases en les complétant avec les conjonctions de coordination qui conviennent.

• Laura aime bien les sports individuels … elle aime bien aussi les sports collectifs.
• Antoine recherche sa sœur … elle n'est toujours pas rentrée.
• Le coureur de marathon a soif … il s'arrête pour prendre un gobelet d'eau.
• Demain, nous jouerons au football … au basket.
• En fonction du temps, les randonneurs opteront pour un vêtement de pluie … un vêtement plus chaud.
• La fête bat son plein … les invités sont très contents.
• Les jumeaux pourront aller chez leurs grands-parents … au centre aéré ; ils ont le choix.

Nature et fonction : l'**analyse grammaticale**

Faire une analyse grammaticale, c'est donner des renseignements sur la **nature** d'un mot, puis indiquer sa **fonction** dans la phrase.

Attention !
La nature d'un mot est généralement fixe alors que la fonction change selon la phrase.

Le nom
Pour analyser un nom, on précise **sa nature** (nom commun ou nom propre), on indique **son genre** (masculin ou féminin), **son nombre** (singulier ou pluriel) et **sa fonction** (sujet du verbe, c.o.d., complément circonstanciel, attribut du sujet…).
Exemple : Cette **gymnaste** fait des **étirements**.
gymnaste : nom commun, féminin, singulier, sujet du verbe « faire ».
étirements : nom commun, masculin, pluriel, c.o.d. du verbe « faire ».

Le déterminant
Pour analyser un déterminant, on précise **sa nature** (article, adjectif possessif…), puis on indique **son genre**, **son nombre** et **sa fonction** (détermine le nom).
Exemple : **Cette** gymnaste fait **des** étirements.
Cette : déterminant adjectif démonstratif, féminin, singulier, détermine le nom « gymnaste ».
des : déterminant article indéfini, masculin, pluriel, détermine le nom « étirements ».

1. *Analyse les noms en gras.*
- Dans son **jardin**, **Linda** découvre un **hérisson**.
- Ce **soir**, nous retrouverons tes **cousins** à la **pizzeria**.

2. *Analyse les noms en gras.*
- Sur l'**aérodrome** se pose un **planeur**.
- **Jannie**, avec **application**, classe ses **timbres**.

3. *Analyse les noms en gras.*
- Le **lundi**, le magasin de **jouets** est fermé.
- Dans le **mur** se cachent des **lézards**.
- Ma sœur est **vétérinaire**.

4. *Relève et analyse les noms.*
- Les Chiliens produisent d'excellents vins.
- Sur le toit niche une cigogne.
- Tu déplies la carte et tu la poses sur le sol.

5. *Analyse les déterminants en gras.*
- **L'**hippopotame est **un** animal dangereux.
- **Ma** tante possède **quelques** jolis tableaux.
- **Cinq** flèches ont atteint la cible.

6. *Analyse les déterminants en gras.*
- **Notre** avion avait **quinze** minutes de retard.
- **Ses** vêtements sont rangés dans **ce** sac.
- **Quel** gâteau est le meilleur ?

7. *Relève et analyse les déterminants.*
- Ces concerts sont organisés par la municipalité.
- Chaque soir, plusieurs groupes se succèdent sur deux podiums.
- Certains apprentis magiciens s'avancèrent. Ils tenaient dans leurs bras une sorte d'immense serpent qui, dans un éclair, se transforma en trois souriantes demoiselles.

L'adjectif qualificatif

Pour analyser un adjectif qualificatif, on indique **sa nature**, **son genre**, **son nombre** et **sa fonction** (épithète du nom ou attribut du sujet).
Exemple : Ton short **blanc** est **sale**.
blanc : adjectif qualificatif, masculin, singulier, épithète du nom « short ».
sale : adjectif qualificatif, masculin, singulier, attribut du sujet « short ».

8. *Analyse les adjectifs qualificatifs en gras.*
• Quelques arbres **rares** poussent dans ce **splendide** jardin.
• Nos **nouveaux** voisins semblent très **aimables**.
• Le tennisman testait ses **nouvelles** raquettes.

9. *Analyse les adjectifs qualificatifs en gras.*
• Sur le Tour de France **cycliste**, le maillot **jaune** récompense le leader du classement **général**.
• Ta baguette paraît **fraîche** mais mon pain est totalement **rassis**.

10. *Relève et analyse les adjectifs qualificatifs.*
Le public est enthousiaste. Dans la foule compacte, de nombreux touristes irlandais espèrent une victoire de leur équipe.

Le pronom personnel

Pour analyser un pronom personnel, on indique **sa nature**, **sa personne**, **son nombre** et **sa fonction** (sujet ou complément du verbe).
Exemple : **Elle nous** regarde discrètement.
Elle : pronom personnel, 3e personne du singulier, sujet du verbe « regarder ».
nous : pronom personnel, 1re personne du pluriel, c.o.d. du verbe « regarder ».

11. *Analyse les pronoms personnels en gras.*
• **Je leur** pardonne volontiers.
• Djibril attrape le ballon, puis **il l'**envoie à Quentin.
• Gabrielle sortira la tarte du réfrigérateur et **la** découpera.

12. *Analyse les pronoms personnels en gras.*
• Qu'est-ce qui **te** fait peur ?
• Peux-tu **me** prêter ton dictionnaire ? **Je te le** rendrai dans cinq minutes.

13. *Relève et analyse les pronoms personnels.*
Maxime vous raconte une étrange histoire. Vous l'écoutez en souriant. Il essaie d'être convaincant, mais vous avez du mal à le croire.

Le verbe

Analyser un verbe, c'est établir sa « carte d'identité » : **infinitif**, **groupe**, **voix**, **personne**, **nombre**, **temps** et **mode**.
Exemple : Cette gymnaste **fait** des étirements.
fait : verbe faire, 3e groupe, voix active, 3e personne du singulier du présent de l'indicatif.

14. *Analyse les verbes de l'exercice 1.*

15. *Analyse les verbes de l'exercice 4.*

16. *Analyse les verbes de l'exercice 8.*

17. *Analyse les verbes de l'exercice 11.*

L'adverbe

Pour analyser un adverbe, on indique **sa nature**, on ajoute que c'est **un mot invariable** et on précise **sa fonction** (modifie le sens de l'adjectif, du verbe… ou complément circonstanciel de temps, lieu, manière).

Exemple : Cette équipe gagne **très régulièrement** le tournoi.

très : adverbe, mot invariable, modifie le sens de l'adverbe « régulièrement ».

régulièrement : adverbe, mot invariable, complément circonstanciel de manière du verbe « gagner ».

La préposition

Pour analyser une préposition, on indique **sa nature**, on ajoute que c'est **un mot invariable** et on précise **sa fonction** (unit le complément *x* au mot complété *y*).

Exemple : Nous jouons **dans** la cour **de** l'école.

dans : préposition, mot invariable, unit le complément de lieu « la cour de l'école » au verbe « jouer ».

de : préposition, mot invariable, unit le complément du nom « l'école » au nom « cour ».

18. *Analyse les adverbes en gras.*
- **Jadis**, de grandes épidémies décimaient **régulièrement** la population.
- La vie **n'**est **pas forcément plus** facile **ailleurs**.

19. *Analyse les adverbes en gras.*
Maintenant, le vent soufflait **assez fort**. Les skippers **n'**avaient **plus** un moment de repos. Il allait falloir manœuvrer **habilement**.

20. *Analyse les prépositions en gras.*
- Un tronc **d'**arbre barrait la route.
- Nous arrivons **à** la gare.
- C'est un film **sans** intérêt.
- Je me souviens **de** mes vacances.
- Tu t'es installé **devant** moi.

21. *Analyse les prépositions en gras.*
Le vent s'est levé **dans** l'après-midi. Il a forci **pendant** deux heures. **Vers** 20 heures, des bulletins **d'**alerte conseillaient de rester **chez** soi.

Juxtaposition et coordination

Les éléments d'une phrase sont **juxtaposés** quand ils ne sont rattachés par **aucun mot de liaison** ; ils sont simplement séparés par une virgule, un deux-points ou un point-virgule.
Exemple : J'aime les fraises, les framboises, les groseilles.

Les éléments d'une phrase sont **coordonnés** quand ils sont reliés par une **conjonction de coordination** (mais, ou, et, donc, or, ni, car) ou par un **adverbe de liaison** (pourtant, alors, ensuite…).
Exemples : Le basilic parfume **et** aromatise les tomates.
Nous mangeons **puis** nous allons marcher.

On peut juxtaposer ou coordonner des mots (ou des groupes de mots) de même nature.
Exemples : Basile est **mince**, mais **puissant**. (adjectifs qualificatifs)
Les poules se taisent, le chat somnole et le cheval piaffe dans le pré.
(propositions)

1. Recopie les phrases. Souligne les mots (ou GN) juxtaposés. Indique leur nature.
- Lucie, Bertille étaient déjà présentes.
- Bronzer, sortir, danser est le programme complet des vacances.
- Son panier contenait des boissons, des sandwiches, des biscuits.
- Agile, silencieux, le tigre est à l'affût.
- Le vent soufflait violemment, inlassablement.

2. Classe en deux colonnes les éléments juxtaposés et coordonnés relevés dans le texte.

Le vent haletait, il mugissait comme un bœuf puis chargeait à faire vibrer le sol. Il arrachait une enseigne, une ardoise, une branche. […] Des familles priaient pour un fils, un père embarqué dans la Marine royale ou sur un gros bateau de la Compagnie des Indes.

G. Guillet et A. Roné, *Le Village enfoui*, Castor Poche-Flammarion.

3. Écris une phrase contenant :
– deux verbes juxtaposés ;
– deux adjectifs qualificatifs coordonnés ;
– deux groupes nominaux coordonnés.

4. Recopie les phrases. Entoure la conjonction de coordination et souligne les mots coordonnés. Indique leur nature.
- Je lis les aventures de Tintin et Milou.
- Ce volcan est récent donc actif.
- Je ne veux ni fromage ni dessert.
- Baptiste partira lundi ou mardi.
- Il pleure mais sourit malgré tout.

5. Recopie et complète les phrases avec une conjonction de coordination : *mais, ni, et, ou, donc*.
- La haie est verte … fleurie.
- Tu cries … tu as tort.
- Le chemin était boueux, … pénible.
- Ses yeux n'étaient … bleus … verts.
- Neige … pluie, tout dépend de l'altitude.

AUTODICTÉE

Les lamas sont des ruminants de la même famille que les chameaux. Comme eux, ils sont adaptés aux conditions de vie dans les régions pauvres et arides.

Les différentes **propositions**

Il existe plusieurs types de propositions :
– la **proposition indépendante**, qui se suffit par elle-même.
Les propositions indépendantes ne dépendent pas les unes des autres.

Exemple : Louis avait décapé les volets et il les repeignait maintenant en bleu pâle.
   <u>proposition indépendante</u>   <u>proposition indépendante</u>

– la **proposition principale**, toujours complétée par une ou plusieurs **propositions subordonnées**. Les propositions subordonnées n'ont aucun sens par elles-mêmes ; elles ne peuvent exister sans la proposition principale.

Exemples :
Quand il aura décapé les volets, Louis les repeindra.
   <u>proposition subordonnée</u>   <u>proposition principale</u>

Quand il les aura décapés, Louis repeindra les volets qui sont vraiment très abîmés.
   <u>proposition subordonnée</u>   <u>proposition principale</u>   <u>proposition subordonnée</u>

Deux propositions indépendantes ou deux propositions subordonnées peuvent être juxtaposées ou coordonnées (voir page 49).
Dans ce cas, il arrive que le sujet ne soit pas répété.
Exemple : Claire époussette le cadre puis le raccroche au mur. (▶ puis **elle** le raccroche)

1. Recopie chaque phrase. Souligne les verbes conjugués, sépare les différentes propositions, puis indique leur nature.

Exemple :
<u>Je vous téléphonerai</u> / <u>dès que je serai arrivé</u>.
   proposition principale   proposition subordonnée

• Lorsque tu auras fait ton sac, tu le poseras dans le couloir.
• Le ciel s'assombrissait rapidement, le vent soufflait de plus en plus fort.
• Maxime chausse ses rollers, puis il attache les courroies de son casque.
• Le joueur reprend le ballon de la tête et marque un but superbe.
• Pour mon goûter, je dévorerais bien la tarte qui refroidit sur le bord de la fenêtre.
• Léna ouvrit l'enveloppe, déplia la feuille et la posa sur son bureau.
• Quand Hugo t'aura expliqué les règles du jeu, nous commencerons la partie.

2. Recopie chaque phrase. Sépare les différentes propositions, puis indique leur nature.

• Quand le gâteau sera cuit, je le sortirai du four.
• Le photographe aperçoit le bouquetin, attrape son appareil et enchaîne deux ou trois clichés.
• Peux-tu me passer le livre qui est près de toi ?
• L'histoire que je vais vous raconter se passe au siècle dernier.
• Maintenant que tu le connais mieux, tu peux lui expliquer le projet que nous avons.

3. Écris trois phrases en respectant à chaque fois la structure donnée.
• Proposition principale
   + proposition subordonnée.
• Proposition subordonnée
   + proposition principale.
• Proposition indépendante
   + proposition indépendante.

4. Recopie chaque phrase. Sépare les différentes propositions, puis indique leur nature.

- Depuis que j'ai changé les pneus de ma voiture, elle tient beaucoup mieux la route.
- Nous sommes émerveillés par les photos que vous avez rapportées de votre voyage.
- Le pétrole s'épuise pendant que nous produisons des tonnes de déchets dont nous ne savons pas quoi faire.
- Récoltez les champignons que vous connaissez mais ne détruisez pas les autres espèces.
- Ce gîte rural est situé dans une ancienne chapelle qui a été restaurée cette année.
- Ma mère aime beaucoup la bague que mon père lui a offerte pour son anniversaire.

5. Recopie le texte, puis sépare et nomme les différentes propositions.

Comme la vitre était baissée, j'ai sauté pour essayer d'attraper cette saleté de chat qui m'avait nargué en passant. Le chat a détalé comme un lapin. Je n'ai jamais chassé le lapin, mais j'en ai entendu parler ; quand on est chien en ville, les chats, ce sont nos lapins. Ce maudit chat s'est planqué sous une camionnette, et je n'ai rien pu faire.

B. Heitz, *Chien à mi-temps*, Mango poche.

6. Recopie le texte, puis sépare et nomme les différentes propositions.

Ils s'accroupirent dans la cabine téléphonique et observèrent la photo pendant un long moment. L'esprit de Keith fonctionnait à toute vitesse et il pouvait dire en voyant les sourcils froncés de Tracy qu'il en était de même pour elle. Au bout d'un instant, il glissa la photo dans sa poche.
« Je vais la remettre à sa place avant que maman ne rentre du travail. »

M. Gleitzman, *Mes parents se refont une beauté*, trad. C. Le Grand, Hachette Jeunesse.

7. Recopie et complète les énoncés. Ensuite, sépare et nomme les différentes propositions.

- Nous prendrons nos tickets à l'entrée … .
- Il faut … .
- Je te rends cette carte … .
- Dès qu'il pleut … .
- Mes grands-parents m'offrent enfin la super console … .

8. Recopie le texte, puis sépare et nomme les différentes propositions.

Le roi se fâche. Il prend Francis par le col de sa chemise. Il l'enferme tout en haut du donjon qu'il fait garder par trois chevaliers en armure. Rouge de colère, le roi hurle :
– Si tu réussis à sortir de ce donjon, tu prendras ma place sur le trône !

M. Cantin, *Princesse-la-tornade*, Milan Poche.

À TOI DE JOUER…

9. Écris une proposition à laquelle tu ajouteras, au choix : *puis*, *et*, *car*, *dès que*, *quand*, *parce que*, *lorsque*, *qui*.

Demande ensuite à un camarade de compléter ta phrase en ne lui donnant que ce dernier mot. Relisez la phrase obtenue en corrigeant les éventuelles fautes de grammaire. Vous obtiendrez des phrases très étranges !

AUTODICTÉE

Aujourd'hui, nous savons que la Terre est ronde. Ératosthène, en 220 avant notre ère, en avait même calculé la circonférence avec une incroyable précision ! Il a pourtant fallu attendre 1522 et le retour de l'expédition de Magellan pour que la preuve en soit apportée.

Les différentes **propositions subordonnées**

La **proposition subordonnée relative** complète un nom qui est son antécédent. Elle est introduite par un pronom relatif (qui, que, dont, où, lequel, laquelle...).
Exemple : Les navigateurs ont affronté des vents / qui dépassaient souvent les 120 km/h.
           proposition principale   proposition subordonnée relative

La **proposition subordonnée complétive** est le plus souvent c.o.d. du verbe placé devant celle-ci. Elle est introduite par la conjonction de subordination **que** (**qu'**).
Exemple : Je crois / qu'ils ont démontré leur parfaite connaissance du bateau.
   proposition   proposition subordonnée complétive
   principale

La **proposition subordonnée circonstancielle** joue le rôle de complément circonstanciel. Elle est introduite par une conjonction de subordination (comme, lorsque, quand, parce que...).
Elle peut indiquer le temps, la cause, la condition.
Exemple : Lorsque le beau temps est revenu, / ils étaient totalement épuisés.
    proposition subordonnée   proposition principale
    circonstancielle de temps

1. Recopie les phrases, puis souligne les propositions subordonnées.
- J'aimerais bien que tu viennes pour les vacances de Noël.
- Quand nous allons nous promener en forêt, nous emmenons toujours notre chien.
- Axel sait bien qu'il ne faut pas les déranger sans arrêt.
- S'il fait beau, nous pourrons manger sur la terrasse.
- Mon chien aboie dès que le facteur s'approche de la boîte à lettres.

2. Recopie le texte. Souligne en rouge les propositions principales et en bleu les propositions subordonnées.

Quand le roi n° 1 apprit la proposition, il devint fou de rage. Il menaça de prison les participants de la réunion qui n'auraient pas quitté le royaume le lendemain. [...]
Il réfléchissait sur son trône quand une ritournelle s'éleva de la cour du château.

        M. Sabas, *La Poule qui pondait des images*, Milan Poche cadet.

3. À l'aide d'un pronom relatif, relie les deux phrases simples pour former une phrase complexe. Souligne ensuite la proposition subordonnée relative.

Exemple : Je relis ce roman. Ce roman me plaît.
▶ *Je relis ce roman qui me plaît.*

- J'aime ces fleurs. Ces fleurs sentent très bon.
- Manon porte une robe. Ses grands-parents lui ont offert cette robe.
- La famille Dupont se rend à la plage. Nous faisons du beach-volley sur cette plage.
- J'ai vu le film. Elle m'a parlé de ce film.
- Le bateau arrivera à 8 heures. Je prendrai ce bateau.

4. Remplace l'infinitif de chaque phrase afin de former une proposition subordonnée relative.

Exemple : John observe le photographe préparer son matériel.
▶ *John observe le photographe qui prépare son matériel.*

• Papy regarde les enfants courir dans son jardin.
• Le conducteur du bus entend les voitures klaxonner derrière lui.
• Les spectateurs écoutent les musiciens interpréter cette symphonie.
• Nous voyons les vagues se fracasser contre les rochers.
• Le matin, Arthur n'entend jamais son réveil sonner pendant plus d'une minute.

5. Ajoute une proposition subordonnée relative pour compléter chaque nom en gras. Fais attention au temps de la subordonnée.

• Ma sœur portait **une robe**.
• Mon copain Lilian va au **stade**.
• Les chevaliers attaquaient **le château**.
• Nous apercevions **la tempête**.
• As-tu déjà vu **ce film** ?

6. Remplace le c.o.d. de chaque phrase par une proposition subordonnée complétive.

Exemple : J'attends ta venue.
▶ *J'attends que tu viennes.*

• Nous souhaitons tous sa participation au tournoi annuel de tennis.
• Le présentateur du journal télévisé a annoncé son départ.
• À cette heure, nous craignons la fermeture du magasin.
• Bien qu'ils soient jumeaux, je n'ai pas remarqué leur ressemblance.
• Sur le quai de la gare, mes grands-parents attendent avec impatience l'arrivée du train.

7. Remplace chaque complément circonstanciel en gras par une proposition subordonnée circonstancielle.

Exemple :
*Il ne rentrera pas **avant la tombée de la nuit**.*
▶ *Il ne rentrera pas avant que la nuit tombe.*

• **Dès le lever du jour**, nous partons à la pêche.
• **À la vue de son maître**, le cocker aboie.
• **Au lever du jour**, nous partirons à la pêche.
• Les spectateurs quittent le stade **dès la fin du match**.
• J'ai acheté ce DVD **avant son augmentation**.

8. Recopie chaque phrase et indique la nature de la proposition subordonnée en gras.

• Les chevaliers attaquaient les habitants du château **qui se réfugiaient derrière les remparts**.
• Je ne crois pas **que ce soit une bonne solution** !
• **Quand les pompiers sont arrivés**, il y avait déjà dix centimètres d'eau dans la cave.
• Le livre **que je viens d'acheter** me paraît extrêmement intéressant.
• Le livre **dont mon père est l'auteur** s'est vendu à plusieurs milliers d'exemplaires.

À **TOI** DE JOUER...

9. Réunis une proposition subordonnée avec une proposition principale en essayant d'obtenir des phrases amusantes.

• avant que tu sois bien coiffée
• lorsque Greg sort son violon
• quand Aurélie range son placard
• les poules seront toutes plumées
• les canards jouent dans la mare
• on se cache dans les potirons
• afin d'écrire comme les poètes
• prends des cours avec les mouettes

Synthèse

1. Classe les phrases en deux colonnes : phrases verbales et phrases non verbales.
- Interdiction de fumer.
- Il est déconseillé de sortir avec un tel vent.
- Nous attendrons.
- Comment ai-je pu dire une telle sottise ?
- C'est une photo très réussie.
- Neuvième match sans défaite pour la toute jeune équipe auxerroise.

2. Recopie le texte en plaçant les points et les virgules manquants. N'oublie pas les majuscules.
Il manque 5 virgules et 4 points.

chaque matin en partant à l'école Pierrot considérait le paysage d'un œil neuf la colline en face de la maison allait être rasée ménageant ainsi une large percée dans la forêt il ne pouvait y croire plus loin au bord du ruisseau les peupliers seraient coupés

H. MONTARDRE, Au pied du mur, Zanzibar.

3. Recopie et complète chaque phrase avec le signe de ponctuation qui convient. Indique ensuite son type et sa forme.
- Quel arbre magnifique
- Le chêne rouvre est l'arbre le plus répandu en Europe
- Comment s'appelle le fruit du chêne
- Ne reste pas sous l'arbre durant l'orage
- À partir de quel âge les chênes produisent-ils des fruits

4. Recopie le texte et sépare les différentes propositions.

Tout à coup le vacarme se tut et le silence s'abattit de nouveau dans la nuit tiède. J'étais toujours immobile et muette. Un son faible et régulier attira mon attention et je reconnus le gémissement d'un chien resté sur le champ de bataille. Il se mit à gratter la porte de bois. Il m'avait flairée. J'eus un instant d'hésitation, puis j'ouvris lentement la porte.

Une guerre en Europe, atelier Post-scriptum, Hachette Jeunesse.

5. Recopie chaque phrase. Encadre le verbe. Souligne le sujet. Indique s'il s'agit de la voix active ou de la voix passive.
- Les premiers coureurs sont arrivés plus tôt que prévu.
- Ils sont rejoints par le reste des concurrents.
- Le vainqueur de l'étape monte sur le podium pour les récompenses.
- La coupe lui est remise par le maire de la ville.
- Tous les spectateurs présents applaudissent très fort.

6. Recopie chaque phrase, puis souligne en rouge le GS, en bleu le GV et en vert les groupes facultatifs.
- J'achète, avec mon argent de poche, une bande dessinée.
- Cette fois, Adrien a choisi un roman historique.
- Les élèves de CM2 s'intéressent, depuis le mois de janvier, aux jeux poétiques.
- Chaque matin, dans le train, les voyageurs lisent les nouvelles du jour.
- Dans l'incertitude, Gaël ouvrit son atlas.

7. Recopie le texte en conjuguant les verbes au présent de l'indicatif.

Il est 14 heures quand, sous les vivats de la foule, *(débuter)* le festival. Les touristes, nombreux dans le public, *(applaudir)* et *(photographier)* les groupes folkloriques. Enfants, adultes, chacun *(s'émerveiller)* de la beauté des costumes. Puis, des rues avoisinantes, *(monter)* le son des tambours. Bientôt, danseurs et musiciens, tous *(converger)* vers l'immense esplanade. Moi, qui *(être)* plutôt petit, je *(grimper)* sur un lampadaire. La diversité des couleurs *(réjouir)* l'œil. D'autant que le soleil et le ciel bleu *(être)* au rendez-vous !

Synthèse

8. Recopie les phrases en conjuguant les verbes au présent de l'indicatif.

• Je *(laver)* les assiettes, puis je les *(ranger)* dans le placard.
• Les jardiniers *(préparer)* le massif et le *(décorer)* de fleurs de toutes les couleurs.
• Le boucher et le fromager *(installer)* leurs étals de bonne heure, puis *(ouvrir)* à neuf heures.
• Les maçons *(construire)* les murs puis les *(enduire)* de crépis.
• Leïla *(faire)* les soldes ; elle *(acheter)* des vêtements et les *(mettre)* tout de suite.

9. Recopie les phrases. Souligne chaque complément circonstanciel et indique la circonstance.

• Dès sa plus tendre enfance, le jeune Julien aimait se promener au bord de la Loire.
• Tous les ans, les vacances à la montagne étaient les bienvenues.
• La voiture avançait lentement le long du chemin.
• Comme tous les matins, mon père descendait l'escalier bruyamment.
• Les joueurs de l'équipe de basket s'entraînent deux fois par semaine.

10. Indique la classe du mot qui peut remplacer les pointillés et donne un exemple.

Exemple : Martin parle … fort. ▶ *adverbe (très)*

• Nous recomptons … billets.
• Une veste … est posée sur le … .
• Novembre est … un mois gris et … .
• Tristan … son nouveau vélo.
• Ce … compose … chansons … inventives.

11. À l'aide des syllabes suivantes, forme deux verbes correspondant à ces définitions :

1. Se remuer dans tous les sens.
2. Éliminer.

qua   fier   ler   ges   cu   dis   ti   li

12. Relève dans le texte tous les noms avec les déterminants qui les précèdent. Indique la nature de chaque déterminant.

– Puisqu'il veut la guerre, il l'aura !
Les grenouilles, à l'unanimité moins un coâ, décidèrent de ce qui allait être la plus longue bataille de leur histoire. Cent ans moins un jour. Cet imbécile de Roi Léon commençait à leur chauffer les méninges.
À chaque printemps, c'était la même chose. La vie dans les douves devenait infernale […]. La nuit à peine tombée, le roi chargeait son valet, ce grand sifflet de Bernardin, de battre les fossés du château afin de les faire taire.

C. Arthur, S. Girel, *La Guerre des grenouilles*, Père Castor - Flammarion.

13. Recopie le texte. Souligne chaque pronom personnel et indique sa fonction.

Elle a redoublé au moins trois fois, mais elle persévère, sinon papa va la prendre comme vendeuse.
Papa rêve qu'Annie épouse Jérôme, le commis :
– Je leur achète un fourgon réfrigéré et ils feront les marchés. On doublera le chiffre d'affaires et, à ma retraite, je leur lègue la boutique puisque Félix sera ministre.
Jérôme n'est pas mal. Il est gentil avec Annie. Il lui offre des bonbons, le cinéma et devient tout rouge dès qu'elle entre au laboratoire où il découpe les carcasses de bœuf. (Pouah ! quelle horreur !) Mais Annie ne veut pas l'épouser.

A. Ensergneix, A.-M. Desplat-Duc, *Félix Têtedeveau en scène*, Castor Poche, Flammarion.

14. Indique ce que représente chaque pronom en gras.

• Nos amis sont espagnols ; et **les vôtres** ?
• J'apporterai une tenue de rechange ; apporteras-tu **la tienne** ?
• Mon père adore ce tableau ; moi, je préfère **celui-ci** !
• Dans la famille, l'aîné est **celui** qui doit montrer l'exemple.
• Nos vêtements sont dans l'armoire, **les siens** sont dans la commode.

Synthèse

15. *Recopie le texte. Souligne chaque adjectif qualificatif. Indique sa nature et sa fonction.*

Le mauvais sort les avait frappés pour la première fois l'été dernier, avec la mort du père de Punik. Cela s'était passé au moment de la traversée d'une rivière au courant rapide, pendant une chasse au caribou. Tous ceux du campement venaient de marcher durant de longs jours et de claires nuits blanches, rabattant avec précaution les rares caribous qui paissaient sur la toundra.

J. HOUSTON, *Le Passage des loups*, 1971 by James Houston, Castor Poche, Flammarion.

16. *Recopie chaque phrase en la complétant avec un adjectif qualificatif, attribut du sujet.*

- Mickey est … .
- Tintin a l'air … .
- Astérix paraît … .
- Lucky Luke semble … .
- Milou devient … .

17. *Recopie chaque phrase en la complétant avec un adverbe de liaison :*

en effet – en revanche – pourtant – puis – alors.

- Suzie a froid, … elle reste en short.
- Je lirai cette histoire, … je la lui raconterai.
- Elle était couchée ; …, elle souffrait du dos.
- Le saphir est bleu ; …, l'émeraude est verte.
- Tu ne les as pas vus depuis longtemps, … appelle-les.

18. *Recopie chaque phrase en complétant le verbe avec une préposition et un complément.*

- Elle revient … .
- Julia s'adresse … .
- Les vacanciers partent … .
- Ils s'enfuient … .
- Je mange … .

19. *Recopie le texte. Souligne en bleu les conjonctions de coordination et en rouge les conjonctions de subordination.*

Lorsque les spectateurs entrèrent dans le théâtre, ils déposèrent leurs manteaux aux vestiaires et ils se dirigèrent tranquillement vers leurs places réservées.
Quand le rideau s'ouvrit, les lumières s'éteignirent mais le spectacle ne démarra pas tout de suite. Les spectateurs attendaient avec impatience et inquiétude. Dès que les musiciens exécutèrent les premières notes, les projecteurs s'allumèrent et les acteurs apparurent.

20. *Analyse les mots en gras.*

- Les **employés municipaux** ont fabriqué **les étagères** de la bibliothèque.
- **Les voitures avancent** tout **doucement** à cause des bouchons.
- **Ce soir**, **nous irons** au cinéma.

21. *Classe les éléments en gras en deux colonnes, selon qu'ils sont juxtaposés ou coordonnés.*

- **Marine**, **Émilie** : deux filles sans histoires.
- Le temps était **clair**, pourtant **glacial**.
- Le pain était **dur**, car **rassis**.
- **Cours**, **saute**, cela te fera du bien.
- **Ce plat** est délicieux, mais **gras**.

22. *Recopie chaque phrase. Sépare les différentes propositions, puis indique leur nature.*

- La lettre que j'ai reçue était de mon oncle de Montréal.
- L'avion roule sur la piste, prend de la vitesse, puis décolle.
- Ma sœur a rencontré une amie qu'elle n'avait pas vue depuis plusieurs années.
- Nous reviendrons quand nous aurons vendu tous nos tickets de tombola.
- Depuis que nous travaillons ensemble, nous avons de meilleures notes.

Conjugaison

L'**infinitif** et les **trois groupes** de verbes

On reconnaît le verbe en le conjuguant : on peut le faire **changer de temps** ou **de personne**. Lorsqu'il n'est pas conjugué, il est à l'infinitif.

On classe les verbes en **trois groupes** selon la terminaison de leur infinitif.

1er groupe : infinitif en **-er** (sauf aller) ▶ manger, placer, se sauver.
2e groupe : infinitif en **-ir** et participe présent en **-issant** ▶ rougir (en rougissant).
3e groupe : tous les autres verbes ▶ vivre, prendre, faire, pouvoir.
Être et **avoir** sont des auxiliaires : ils servent également à la conjugaison des autres verbes.

1. Lis le texte, puis relève les verbes conjugués.

À partir de ce jour, Cygne vint chercher Petit Louis toutes les nuits, après que les parents partaient se coucher.
L'enfant n'était jamais endormi. Bien éveillé, il attendait ce moment avec impatience. […]
Alors il enfilait sa robe de chambre, sautait sur le dos du cygne et ils s'envolaient tous les deux vers cette vie secrète. Ils pénétraient dans le monde magique du silence, planant au-dessus de la terre pendant que les hommes dormaient.
Une nuit Cygne vola plus haut que d'habitude et ils aperçurent un énorme nuage qui brillait d'une lumière d'or pâle. Dans ce moutonnement, Petit Louis discerna des créatures inconnues. Qui étaient-elles ?

R. Dahl, *Les Minuscules*, © R. Dahl Nominee Ltd, 1991, trad. M. Saint Dizier, Gallimard Jeunesse.

2. Donne l'infinitif et le groupe des verbes que tu as trouvés à l'exercice 1.

3. Transforme chaque phrase selon l'exemple pour obtenir un infinitif.

Exemple : Je saute à la corde.
▶ *Je vais sauter à la corde.*

- Tu fournis un gros effort.
- Nous venons dès ce soir.
- Bryan pédale de plus en plus vite.
- Vous parlez devant tout le monde.
- Les animaux de la ferme mangent en plein air.

4. Classe les verbes en *ir* en deux colonnes, selon leur groupe. Utilise le participe présent pour t'aider.

Exemple : rougir ▶ *en rougissant, 2e groupe.*

partir - agrandir - fournir - dormir - sortir - surgir - obéir - devenir - assouvir - mentir - approfondir - se dégourdir - envahir - dépérir - faiblir - avertir - fuir - grossir - éblouir.

5. Classe les verbes en trois colonnes : 1er groupe, 2e groupe et 3e groupe.

affabuler - affaiblir - se noyer - attendre - offrir - nourrir - exister - avancer - établir - parcourir - grandir - survenir - détenir - s'étonner - aller - gagner - raffermir - souffrir - démonter - pouvoir - affûter - secourir - vendre.

6. Recopie les phrases. Souligne chaque verbe, puis note en dessous son infinitif et son groupe.

Exemple : Nous <u>mangeons</u> des fraises.
manger, 1er groupe

- Cet après-midi, nous allons à la plage pour faire des châteaux de sable.
- Je ne peux pas m'approcher d'une araignée.
- De plus en plus, on n'enfouit plus les déchets ; on les recycle.
- Les bateaux ne sortent pas du port à cause d'un vent trop fort.
- Les feuilles se détachent, tourbillonnent dans le ciel et s'envolent au loin.

7. Trouve l'intrus dans chaque liste ; explique pourquoi il n'est pas à sa place.
- voler - aller - pêcher - sauter - marcher.
- finir - ouvrir - partir - dormir - venir.
- frémir - acquérir - applaudir - choisir - bâtir.

8. Lis le texte. Recopie en rouge les verbes à l'infinitif. Recopie ensuite en bleu les verbes conjugués, puis donne l'infinitif et le groupe de chacun.

Doc venait de rejoindre les enfants et se tenait en retrait, Glasmine à ses côtés.
– Seigneur, murmura la rockeuse, si je ne le voyais pas moi-même, jamais je ne croirais une chose pareille. Ce gamin est en train de réaliser un véritable tour de force.
Einstein retenait Pock. L'extraterrestre voulait s'approcher de Kerri pour l'aider. En voyant le visage de son ami souffrir, le petit Amazonien se souvenait du jour où Kerri avait failli s'évanouir en arrêtant l'avance inexorable d'un Mange-Forêt sur sa planète.
– Il n'y a que Mégane qui puisse le soutenir dans des moments comme cela, murmura Doc.

K. ALDANY, *Kerri et Mégane* ET *la ruche de glace*, Nathan.

9. À partir de chaque mot, forme un verbe de la même famille et indique son groupe.

Exemple : promenade
   ▶ *se promener, 1ᵉʳ groupe.*

balade - confusion - addition - fleur - compréhension - mensonge - déviation - satisfaction - épuisement - conduite.

10. Cherche trois verbes du 2ᵉ groupe et emploie-les dans des phrases.

11. Classe les verbes en trois colonnes, selon leur groupe.

envoyer - prédire - abasourdir - s'abstenir - aboutir - s'accroupir - acquérir - accumuler - bannir - barrir - boire - aller - confondre - compatir - couvrir - convenir - devenir - démolir - dégarnir - disparaître.

À TOI DE JOUER...

12. Dans cette grille, retrouve quinze verbes écrits à l'infinitif et indique leur groupe.

Les verbes peuvent se lire de gauche à droite et de haut en bas.

A	B	O	U	T	I	R	O	O	E
T	S	R	I	A	S	S	F	B	P
R	Q	E	A	V	K	C	F	E	S
A	U	S	M	O	I	I	R	I	O
D	I	P	U	I	E	E	I	R	U
U	T	I	G	R	R	R	U	T	
I	T	R	I	R	O	T	I	R	E
R	E	E	R	O	E	T	R	E	N
E	R	R	R	E	D	I	R	E	I
R	T	A	M	I	S	E	R	I	R

AUTODICTÉE

Pendant la Première Guerre mondiale, les femmes sont obligées de remplacer les hommes partis se battre. Elles apportent leur contribution à la guerre en travaillant dans les usines d'armement ou en devenant infirmières sur le front. Une fois la paix revenue, elles continueront à exercer certains de ces métiers.

Conjugaison · Orthographe · Vocabulaire · Expression écrite · Lecture

Le **verbe** se **conjugue**

Un verbe se compose de deux parties :
– le **radical** : la partie du verbe qui **ne varie pas** ;
– la **terminaison** : la partie du verbe qui **varie** dans la conjugaison selon la **personne** (1re, 2e ou 3e), le **nombre** (singulier ou pluriel), le **temps** (présent, futur…) et le **mode**.

Il existe six modes.
L'infinitif. Il est invariable. Le verbe ne se conjugue pas à l'infinitif.
Dans le dictionnaire, le verbe est à l'infinitif. ▸ sortir.
L'indicatif. Il exprime généralement la certitude. ▸ Je sors, je sortais.
Le conditionnel. Il exprime une action soumise à une condition.
▸ Je sortirais, s'il ne pleuvait pas.
L'impératif. Il exprime l'ordre, le conseil. ▸ Sors.
Le subjonctif. Il exprime une action douteuse, incertaine. ▸ Il faut que je sorte.
Le participe. Chaque verbe a un participe présent (terminé par **ant**)
et un participe passé (terminé par **é**, **i** ou **u**).
Exemples : sortir ▸ sortant, sorti ; ranger ▸ rangeant, rangé.

Le verbe peut se conjuguer à un **temps simple** (comme le présent de l'indicatif) ou à un **temps composé** (comme le passé composé de l'indicatif).
Un temps composé se forme à partir d'un auxiliaire (être ou avoir) conjugué à un temps simple suivi du participe passé du verbe conjugué.

1. Recopie chaque verbe en séparant le radical de la terminaison, puis écris son infinitif.

Exemple : nous dévoilons
  ▸ *dévoil / ons, dévoiler.*

je distribue - vous cotisez - elles éblouissaient - tu enfonceras - je conduisais - nous pressons - elle dormait - tu saisiras - ils rompirent.

2. Pour chaque phrase, indique si le verbe exprime le passé, le présent ou le futur.
- Cet été, nous avons visité le sud du Portugal.
- Vous irez acheter du thé parfumé.
- As-tu déjà lu un album de Tintin ?
- Odiah va retrouver ses anciennes camarades.
- Le vendeur me propose toutes sortes de tissus.
- Les quinze ministres des Finances se sont réunis à Bruxelles.

3. Recopie le texte, puis souligne en rouge les verbes conjugués et en vert les verbes à l'infinitif.

À la longue, l'abri prend forme. Il faut baisser la tête – et même la moitié du dos – pour y pénétrer. Mais une fois dedans, on s'y sent tout à fait bien. Dan s'étend de tout son long, contemple le plafond de branches et de feuilles. Oui, il sera bien mieux ici que dans une cave.
« Et la porte ? »
La porte… Bruno hésite.
« Il faut boucher presque tout. Tu entreras comme un animal, par un trou, en rampant. »
Il repart couper des genêts, ne laissant qu'un tout petit passage pour l'entrée.
« Et voilà. Allons chercher tes affaires. Tu verras, tu seras comme un prince là-dedans. »

A.-M. CHAPOUTON, *Les Voleurs de petit sentier*, Hachette Jeunesse.

4. Indique l'infinitif et le groupe de chaque verbe.

j'acclamerai - je bus - je réussissais - je rends - j'aurai appelé - je suis parti(e) - j'avais crié - j'eus grossi - j'ai choisi - nous avons dit.

5. Pour certains verbes, le radical peut prendre plusieurs formes. En conjuguant ces verbes, trouve deux formes différentes du radical.

Exemple : boire ▶ je bois, je buvais.

aller - savoir - pouvoir - revenir - rejoindre - tenir - peindre - faire - devoir - craindre.

6. Recopie chaque verbe en gras et indique son mode.

- **Éteignez** la lampe dans dix minutes.
- Si elle n'était pas si bavarde, je lui **confierais** cette nouvelle.
- Je souhaite que tu **réussisses** ton examen.
- Prière d'**empiler** les chaises en **quittant** la salle.
- Il ne faut pas que vous **abandonniez** l'étude de l'anglais.
- Nous **utiliserons** du lait en poudre.
- Maman doute que Pierre **soit** à l'heure à l'école.
- Sur ces photos, vous **paraissiez** très bronzés.
- Avant de **fermer** ton cahier, **relis** ton travail.

7. Recopie chaque verbe et indique s'il est conjugué à un temps simple ou à un temps composé.

- L'inspecteur interroge le suspect.
- Léa a aperçu un aigle.
- Nous écrirons à nos parents ce soir.
- Les éclairs zébraient le ciel.
- Le lanceur de javelot avait battu son record.
- Grand-mère aura garni le gâteau.

8. Conjugue les verbes aux modes impératif, conditionnel et subjonctif, selon l'exemple.

Exemple : Il joue au ballon.
▶ *Impératif :* Joue au ballon.
▶ *Conditionnel :* S'il avait le temps, il jouerait au ballon.
▶ *Subjonctif :* Il faut qu'il joue au ballon.

- Nous passons l'aspirateur.
- Elle écoute le conférencier.
- Tu admires ce paysage.
- Il range sa chambre.

9. Écris un petit texte correspondant au titre proposé en utilisant tous les verbes donnés (dans l'ordre qui te convient et conjugués au temps que tu veux).

Un voyage mouvementé !

partir - empiler - crier - disparaître - soupirer.

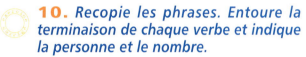

10. Recopie les phrases. Entoure la terminaison de chaque verbe et indique la personne et le nombre.

- Nous prendrons de vos nouvelles.
- Je souhaitais vous rencontrer.
- Elles découvrent la montagne.
- Tu plieras ta serviette.
- Vous garantissez cet appareil.
- Il t'offrait des fleurs.

À TOI DE JOUER...

11. Dans chaque verbe, sépare le radical de la terminaison. Avec les lettres des deux radicaux, tu pourras former un mot correspondant à la définition proposée.

a) remuer - prier
Nom : qui arrive en premier.

b) aérer - gérer
Verbe : accepter, convenir parfaitement.

c) bâtir - recaler
Nom : bagage de l'élève.

Le **présent de l'indicatif** • Généralités

Au présent de l'indicatif :
– tous les verbes du **1er groupe** (infinitif en **er**) se terminent par :
e – es – e – ons – ez – ent.
Exemples : je mange, tu sautes, elle joue, nous avançons, vous criez, ils nagent.

– tous les verbes du **2e groupe** (infinitif en **ir** ; participe présent en **issant**) se terminent par : **is – is – it – issons – issez – issent**.
Exemples : je rougis, tu applaudis, il finit, nous obéissons, vous fleurissez, ils bâtissent.

– les verbes du **3e groupe** se terminent le plus souvent par : **s – s – t – ons – ez – ent**.
Exemples : je cours, tu pars, elle rit, nous prenons, vous pouvez, ils viennent.

	Les terminaisons du présent de l'indicatif	
	personnes du singulier	personnes du pluriel
1er groupe	e – es – e	ons – ez – ent
2e groupe	is – is – it	issons – issez – issent
3e groupe	s – s – t ds – ds – d (verbes en **dre**) x – x – t (pouvoir, vouloir)	ons – ez – ent

1. Recopie et complète avec les terminaisons qui conviennent au présent de l'indicatif.

je fourn… - tu aval… - elle nettoi… - je blanch… - tu par… - il chant… - vous about… - je travaill… - tu guér… - elle sor… - nous avanç… - tu écri… - il reme… - ils reprenn… - ils vienn… - tu envoi… - il repren… - nous avanç… - je pri… - ils veul… - nous fouill… - je peu… .

2. Écris chaque phrase à la personne correspondante du singulier ou du pluriel.
• Je félicite le gagnant de la course.
• Vous nettoyez le pont du bateau à grande eau.
• Il prend place sur la ligne de départ.
• Nous applaudissons tous les participants.
• Vous poursuivez les concurrents qui se sont échappés.
• Elles comprennent très vite qu'elles ne peuvent plus gagner.

3. Lis le texte. Relève les verbes conjugués au présent de l'indicatif et place-les dans un tableau en fonction de leur groupe.

La pluie martèle le pont métallique. C'est comme un long bercement ininterrompu. Aïcha ne sent presque plus son pied. Ses yeux se ferment peu à peu. Juste avant de plonger dans le sommeil, une question papillonne encore à l'orée de sa conscience : suis-je Fatima ou Aïcha ? Antoine le Barjot étend une couverture sur la petite fille. Il éteint la lampe à pétrole et s'allonge sur le matelas, tout contre l'enfant endormie. Ses lèvres frémissent à peine pour laisser passer des mots, des mots tendres qui égrènent l'histoire d'une enfant qui s'endort pendant que sa maman veille sur elle pour la protéger des méchants djinns de la nuit.
Les yeux d'Antoine brillent, mais il ne pleure pas.

R. BOUDET, *La Ballade d'Aïcha*, Nathan.

4. Conjugue à toutes les personnes du présent de l'indicatif.

- Crier fort.
- Vouloir dessiner.
- Fournir des efforts.
- Partir en vacances.

5. Écris les phrases en conjuguant les verbes entre parenthèses au présent de l'indicatif.

- Le skieur *(se préparer)* en haut de la piste. Dès le signal de départ, il *(prendre)* son élan, *(pousser)* sur ses bâtons et *(descendre)* la piste.
- Chaque hiver, *(apprécier)*-tu toujours autant les sports de glisse ?
- Les concurrents du biathlon *(fournir)* de gros efforts en ski de fond et *(devoir)* se concentrer pour le tir à la carabine.
- Je *(reconnaître)* volontiers que je ne *(être)* pas très doué sur des skis.

6. Remplace les sujets par ceux donnés entre parenthèses et accorde les verbes.

- Mes sœurs font de la gymnastique depuis plusieurs années. *(Julie)*
- Vous accordez beaucoup trop d'importance à cette nouvelle. *(tu)*
- Les tulipes fleurissent au printemps. *(le lilas)*
- Mon petit frère crie très fort quand il joue. *(les enfants de l'école maternelle)*
- Nous pouvons participer à cette compétition car nous avons enfin l'âge nécessaire. *(je)*

7. Écris les phrases en conjuguant les verbes entre parenthèses au présent de l'indicatif.

- Le maçon *(bâtir)* sa maison avec des briques.
- *(vouloir)*-tu toujours être électricien quand tu seras grand ?
- Les couvreurs *(installer)* la charpente puis *(disposer)* les tuiles sur le toit de la maison.
- Le peintre *(peindre)* les murs de la salle à manger en jaune paille.
- *(croire)*-vous que le pavillon sera terminé avant l'hiver ?

8. Conjugue aux trois personnes du singulier du présent de l'indicatif.

- Courir très vite.
- Vendre des fleurs.
- Pouvoir jouer.
- Rougir de confusion.

9. Recopie le texte en conjuguant les verbes au présent de l'indicatif.

Le jeune garçon apprenait de plus en plus de choses. Il s'enhardissait, le son de sa canne – tap, tap, tap – s'entendait de plus en plus dans les rues pavées de Coupvray. Parfois, il se perdait, mais cela devenait rare. Louis apprenait à vivre par signes.

Il savait qu'il était près de la boulangerie en sentant la chaleur du four et les odeurs appétissantes du pain. Il pouvait désigner toutes sortes de choses par leur forme et par leur toucher. Mais le plus important restait les sons. Le tintement que faisait la cloche de la vieille église, l'aboiement du chien des voisins, le chant du merle sur un arbre proche, le gargouillis du ruisseau. Cet univers de bruits lui racontait tout ce qu'il ne pouvait voir.

M. Davidson, *Louis Braille, l'enfant de la nuit*, trad. C. Fabien, Gallimard.

10. Écris une courte lettre à tes grands-parents dans laquelle tu raconteras au présent de l'indicatif ce que tu fais pendant une journée de vacances.

AUTODICTÉE

Au début du XXe siècle, les gens fortunés peuvent acheter une automobile. On fabrique ces luxueuses voitures à la main, selon les désirs de chaque client. Elles coûtent très cher. Il faut attendre les débuts de la production en série pour que les prix commencent à baisser.

Le **présent de l'indicatif** • Verbes du 1er groupe (particularités)

Si tous les verbes du 1er groupe prennent les mêmes terminaisons, il faut faire attention à certaines difficultés :

– verbes en **cer** ▸ j'avance, nous avan**ç**ons.

– verbes en **ger** ▸ je range, nous rang**e**ons.

– verbes en **yer** ▸ j'essu**i**e, nous essu**y**ons (pour les verbes en **ayer** : je pa**i**e ou je pa**y**e).

– verbes en **eler** et en **eter** ▸ j'appe**ll**e, nous appe**l**ons, je je**tt**e, nous je**t**ons (mais il y a quelques exceptions : il g**è**le, il p**è**le, il ach**è**te, il déc**è**le…).

– verbes en **ier**, **uer**, **ouer** ▸ ne pas les confondre avec les verbes des 2e et 3e groupes ! Exemples : je crie ▸ crier (1er groupe) ; je bondis ▸ bondir (2e groupe).

– verbes comme **céder** ▸ je c**è**de, nous c**é**dons.

– verbes comme **semer** ▸ je s**è**me, nous s**e**mons.

1. Conjugue aux 1res personnes du singulier et du pluriel du présent de l'indicatif.
- Tracer un trait droit.
- Engager la conversation.
- Déployer un drapeau.
- Cacheter une lettre.
- Aérer la maison.
- Soupeser un paquet.

2. Recopie les phrases en conjuguant les verbes au présent de l'indicatif.
- Les étoiles *(étinceler)* dans le ciel.
- Le courrier *(s'amonceler)* dans votre boîte aux lettres.
- J'*(épousseter)* mon bureau chaque semaine.
- Chaque hiver, dans le Grand Nord, la terre *(geler)* sur plusieurs dizaines de centimètres.
- Vous *(épeler)* ce mot difficile.
- Les employées *(étiqueter)* les boîtes de conserve.
- À la pharmacie, maman *(renouveler)* son ordonnance.
- Marie *(peler)* sa pomme avec application.

3. Écris les phrases en conjuguant les verbes au présent de l'indicatif.
- L'eau *(ruisseler)* sur les vitres de la véranda.
- J'*(appuyer)* mon vélo contre la barrière.
- Nous *(percer)* un trou dans le mur.
- Lilian *(achever)* enfin son travail.
- Après votre course, vous *(ruisseler)* de sueur.
- Nous *(manger)* un sandwich aux crudités.
- Nous *(achever)* notre promenade à cheval.
- Tu *(appuyer)* sur le bouton de la sonnette.

4. Écris les phrases en conjuguant les verbes au présent de l'indicatif.
- Nous *(essayer)* notre nouvelle tenue.
- Tu *(broyer)* des morceaux de sucre.
- Victor *(balayer)* la terrasse de la maison.
- Ce garage n'*(employer)* que des ouvriers très qualifiés.
- L'épouvantail *(effrayer)* les oiseaux.
- Les grands-parents *(choyer)* leurs petits-enfants.
- Le chien enchaîné *(aboyer)* tristement ; Lison *(s'apitoyer)* sur son sort.
- Vous *(délayer)* votre sirop dans du lait.

5. Recopie les phrases en conjuguant les verbes au présent de l'indicatif. Justifie chaque terminaison en écrivant l'infinitif entre parenthèses.
- Tu t'habitu… à ta nouvelle école.
- Le candidat échou… à l'examen.
- Tu enfoui… ta tête dans tes mains.
- Greg suppli… sa sœur de l'attendre encore cinq minutes, mais elle ne réagi… pas.
- Papa clou… un écriteau sur le portillon.
- Mélaine mou… du café.
- Tu secou… la boîte, tu la remu… dans tous les sens et tu conclu… : « Elle est vide ! »

6. Récris les quatre premières phrases de l'exercice 5 en les transformant à la forme interrogative.

7. Conjugue au présent de l'indicatif, aux 2e personnes du singulier et du pluriel.
- Considérer le match perdu.
- Assécher ce terrain humide.
- Adhérer à une association.
- Transférer momentanément son adresse.

8. Conjugue au présent de l'indicatif, à la 3e personne du singulier et à la 1re personne du pluriel.
- Achever un long voyage.
- Semer le gazon.
- Emmener un ami au cinéma.
- Soulever et soupeser une valise.

9. Voici la première et la dernière phrase de l'histoire du dragon Drago. Invente le récit, en respectant deux contraintes :
– le texte doit être écrit au présent de l'indicatif ;
– tu dois obligatoirement utiliser les verbes : déployer – échouer – se craqueler – essayer.

Ce matin, Drago, le dragon à poils rouges, est bien ennuyé ! ……. En les regardant, Drago se dit, qu'en plus, elles sont bien jolies.

10. Recopie les phrases en conjuguant les verbes au présent de l'indicatif. Justifie les terminaisons en écrivant l'infinitif entre parenthèses.
- Je bénéfici… d'une entrée gratuite.
- Ce résultat anéanti… tous mes efforts.
- Monsieur Marcos lou… un garage fermé.
- L'aéronaute accompli… son tour du monde.
- Je frémi… en pensant qu'on publi… ce texte.
- Sarah tri… ses CD.

À TOI DE JOUER…

11. Reproduis la grille et complète-la avec les verbes conjugués au présent de l'indicatif.
1. ▸ *Réduire* : 2e personne du singulier.
2. ▸ *Empaqueter* : 3e personne du singulier.
3. ▸ *Effrayer* : 1re personne du pluriel.
4. ▸ *Déménager* : 1re personne du pluriel.
5. ▸ *Essuyer* : 3e personne du singulier.

Avec les lettres des cases jaunes, forme un verbe signifiant « rendre plus fort », conjugué à la 2e personne du singulier.

AUTODICTÉE

Mes parents sont de grands voyageurs ! Nous bougeons, nous nous déplaçons sans cesse. Même si j'apprécie la découverte de nouveaux horizons, cela m'ennuie un peu : dès que je lie connaissance, il est temps de refaire ses bagages…

Le **présent de l'indicatif** • Verbes particuliers

être	avoir	faire	aller	asseoir
je suis	j'ai	je fais	je vais	j'assieds
tu es	tu as	tu fais	tu vas	tu assieds
il est	il a	il fait	il va	il assied
nous sommes	nous avons	nous faisons	nous allons	nous asseyons
vous êtes	vous avez	vous faites	vous allez	vous asseyez
ils sont	ils ont	ils font	ils vont	ils asseyent

boire	je bois	nous buvons
conduire	je conduis	elles conduisent
coudre	je couds	nous cousons
croire	je crois	elles croient
cueillir	je cueille	elles cueillent
devoir	je dois	nous devons
dire	je dis	vous dites
écrire	j'écris	nous écrivons
fuir	je fuis	nous fuyons
haïr	je hais	nous haïssons
mettre	je mets	nous mettons
mentir	je mens	elles mentent
mourir	il meurt	nous mourons
paraître	il paraît	elles paraissent
peindre	je peins	nous peignons
pouvoir	je peux	nous pouvons
prendre	je prends	elles prennent
recevoir	je reçois	nous recevons
savoir	je sais	elles savent
venir	je viens	elles viennent
vivre	je vis	nous vivons
voir	je vois	nous voyons

1. Relève les verbes conjugués au présent de l'indicatif. Donne leur infinitif et leur groupe.

Cette fois, il n'y a pas le mur de la pluie, c'est le vent qui vient seul. Je vois les arbres bouger au loin, les nuages avancent pareils à des fumées, longues traînées fuligineuses marquées de taches violettes. C'est le ciel surtout qui effraie. Il se déplace à toute vitesse, s'ouvre, se referme, et j'ai l'impression de glisser en avant, de tomber.

J.M.G. Le Clézio, *Le Chercheur d'or*, Gallimard.

2. Conjugue au présent de l'indicatif.
- Construire un abri.
- Ouvrir un livre.
- Refaire l'exercice.
- Vouloir la victoire.
- Aller à la mer.
- Abattre une cloison.

3. Conjugue au présent de l'indicatif.
- Prévoir le temps.
- Asseoir le bébé.
- Découdre l'ourlet.
- Mourir de peur.
- Apercevoir un ami.
- Reproduire un dessin.

4. Écris chaque phrase au présent de l'indicatif, en la complétant avec un verbe formé sur le radical prendre :

surprendre – comprendre – se méprendre – apprendre – entreprendre.

- Bertille et Ninon ... leurs leçons pour le contrôle de jeudi.
- Je ... sa réaction.
- Vous ... le grand ménage de printemps.
- Tu ... sur son attitude.
- Nolwenn ... Jules en se cachant derrière la porte.

5. *Écris chaque phrase au présent de l'indicatif, en la complétant avec un verbe formé sur le radical* venir :

prévenir – subvenir – convenir – devenir – parvenir.

- Je … enfin à trouver la solution de ce difficile problème.
- Nous … d'une heure pour nous rencontrer.
- Tu … un champion aux échecs !
- Noémie … son professeur qu'elle sera en retard demain matin.
- Mes parents … aux besoins de mon frère, car il poursuit ses études.

6. *Écris chaque phrase au présent de l'indicatif, en la complétant avec un des verbes suivants :*

sortir – dormir – partir – servir – sentir – tenir.

- Le matin, je … mon chien.
- Nous … au signal du starter.
- Le mimosa et le chrysanthème … très fort.
- Ils … solidement la corde.
- Certains volcans …, mais attention à leur réveil !
- L'énergie éolienne … à faire tourner les moulins à vent et à mettre en mouvement les bateaux à voiles.

7. *Écris chaque phrase au présent de l'indicatif, en la complétant avec un des verbes suivants :*

permettre – battre – combattre – admettre – omettre.

- Les soldats du 2e régiment … courageusement.
- Je … toujours mon frère à la pétanque.
- Robin … de dire le plus important.
- Nous n'… pas ce nouveau retard.
- Tu lui … de sortir ce soir.

8. *Conjugue les verbes au présent de l'indicatif, aux 2es personnes du singulier et du pluriel.*

recoudre – devoir – détruire – vivre – valoir – étendre – boire – couvrir.

9. *Trouve deux verbes de la famille de* paraître *et deux verbes de la famille de* dire. *Conjugue-les aux 1res personnes du singulier et du pluriel du présent de l'indicatif.*

10. *Écris un petit texte d'une dizaine de lignes en utilisant obligatoirement les verbes :* être, devoir, cueillir, coudre, *au présent de l'indicatif, dans l'ordre donné.*

11. *Écris les verbes au présent de l'indicatif, à la personne demandée.*

- suivre : je …
- croire : nous …
- feindre : elles …
- recueillir : tu …
- offrir : il …
- élire : vous …
- craindre : ils …
- commettre : je …
- ressortir : tu …
- entretenir : elles …

À TOI DE JOUER…

12. *Relève, dans la grille, les verbes conjugués au présent de l'indicatif.*

Avec les cinq lettres qui restent, forme un autre verbe du 3e groupe, à l'infinitif.

O	N	T	S	A	V	O	N	S
E	C	U	I	S	E	N	T	E
N	F	B	O	I	V	E	N	T
T	P	I	E	S	D	O	I	S
E	E	S	O	M	M	E	S	A
N	U	P	R	E	N	D	S	V
D	X	R	D	I	T	E	S	A

AUTODICTÉE

Le palmier-dattier peut atteindre 30 m de hauteur. De nombreuses variétés de dattes servent de nourriture aux hommes, et les dromadaires en consomment les graines. Cet arbre est le symbole du travail accompli par les hommes pour vivre dans le désert.

L'imparfait de l'indicatif

L'imparfait est un temps du passé qui indique généralement une **action qui a duré** ou **s'est répétée**.

À l'imparfait de l'indicatif, tous les verbes se terminent par :
ais – **ais** – **ait** – **ions** – **iez** – **aient**.

Attention à l'orthographe :
– verbes en **cer** ▸ je pla**ç**ais ;
– verbes en **ier** ▸ vous cr**ii**ez ;
– verbes en **yer** ▸ nous bala**yi**ons ;
– verbes en **ger** ▸ je plong**e**ais.

1. Lis le texte. Relève les verbes conjugués à l'imparfait de l'indicatif. Écris leur infinitif et leur groupe.

Maman le nourrissait quand j'étais à l'école. Elle ne disait plus : « Le pigeon a mangé », mais : « Lazare a déjeuné. » Ou : « Lazare a avalé tout son goûter ! » Ça me faisait plaisir qu'elle l'aime bien, mais, en même temps, je n'avais aucune envie qu'elle devienne comme Lucette Pitasson avec Ooouiski. J'étais décidé à faire attention et répétais de temps en temps : « Tu sais, il est gentil, mais ce n'est qu'un pigeon ! »
Tout seul dans ma chambre, c'était très différent. Je le prenais contre moi et lui racontais toutes mes journées. Je savais bien qu'il ne pouvait pas comprendre ce que je lui disais et, en même temps, c'était plus fort que moi, il fallait que je lui parle. Il y en a qui ont un cahier dans lequel ils écrivent tout ce qui leur passe par la tête. Moi, j'avais Lazare. Je ne trouve pas que ça soit plus bizarre.

O. DE VLEESCHOUWER, *Ma première histoire drôle*, Casterman.

2. Ne recopie que les phrases à l'imparfait de l'indicatif.
- Vous appréciez tout particulièrement les fraises à la chantilly.
- Vous payiez l'addition avant de partir.
- Nous essayons cette nouvelle voiture avant de l'acheter.
- Nous suppliions nos parents de nous emmener au parc Astérix.
- Je mangerais bien des profiteroles au chocolat.
- J'avançais très prudemment dans cette longue descente vertigineuse.
- Publiez-vous votre dernier roman chez le même éditeur ?
- Nous justifiions notre venue par une vague excuse à peine crédible.
- Vous essuyiez la vaisselle après tous les repas pour aider votre mère.
- Nous nous ennuyons ; nous ne savons pas quoi faire !

3. Écris les phrases en conjuguant les verbes entre parenthèses à l'imparfait de l'indicatif.
- Le bus *(avancer)* tout doucement car il y *(avoir)* beaucoup de circulation.
- Nous *(préférer)* prendre le train plutôt que la voiture pour effectuer ce long trajet.
- Vous *(prendre)* l'avion pour aller rendre visite à votre famille dans le sud de la France.
- Tu *(faire)* une course de vélo avec tes amis.
- Les moyens de transport d'autrefois *(être)* beaucoup moins confortables et surtout ils *(aller)* bien moins vite.

4. Écris chaque phrase à la personne correspondante du singulier ou du pluriel. Fais les transformations nécessaires.

• Je transportais ces gros colis jusqu'à l'entrée du garage.
• Nous tracions des traits dans le sable.
• Le chevalier défiait son adversaire en combat singulier.
• Vous échangiez vos images de joueurs de football.
• Tu balayais la terrasse pour enlever toutes les feuilles mortes.
• Je suppliais Léa de me laisser jouer.

5. Écris les verbes à l'imparfait de l'indicatif, à la personne demandée.

• *Parler* : 2ᵉ personne du singulier.
• *Guérir* : 3ᵉ personne du pluriel.
• *Prendre* : 1ʳᵉ personne du singulier.
• *Vouloir* : 1ʳᵉ personne du pluriel.
• *Faire* : 2ᵉ personne du pluriel.
• *Lancer* : 3ᵉ personne du pluriel.
• *Emboutir* : 1ʳᵉ personne du pluriel.
• *Voir* : 2ᵉ personne du pluriel.
• *Être* : 2ᵉ personne du singulier.
• *Revenir* : 3ᵉ personne du singulier.

6. Utilise l'imparfait de l'indicatif pour écrire quelques lignes sur le mode de vie des chevaliers du Moyen Âge.

7. Récris chaque phrase en remplaçant le sujet par celui donné entre parenthèses. Effectue les corrections nécessaires.

• Vous lanciez vos balles et vous les rattrapiez à tous les coups. *(le jongleur)*
• L'orchestre entamait un morceau de musique pour signaler le début du spectacle. *(les musiciens)*
• Le trapéziste se balançait et rattrapait ses partenaires par les mains. *(les trapézistes)*
• Nous partagions les friandises entre tous les animaux. *(le dresseur de chiens)*
• Tu faisais des acrobaties et tu amusais beaucoup les spectateurs. *(les clowns)*

8. Récris le texte à l'imparfait de l'indicatif.

Au Moyen Âge, les seigneurs protègent les paysans libres que l'on appelle des vilains. En échange, ceux-ci doivent payer des impôts. Ils accomplissent également des travaux que l'on nomme des corvées. Quand ils ont besoin d'utiliser la forge ou le moulin, ils paient des banalités. Avec cet argent, le seigneur vit ainsi selon son rang et entretient son château.

À TOI DE JOUER...

9. Dans cette grille, retrouve quinze verbes conjugués à l'imparfait de l'indicatif. Indique leur infinitif, leur groupe et la personne à laquelle ils sont conjugués.

R	E	M	P	L	I	S	S	I	O	N	S	X
A	Z	V	E	N	A	I	E	N	T	F	A	I
T	T	V	S	U	I	V	A	I	S	I	J	O
T	O	E	A	V	A	I	E	N	T	N	O	E
E	U	N	A	L	L	A	I	S	R	I	U	T
N	R	D	A	L	A	I	S	B	U	S	T	A
D	N	A	E	S	C	I	O	N	S	S	A	I
I	A	I	V	O	Y	I	O	N	S	A	I	E
E	I	T	P	R	E	N	A	I	S	I	S	N
Z	T	M	O	N	T	I	O	N	S	T	I	T
Y	C	O	M	P	L	E	T	A	I	E	N	T

AUTODICTÉE

À l'époque des premiers agriculteurs, on enterrait les morts dans de drôles de tombes : les dolmens. C'était une pierre horizontale posée sur des blocs verticaux. Des pierres isolées, les menhirs, étaient aussi érigées ; ils avaient une valeur religieuse et devaient servir à honorer le Soleil. Ces mégalithes étaient les premiers monuments construits en Europe. On en trouve beaucoup en Bretagne.

Conjugaison — Orthographe — Vocabulaire — Expression écrite — Lecture

Le **futur simple**

Au futur simple, tous les verbes ont les mêmes terminaisons :
ai – **as** – **a** – **ons** – **ez** – **ont**, toujours précédées de la lettre **r**.

Les verbes des **1er** et **2e groupes** conservent l'infinitif en entier.
Exemples : tu **jouer**as, il **crier**a, nous **chanter**ons, ils **choisir**ont.

Attention ! Pour les verbes en **yer**, le **y** se transforme en **i** devant un **e** muet.
Exemples : j'appu**i**erai, tu emplo**i**eras (mais j'essa**i**erai ou j'essa**y**erai).

Pour les auxiliaires **être** et **avoir** et les verbes du **3e groupe**, le radical se modifie.
Par exemple, les verbes en **re** perdent le **e** final.
Exemples : je **prendr**ai, tu **écrir**as.

Quelques verbes à connaître.

être	je serai, nous serons	**avoir**	j'aurai, nous aurons
aller	j'irai, nous irons	**venir**	je viendrai, nous viendrons
faire	je ferai, nous ferons	**pouvoir**	je pourrai, nous pourrons
vouloir	je voudrai, nous voudrons	**courir**	je courrai, nous courrons
voir	je verrai, nous verrons	**savoir**	je saurai, nous saurons

1. Lis le texte et relève les verbes conjugués au futur simple.

– J'attends, dit le roi, en faisant glisser sa couronne sur l'autre oreille, d'un geste irrité.
Son fils Lionel se dit alors qu'en tant qu'héritier de la couronne, il devait montrer l'exemple.
Et il s'avança.
– Ah ! Tu es bien de mon sang ! s'exclama le roi. Et que comptes-tu faire lorsque tu seras en face de l'ennemi ? Parce que pour ce qui est de rugir, tu n'es pas très fort.
– Bien que je sois jeune, dit Lionel, j'ai de bonnes griffes et des dents aiguisées. Je saurai m'en servir, Père.
Alors, le serpent, le léopard et l'éléphant firent eux aussi un pas en avant. Ils ne permettraient pas que Lionel soit le seul à montrer qu'il avait du courage dans un moment aussi grave.
– Ah ! Je vois que je peux toujours être fier de mon peuple, dit le roi. Je suis certain qu'à vous quatre, vous saurez ramener la tranquillité.

C. Vasquez-Vigo, *La Force de la gazelle*, trad. A.-M. Chapouton, Flammarion.

2. Recopie les phrases en conjuguant les verbes au futur simple.

- Les marins *(démêler)* les cordages.
- Emma *(s'habituer)* à son nouvel appartement.
- Le garagiste *(garantir)* la voiture d'occasion.
- Les bûcherons *(abattre)* cet arbre dangereux.
- Vous *(héberger)* votre correspondant anglais.
- Papa *(repeindre)* la porte du garage.
- Tu *(associer)* chaque verbe avec son sujet.
- Vincent et Peter *(gravir)* aisément la pente.
- À l'aube, les étoiles *(pâlir)* dans le ciel.
- Nous *(imperméabiliser)* les coutures de la tente.

3. Écris chaque phrase au futur simple en ajoutant un complément de temps.

- …, tu *(connaître)* le nom de l'autre finaliste.
- …, Odiah et Kristin *(embarquer)* pour l'Argentine.
- …, nous *(photocopier)* nos passeports.
- …, je *(répondre)* à ta lettre.
- …, avec le retour de son frère, Guillaume ne *(s'ennuyer)* plus.

4. Recopie et complète le texte avec les verbes suivants, conjugués au futur simple :

multiplier - faire - avoir - se situer - être - vivre - disparaître - pouvoir - parvenir – savoir.

Comment … le troisième millénaire ? Certains pensent que l'on … communiquer toujours plus facilement, que l'on ne … plus ses courses que par Internet, que l'on … tous jusqu'à plus de cent ans et que l'on … de plus en plus de temps pour nos loisirs. D'autres, moins optimistes, imaginent que l'on ne … plus à s'écouter, que l'on ne … plus rire, que les conflits se … et que toute nourriture naturelle … . Où … la vérité ?

5. Récris le texte au futur simple.

À six heures du matin, la brume pèse encore de tout son poids sur Sabucedo de San Lorenzo, petit village de Galice, flanqué sur les pentes d'une vallée profonde. Une fusée s'élève avec un bruit aigu. Un éclair rougeoyant tente de percer vers le jour qui se fait attendre. Les montagnes environnantes, qui culminent à quelque 1 200 mètres, propagent l'écho de ce vacarme dans toute la vallée. La rapa das bestas[1] vient de commencer.

P. Psaila, « Les étalons sacrés de Galice »,
Grands Reportages n° 235, août 2001.

1. Une fête populaire où l'on capture des chevaux sauvages.

6. Recopie les phrases en conjuguant les verbes au futur simple.

• Nous *(affilier)* notre club à la Fédération française d'athlétisme.
• Tu *(déplier)* la nappe, tu l'*(étaler)* sur la table puis tu *(remplir)* la carafe.
• Vous *(trier)* le courrier.
• Ils *(publier)* un recueil de poèmes.
• Le lait *(tiédir)* dans la casserole.
• Nous *(approfondir)* nos connaissances.
• Il *(balbutier)* une excuse.
• La sauce *(épaissir)* rapidement.
• Les boxeurs *(se défier)* du regard.
• Esther *(convier)* ses camarades à sa fête d'anniversaire.

7. Conjugue aux 2ᵉˢ personnes du singulier et du pluriel du futur simple.

décacheter une lettre - épeler un mot difficile - nettoyer l'escalier - payer la facture.

8. Conjugue aux 3ᵉˢ personnes du singulier et du pluriel du futur simple.

• Être à l'heure.   • Avoir le temps.
• Dire la vérité.   • Savoir sa leçon.
• Connaître la réponse.   • Tendre la main.

9. Recopie et complète chaque phrase avec la terminaison du verbe au futur simple. Justifie-la en écrivant l'infinitif entre parenthèses.

• Les éclairs stri… le ciel.
• Nous défi… l'équipe du village voisin.
• Je réagi… toujours avec calme.
• Elles copi… la liste des inscrits.
• Vous li… ce chapitre pour demain.
• Nous li… ensemble les deux brins de la corde.
• Vous sorti… par la porte latérale.
• Constance et Martin rectifi… cette erreur.
• Le soleil terni… les couleurs de la nappe.
• Cet hiver, nous ski… dans les Alpes.

10. À la suite de l'exercice 4, imagine à ton tour le troisième millénaire. Utilise des verbes conjugués au futur simple.

11. Recopie les phrases en conjuguant les verbes au futur simple.

• Les maçons *(construire)* un mur autour de la maison.
• J'espère que je *(revoir)* bientôt mes amis.
• Quand Mamie nous *(envoyer)* son colis, nous *(courir)* au-devant du facteur.
• Le directeur vous *(recevoir)* lundi prochain.
• Demain, tu me *(rappeler)* la demande que tu as faite et je l'*(appuyer)*.
• Je *(parier)* sur la victoire de mon équipe.
• Puisque tu me le demandes, désormais, je te *(tutoyer)*.
• Elles *(pouvoir)* répondre aux questions.

Le **passé simple**

Le passé simple s'emploie à l'écrit pour exprimer une **action terminée** qui s'est déroulée **à un moment très précis**.
Exemple : La souris **sortit** de son trou ; le chat **bondit** et l'**attrapa**.

Verbe **être** : je fus, tu fus, il fut, nous fûmes, vous fûtes, ils furent.

Verbe **avoir** : j'eus, tu eus, il eut, nous eûmes, vous eûtes, ils eurent.

Les verbes en **er** se terminent par :
ai – as – a – âmes – âtes – èrent.

Les verbes en **ir**, **oir**, **re** se terminent par :
is – is – it – îmes – îtes – irent ou **us – us – ut – ûmes – ûtes – urent**.
Exemples : j'attendis, tu vis, il sortit ; je sus, tu bus, il courut.

Les verbes **tenir**, **venir** et leurs **dérivés** se terminent par :
ins – ins – int – înmes – întes – inrent.
Exemples : je vins, tu parvins, il devint.

1. Conjugue au passé simple.
- Regarder la télévision.
- Applaudir le chanteur.
- Avoir un nouveau jeu.
- Lire un roman.
- Tenir une conversation.
- Coller un timbre.

2. Conjugue au passé simple.
- Porter les bagages.
- Être en vacances.
- Partir en voyage.
- Courir sur le quai.
- Convenir d'une date.
- Réunir des amis.

3. Conjugue aux 1res personnes du singulier et du pluriel du passé simple.
- Hésiter une seconde.
- Garer la voiture.
- Nettoyer les vitres.
- Nourrir les oiseaux.
- Remplir les verres.
- Avoir chaud.
- Parcourir des yeux.
- Reconnaître un ami.
- Parvenir au but.
- Écrire une carte.

4. Relève les verbes du texte conjugués au passé simple.

Le lendemain matin, lorsque la maîtresse apparut sur le seuil de l'école pour faire entrer les élèves, elle ne s'étonna pas de voir dans la cour un cheval, un chien, un cochon et une petite poule blanche. [...] Ce qui ne manqua pas de la surprendre et de l'effrayer, ce fut l'arrivée d'un sanglier débouchant soudain d'une haie où il se tenait caché. [...] Les bêtes se placèrent à la suite des fillettes alignées deux par deux devant la porte de l'école. [...] Lorsque la maîtresse eut frappé dans ses mains, les nouveaux écoliers entrèrent en classe sans faire de bruit et sans se bousculer.

M. AYMÉ, « Le problème » in *Les Contes du chat perché*, Gallimard.

5. Relève les verbes écrits au passé simple. Que remarques-tu ?

je surgis - tu remerciais - nous descendîmes - elle jeta - tu secouas - ils voulurent - il vit - elles balaient - je sue - nous noircirons.

6. Conjugue aux 2ᵉˢ personnes du singulier et du pluriel du passé simple.

- Faire une pause.
- Rincer le linge.
- Enfouir un trésor.
- Réagir vivement.
- Dire la vérité.
- Apprendre une chanson.
- Apercevoir l'arrivée.
- Mélanger les ingrédients.
- Obtenir un succès.
- Entretenir la maison.

7. Conjugue les verbes au passé simple, à la personne demandée.

- *conduire* : je …
- *négliger* : tu …
- *croquer* : il …
- *adoucir* : elles …
- *recueillir* : tu …
- *soutenir* : je …
- *permettre* : elle …
- *apparaître* : tu …
- *mettre* : je …
- *recevoir* : ils …

8. Conjugue les verbes au passé simple, à la personne demandée.

- *admettre* : j' …
- *remarquer* : tu …
- *charger* : il …
- *vouloir* : elles …
- *se taire* : je …
- *défendre* : tu …
- *secourir* : il …
- *entretenir* : elles …
- *aller* : vous …
- *prévenir* : nous …

9. Écris les phrases en conjuguant les verbes au passé simple.

- Les joueurs pénétraient sur le terrain.
- Arthur et Grégoire se plaçaient à l'arrière.
- Le gardien de but s'échauffait avec Roman.
- Des cris retentissaient dans le stade.
- Le public se levait peu à peu.

10. Écris une phrase avec chacun des verbes en utilisant le passé simple.

demander - rendre - parvenir - croire - garnir.

11. Écris les phrases en mettant le sujet au pluriel.

- Alors, l'eau envahit la cave.
- Le pompier aida les vieilles personnes.
- Il les fit monter dans une barque.
- Un énorme tuyau pompa le trop-plein.
- La boue détruisit et emporta le vieux pont.

12. Écris le texte en conjuguant les verbes en gras au passé simple.

Louis Mortier **ouvre** sa boîte aux lettres. « Parfait, **dit**-il à voix basse, mon journal est arrivé… » Soudain, il se **raidit**. « Tiens, qu'est-ce que c'est que ça ? »

Il **saisit** une enveloppe bordée de rayures bleues, blanches et rouges. Il **examine** les timbres…

Louis Mortier **devient** pâle comme un linge. Une lueur d'inquiétude **apparaît** dans ses petits yeux presque transparents. […] Il **tourne** et **retourne** l'enveloppe dans ses gros doigts, puis l'**ouvre** avec un coupe-papier d'ivoire.

D. Sénécal, *Le Mystère des mots croisés*, Bayard Poche.

À TOI DE JOUER…

13. Retrouve les lettres qui n'apparaissent qu'une seule fois dans la grille. Forme avec ces lettres un verbe au passé simple avec son sujet.

P	B	L	O	D	U	W	G
Q	H	V	N	Y	K	D	Q
C	X	U	Z	C	B	E	F
M	G	J	T	F	L	N	X
R	H	Z	H	D	U	M	A
W	S	K	G	M	B	O	V
F	K	Y	U	I	N	Z	D

AUTODICTÉE

Écrivain humoristique, Alphonse Allais fit des études sur la photographie en couleurs avec Charles Cros. Il fonda le célèbre cabaret « Le chat noir » où il se produisit lui-même.

La **concordance des temps** (1)
L'**imparfait** et le **passé simple**

L'imparfait et le passé simple sont des temps du passé.

L'**imparfait** est utilisé pour faire une description, un portrait, pour exprimer une action passée, plutôt de longue durée ou qui se répète.
Exemple : La souris **grignotait** tranquillement.

Le **passé simple** est utilisé pour exprimer une action passée de courte durée qui s'est produite à un moment bien précis et qui est complètement terminée. C'est le temps du récit.
Exemples : Le chat **aperçut** la souris.
Pendant que M. Seguin **dormait**, Blanchette **se sauva**.

1. Conjugue les verbes à l'imparfait et au passé simple.

sommeiller - essuyer - accomplir - dormir - disparaître - soutenir.

2. Recopie les phrases et indique, sous chaque verbe, le temps auquel il est conjugué.

- Deux vieux bâtiments occupaient l'espace.
- On percevait un bruit bizarre.
- Une sorte de clameur s'éleva.
- Des nuées d'oiseaux sortirent du grenier.
- Puis le calme revint.

3. Relève les verbes du texte et classe-les en deux colonnes : imparfait et passé simple.

Simon arriva tout près de l'eau et la regarda couler. Quelques poissons folâtraient, rapides, dans le courant clair, et, par moments, faisaient un petit bond et happaient des mouches voltigeant à la surface. Il cessa de pleurer pour les voir, car leur manège l'intéressait beaucoup. […] Une petite grenouille verte sauta sous ses pieds. Il essaya de la prendre. Elle lui échappa. Il la poursuivit.

G. DE MAUPASSANT, *Le Papa de Simon*, Calligram.

4. Indique à quel temps est conjugué chaque verbe (imparfait ou passé simple).

Il monta - nous apercevions - tu repris - j'eus - elles avaient - il consommait - ils apparurent - nous fûmes - vous fumiez - j'absorbai.

5. Écris les phrases en conjuguant les verbes à l'imparfait ou au passé simple.

- Lorsque j'all... à la plage, je me déchauss... toujours.
- J'appuy... sur la sonnette et j'entr... immédiatement dans l'immeuble.
- Je surveill... toujours mon chien ; ce jour-là, pourtant je l'oubli... .
- Je march... tranquillement lorsque, tout à coup, je gliss... .
- J'aim... prendre un livre quand je me couch... .

6. Écris le texte en conjuguant les verbes à l'imparfait ou au passé simple.

Sur le quai de la gare, les voyageurs *(se presser)*. Le chef de gare *(siffler)*. Le train *(rouler)* déjà lorsqu'un retardataire *(grimper)* précipitamment. Bientôt, la campagne *(défiler)* derrière les vitres. Elle *(dérouler)* à perte de vue ses prés verdoyants et ses bois sombres.

7. Écris le texte en conjuguant chaque verbe au temps qui convient.

Les enfants *(aimer)* grimper dans le vieux chêne, derrière la maison. Le petit Hugo *(essayer)* parfois de les suivre, mais *(rebrousser)* toujours chemin. Ce jour-là, il *(parvenir)* presque jusqu'en haut, mais une branche trop fine *(céder)* ; il *(tomber)* et *(rester)* immobile. Ses cousins *(prendre)* peur et *(venir)* aux nouvelles. Il *(respirer)* toujours ; ce n'*(être)* donc pas trop grave. Hugo *(se relever)* brusquement.

8. Relève les verbes au passé composé. Écris ensuite le texte en remplaçant le passé composé par le passé simple.

De colère, Grande-Greluche a tiré justement une petite bête de sa manche et l'a gobée d'un trait. [...] Elle a tapé du pied, exaspérée, et un nuage de poussière a jailli du plancher. Les haillons noirs qui l'habillaient étaient troués de partout et son chapeau pointu tout raccommodé ressemblait à un château branlant sur le point de s'écrouler. [...] Elle a sauté sur le plancher plein d'échardes, a débouché la bouteille et a avalé une bonne giclée de potion extra-forte, la boisson préférée de M'ame Cadabra.

K. SAUNDERS, D'après *Les Sorcières du beffroi*, « Le Chat mystérieux », Nathan.

9. Récris le texte en utilisant le passé simple et l'imparfait.

Le matin du 20 février 1943, un paysan mexicain a la grande surprise de voir son champ se fendiller. Par la brèche s'échappent d'abord des poussières fines, puis de la fumée, et enfin des roches en fusion. Le soir, une première coulée de lave sort du monticule. Un volcan vient de naître en pleine campagne. Un an plus tard, jour pour jour, le volcan mesure 340 m de haut.

P. KOHLER, D'après *Volcans, séismes et dérive des continents*, Le Livre de Paris - Hachette.

10. Raconte l'histoire présentée dans les vignettes, en utilisant le passé simple et l'imparfait.

11. Écris le texte en conjuguant chaque verbe au temps qui convient : imparfait ou passé simple.

Les oies sauvages *(se diriger)* vers le continent à bonne vitesse, malgré un fort vent du sud. Mais lorsqu'elles *(approcher)* des premiers récifs, elles *(entendre)* un vacarme étourdissant. L'eau, au-dessous d'elles, *(devenir)* noire. La tempête venue de l'ouest les *(surprendre)*. Déjà, elle *(chasser)* devant elle des nuages de poussière. [...] D'un coup, elle *(balayer)* aussi les oies sauvages, les *(basculer)* et les *(repousser)* vers le large.

S. LAGERLÖF, *Le Merveilleux Voyage de N. Holgerson à travers la Suède*, IGF.

AUTODICTÉE

Le jour se levait à peine ; une lueur pâle passait difficilement sous la vieille porte. Le vent soufflait fort. Un bruit l'avait fait sursauter. Il se leva précipitamment et puis écouta. Cela venait de dehors... Tremblant, il s'interrogeait : fallait-il sortir ou valait-il mieux attendre ?

Les **temps composés de l'indicatif**

Aux **quatre temps simples** de l'indicatif correspondent **quatre temps composés** formés avec les auxiliaires **être** ou **avoir** conjugués et le **participe passé** du verbe.

Les quatre temps composés de l'indicatif sont :

– le **passé composé** (auxiliaire au présent) ▸ j'ai chanté ; je suis tombé(e).
– le **plus-que-parfait** (auxiliaire à l'imparfait) ▸ j'avais chanté ; j'étais tombé(e).
– le **futur antérieur** (auxiliaire au futur) ▸ j'aurai chanté ; je serai tombé(e).
– le **passé antérieur** (auxiliaire au passé simple) ▸ j'eus chanté ; je fus tombé(e).

Attention ! Le participe passé employé avec l'auxiliaire **être** s'accorde avec le sujet.
Exemples : Il est parti. Nous sommes partis(es). Elle est partie. Vous êtes partis(es).

tableau récapitulatif			
présent	j'ai ; je suis	passé composé	j'ai oublié ; je suis monté(e)
imparfait	j'avais ; j'étais	plus-que-parfait	j'avais oublié ; j'étais monté(e)
futur	j'aurai ; je serais	futur antérieur	j'aurai oublié ; je serais monté(e)
passé simple	j'eus ; je fus	passé antérieur	j'eus oublié ; je fus monté(e)

1. *Indique l'infinitif et le groupe de chaque verbe.*

- j'acclamerai
- je bus
- je rends
- j'avais crié
- je chantonnai
- je survivrai
- je suis parti(e)
- je réussissais
- j'aurai appelé
- j'eus grossi
- j'avais soufflé
- j'étais tombé(e)

2. *Recopie chaque verbe et indique avec quel auxiliaire tu le conjugueras au passé composé (être ou avoir).*

- Rentrer de vacances.
- Dormir sous la tente.
- Arriver tôt.
- Sourire à ses amis.
- Aller au cinéma.
- Faire peur.
- Mettre un CD.
- Crier très fort.
- Raccourcir le trajet.
- Tendre l'oreille.
- Sentir la fraîcheur.
- Venir en bus.

3. *Reprends les verbes de l'exercice 2 et conjugue-les aux 1res personnes du singulier et du pluriel, au passé composé et au plus-que-parfait.*

4. *Relève chaque verbe et indique s'il est conjugué à un temps simple ou à un temps composé. Précise de quel temps il s'agit.*

- L'inspecteur interroge le suspect.
- Léa a aperçu un aigle.
- Nous écrirons à nos parents ce soir.
- Les éclairs zébraient le ciel.
- La serveuse aura fleuri la salle.
- Le lanceur de javelot avait battu son record.

5. *Conjugue chaque verbe au temps et à la personne demandés.*

Dormir ▸ plus-que-parfait, 2e pers. du sing.
Gesticuler ▸ passé composé, 3e pers. du plur.
Obéir ▸ futur antérieur, 3e pers. du sing.
Arriver ▸ passé antérieur, 3e pers. du plur.
Descendre ▸ passé composé, 1re pers. du plur.
Rugir ▸ plus-que-parfait, 3e pers. du plur.
Prendre ▸ passé composé, 3e pers. du sing.
Prévoir ▸ futur antérieur, 1re pers. du sing.
Devenir ▸ passé composé, 2e pers. du plur.
Aller ▸ plus-que-parfait, 1re pers. du sing.

6. Écris les phrases au plus-que-parfait.

- Nous faisions de bonnes récoltes.
- Le jardinier arrosait ses légumes tous les soirs.
- Nous cueillions des fraises pour les donner à nos voisins.
- Les tomates mûrissaient pendant le mois d'août.
- L'arrosage automatique permettait d'avoir de l'eau régulièrement au pied de tous les végétaux du jardin.
- Je descendais au fond du jardin pour chercher un peu de fraîcheur.
- Nous binions les rangées de haricots verts.

7. Relève les verbes et classe-les en deux colonnes : temps simples et temps composés. Donne leur infinitif.

On l'avait mis ensuite dans une boîte aux bords si hauts qu'il devait se mettre sur ses pattes de derrière pour voir quelque chose du monde extérieur, dans ce lieu inconnu où il ne reconnaissait rien. Puis la lumière s'était éteinte et il s'était retrouvé encore plus seul, dans les ténèbres. Alors il avait gémi fort, très fort, de toutes ses forces, et de plus en plus fort, pour que sa mère entende sa détresse et vienne le chercher.

Ce n'était pas sa mère qui était venue le chercher, mais l'une des silhouettes : on avait pris la boîte et on l'avait posée dans un autre endroit où, il le sentait bien, il y avait d'autres êtres, où il était moins seul ; mais cela ne lui suffisait pas : on ne cesse pas d'être malheureux parce qu'on l'est un peu moins. Il avait encore gémi, et même plus fort qu'avant. Peu après, il avait senti qu'on le sortait de sa boîte et qu'on le posait en un lieu qui, sans être cet endroit de totales délices qu'était le flanc d'Edna, doux et chaud, était un autre lieu de délices, moelleux et tiède, où il s'enfonça mollement ; il s'y sentait si bien qu'il cessa de gémir et sombra dans le sommeil.

A. DE NYSSE, *Les Aventures d'un jeune boxer*, « Les p'tits romans Passeport », Hachette Éducation.

8. Récris le texte au passé composé.

Au XIXe siècle, l'Europe connaît une période d'immenses progrès techniques. Les usines remplacent les ateliers. Grâce aux machines à vapeur, le tissu ou l'acier sont fabriqués en très grandes quantités et leur prix baisse. De nombreux paysans quittent les campagnes pour travailler dans les usines. C'est l'exode rural. Le commerce se développe dans le monde entier.

Ma première encyclopédie, Lito.

9. Récris le texte au passé composé.

Les caméras disposées sur le plateau du studio envoient plusieurs images différentes à la régie. Dans cette pièce, le réalisateur choisit l'image qui va être diffusée. D'autres techniciens participent à la réalisation d'une émission : l'ingénieur du son qui règle les micros, les éclairagistes qui s'occupent des projecteurs, la scripte qui aide le réalisateur.

À TOI DE JOUER...

10. Rébus.

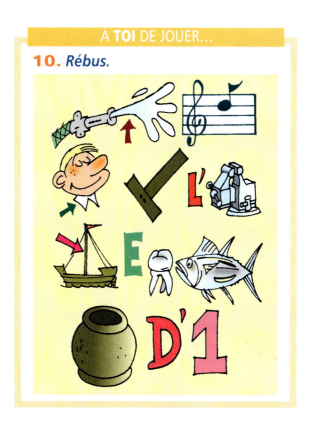

Le **présent de l'impératif**

L'impératif sert à donner un **ordre**, un **conseil**, à exprimer une **interdiction**.
Exemple : Dis-lui de monter dans ma chambre !

Au mode impératif, le verbe ne se conjugue qu'à **trois personnes** et **n'a pas de sujet exprimé**.
Exemples : Secoue-toi ! (2e personne du singulier)
C'est ça, allons-y ! (1re personne du pluriel)
Allez ! (2e personne du pluriel)

Au présent de l'impératif, les terminaisons sont : **e** ou **s** – **ons** – **ez**.

À la 2e personne du singulier, la terminaison est :
– **e** pour les verbes du **1er groupe** ainsi que pour les verbes **offrir**, **souffrir**, **savoir**, **ouvrir** ;
– **s** pour tous les autres verbes, sauf **aller** (va).

Si un verbe du 1er groupe est suivi de **y** ou **en**, il prend un **s** à la deuxième personne du singulier.
Exemples : Mange**s**-en ! Grimpe**s**-y !

1. Lis le texte. Relève les phrases impératives.

– Plane ! ordonna-t-elle à son balai qui resta inanimé entre ses mains. Mlle Bâtonsec ! Il ne veut pas démarrer ! (Elle était sur le point de pleurer.) Ceci n'est jamais arrivé, Mlle Bâtonsec, Mlle Jollidodue, je suis désolée.
– Ne vous inquiétez pas, Octavie ! dit chaleureusement Mlle Bâtonsec. Vous avez oublié qu'il se trouve un peu trop près de l'eau. Tendez-le au-dessus de votre tête, mon enfant.
Octavie pouffa, gênée d'avoir fait une erreur. Puis elle se mit sur la pointe des pieds et tendit le balai aussi haut que possible.
– Plane ! ordonna-t-elle.
Cette fois-ci, le balai trouva à son goût le fait de rester suspendu en l'air. Octavie brandit un doigt en direction de l'indocile :
– Ne bouge pas !
Elle s'assit dans l'eau, tira sur ses skis et se pencha pour avoir les épaules sous l'eau. Elle s'accrocha au manche, au bout de la corde.
– Démarre ! cria-t-elle.

J. Murphy, *Amandine Malabul, la sorcière a peur de l'eau*,
Jill Murphy, 1993, Gallimard Jeunesse.

2. À partir des phrases impératives de l'exercice 1, écris les verbes, donne leur infinitif et leur groupe, puis conjugue-les aux trois personnes du présent de l'impératif.

3. Conjugue au présent de l'impératif.
- Aller chez le dentiste.
- Être calme.
- Avoir confiance.
- Prendre son manteau.
- Faire la sieste.

4. Écris ces conseils au présent de l'impératif.
- Il faudrait que tu ailles rendre visite à la tante Jeanne.
- Nous devrions partir avant qu'il ne pleuve trop fort.
- Il faudrait que vous fassiez quelques efforts pour être un peu plus aimables.
- Tu devrais traverser sur les passages piétons.
- Il faudrait que vous demandiez l'autorisation à vos parents.

5. Récris la recette en mettant les verbes à la 2ᵉ personne du pluriel du présent de l'impératif.

Le pain d'épices

1. Faire fondre à feu doux dans une petite casserole le miel, le sucre, le lait et le beurre. Ajouter les épices et le zeste de citron râpé.

2. Verser ce mélange sur les deux farines additionnées de levure et mélanger soigneusement pour obtenir une pâte homogène. Incorporer les zestes confits.

3. Préchauffer le four à 160 °C (th.5). Beurrer un moule à cake et parsemer le fond d'amandes effilées. Verser la pâte et laisser cuire pendant 40 minutes environ. Piquer le pain avec la lame d'un couteau qui doit ressortir sèche.

4. Laisser tiédir et démouler sur une grille. Il vaut mieux attendre 48 heures avant de le déguster.

B. Dupaigne, *Le Pain de l'homme*, La Martinière.

6. Écris les phrases en conjuguant les verbes en gras à la 2ᵉ personne du singulier du présent de l'impératif. Fais les transformations nécessaires.

- Que ces framboises ont l'air délicieuses ! **Mangeons-en** tout de suite.
- **Apportez** cette échelle et **montez-y**.
- J'ai préparé des cookies, **prenez-en**.
- Opération « pièces jaunes » : **parlons-en** autour de nous.
- **Ayez** confiance en vous, la victoire est à votre portée.

7. Écris les phrases en conjuguant les verbes entre parenthèses au présent de l'impératif.

- *(approcher)*-vous pour mieux voir.
- *(grandir)* vite pour que tu puisses venir avec nous au parc d'attractions.
- *(prendre)* place tout de suite si nous ne voulons pas manquer le début du spectacle !
- *(venir)* avec moi, s'il te plaît !
- *(accrocher)*-vous, il ne reste plus que deux kilomètres à parcourir !

8. Récris les phrases à la 2ᵉ personne du singulier du présent de l'impératif. Fais les transformations nécessaires.

- Traversons la chaussée en empruntant les passages protégés.
- Sortez tout de suite de la maison, vous salissez la moquette avec vos chaussures sales !
- Guérissez vite pour venir jouer avec nous dans le jardin.
- Prenez votre temps, de toute manière nous avons raté notre train !
- Soyons courageux, ce ne sont pas quelques petites araignées qui vont nous arrêter !

À TOI DE JOUER...

9. Rébus.

AUTODICTÉE

Un oiseau assommé contre une vitre
Recueille-le doucement et installe-le dans une boîte remplie de coton. Referme le couvercle en y perçant quelques petits trous d'aération. Laisse-le tranquille jusqu'à ce qu'il remue dans la boîte. Tu peux alors lui rendre la liberté.

Le **présent du conditionnel**

Le présent du conditionnel est utilisé :
– pour exprimer un fait qui dépend d'une **condition** énoncée à l'**imparfait de l'indicatif** ;
Exemple : Si le vent tombait, il ferait plus chaud.
   condition   conditionnel présent

– pour demander quelque chose **poliment** ;
Exemple : Pourriez-vous fermer la porte, s'il vous plaît ?
         conditionnel présent

– pour donner **une information**, **sans certitude**.
Exemple : Le gagnant pourrait arriver dans la minute qui vient.
                       conditionnel présent

Au présent du conditionnel, les terminaisons sont celles de l'imparfait
(**ais** – **ais** – **ait** – **ions** – **iez** – **aient**), placées :
– **après l'infinitif** pour les **1er** et **2e groupes** ;
Exemples : je soufflerais ; il faiblirait.
– **après le r** pour le **3e groupe**.
Exemples : nous prendrions ; elles disparaîtraient.

Verbe **être** : je serais, nous serions.
Verbe **avoir** : j'aurais, nous aurions.

1. Relève les verbes conjugués au présent du conditionnel.

je plierai - il avancerait - nous allumerions - tu éblouiras - vous veillerez - elles souffriraient - nous enseignions - je répondrais - il mettait - tu saurais.

2. Conjugue aux 1res personnes du singulier et du pluriel du présent du conditionnel.

- Siffler un air.
- Tondre la pelouse.
- Escalader la colline.
- Écrire une lettre.
- Épaissir une sauce.
- Tenir la corde.

3. Conjugue aux 3e personnes du singulier et du pluriel du présent du conditionnel.

- Peindre une fresque.
- Rétablir la vérité.
- Étudier sérieusement.
- Payer la facture.
- Résoudre un problème.
- Fléchir les genoux.

4. Relève les verbes conjugués au présent du conditionnel, puis donne leur infinitif.

– Elle ne se fera jamais, cette route. Je l'espère bien.
– Mais tu ne comprends donc pas ? Si la route venait jusque-là, alors, il y aurait peut-être aussi un bus. Une fois, peut-être même deux fois par semaine ! On pourrait sortir d'ici comme le font ceux du grand camp à Theppakkadu. Et les enfants du camp iraient à l'école !

C. SLOAN, *Un éléphant pour Mouthou*, Flammarion.

5. Recopie et complète les phrases en utilisant le présent du conditionnel.
- Si le vent se levait, … .
- Si vous mettiez des lunettes, … .
- Si tu te promenais dans les alpages, … .
- Au cas où tu partirais par le train, … .
- Si tu lui demandais gentiment, … .

6. Écris les phrases en conjuguant les verbes entre parenthèses au présent du conditionnel.
- Je *(revoir)* ce film avec plaisir.
- Grégoire *(vouloir)* un nouvel ordinateur.
- J'espérais que le concert *(débuter)* à l'heure.
- Si tu étais plus courageux, tu *(balayer)* ta chambre.
- *(Pouvoir)*-vous me dire où est l'office de tourisme, s'il vous plaît ?

7. Recopie et complète les phrases en imaginant une condition.
- …, je relirais ce roman.
- …, tu trouverais un emploi.
- Flavie réussirait son examen, … .
- Nous les inviterions avec plaisir, … .
- …, vous lui enverriez un e-mail.

8. Écris les phrases en conjuguant les verbes entre parenthèses au présent du conditionnel.
- Si tu m'invitais, je *(venir)*.
- Si vous étiez plus rapides, vous *(gagner)*.
- Si le bus était plein, je *(monter)* dans le suivant.
- Si Noémie économisait un peu, elle *(s'offrir)* des boucles d'oreilles.
- Si j'avais moins mal au genou droit, je vous *(accompagner)* volontiers.

9. Écris les verbes à la 3ᵉ personne du singulier du présent du conditionnel, à la forme interrogative.
- Aller au théâtre.
- Tenir sa parole.
- Savoir sa leçon.
- Expédier un colis.
- S'inscrire au concours.
- Espérer son retour.
- Jeter les vieux papiers.
- S'inscrire au concours.

10. Imagine une suite à partir des conditions proposées.
- Si j'inventais la machine à partager et la poudre de fraternité, … .
- Si je découvrais aujourd'hui pour demain, comment se donner la main, … .
- Si j'apercevais un autre monde sous les ailes d'une colombe, … .

11. Écris les phrases en conjuguant les verbes entre parenthèses au futur simple ou au présent du conditionnel.
- Si la mer était plus chaude, je *(se baigner)*.
- Quand le linge sera sec, tu le *(plier)*.
- Si j'allais au cirque, j'*(aimer)* voir des clowns.
- Lorsque nous sortirons en récréation, nous *(sauter)* à la corde.
- Si je prenais plus de photos, je *(faire)* un bel album.

À TOI DE JOUER…

12. Relève, dans la grille, les verbes conjugués au présent du conditionnel et donne ensuite leur infinitif.

P	R	E	N	D	R	A	I	T
E	I	M	A	G	I	N	A	S
R	M	U	G	I	R	A	I	T
D	A	T	E	R	I	O	N	S
R	I	I	R	I	E	Z	U	P
A	T	R	A	N	Z	O	N	S

AUTODICTÉE

J'aimerais créer un jardin avec mille variétés de fleurs. Les taches de couleurs feraient une mosaïque de dessins multicolores. Une eau claire s'écoulerait d'une fontaine située au centre et une allée de petites pierres circulerait paisiblement parmi les parterres.

Le **présent du subjonctif**

Le subjonctif est utilisé pour exprimer une **action désirée**, **souhaitée**, parfois **incertaine** ou **douteuse**.
Exemple : Je souhaite qu'il vienne tôt.

Le subjonctif s'emploie souvent après la conjonction de subordination **que**.
Exemples : Il faut **que** tu voies ce film.
Je voudrais **qu'**elle soit à l'heure.
Pourvu **que** nous ayons la bonne clé !

Au présent du subjonctif, tous les verbes (sauf **être** et **avoir**) ont les mêmes terminaisons : **e – es – e – ions – iez – ent**.

Verbe **être** : que je sois, que nous soyons.
Verbe **avoir** : que j'aie, que nous ayons.

1. Relève les verbes conjugués au présent du subjonctif.

je bondisse - tu fasses - il aille - tu finis - je suis - vous sachiez - tu cours - tu produises - je vois - il gravisse - nous applaudissons - elles puissent - il vienne - nous fassions.

2. Relève les verbes conjugués au présent du subjonctif. Donne leur infinitif.

Pour que le marcheur ne se perde pas pendant sa randonnée, il faut qu'il étudie soigneusement la carte avant de partir. Il est souhaitable qu'il soit attentif au temps prévu par les services de la météorologie et qu'il prenne dans son sac de quoi se couvrir au cas où il serait pris par la pluie. Il est également nécessaire qu'il ait suffisamment d'eau et quelques aliments énergétiques.

3. Conjugue au présent du subjonctif, en commençant par « Il faut que… ».
- Louer une chambre.
- Sortir de l'eau.
- Admettre son erreur.
- Prendre un café.
- Obéir sagement.

4. Reproduis le tableau et conjugue les verbes : entamer – nettoyer – agir – aboutir – écrire – étendre – pouvoir – dire.
Que remarques-tu ?

présent de l'indicatif		présent de subjonctif	
1re personne du singulier	1re personne du pluriel	1re personne du singulier	1re personne du pluriel

5. Écris les phrases en conjuguant les verbes entre parenthèses au présent du subjonctif.

- Il faudra que tu *(être)* courageux et que tu *(avoir)* de la volonté pour faire ce métier.
- Il vaut mieux que nous *(prendre)* le train suivant.
- On a fait du rangement pour qu'il *(s'installer)*.
- Je suis ravi que tu *(fournir)* tant d'efforts.
- Pétris bien la pâte afin qu'elle ne *(durcir)* pas trop.
- Il est important que vous *(connaître)* notre nouvelle adresse.
- Il faut que je les *(prévenir)* de mon arrivée tardive.
- Nous tenons à ce que tu *(dire)* toujours la vérité.

6. Écris les phrases en conjuguant les verbes entre parenthèses au présent du subjonctif.

• Il faut que je *(comprendre)* ce qu'il veut dire.
• Bien qu'il *(faire)* beau, je ne sortirai pas aujourd'hui.
• Nous voulons que les préparatifs *(pouvoir)* être terminés demain matin.
• Pourvu que Ludivine *(venir)* le chercher.
• Il est l'heure que vous *(se lever)*.

7. Écris les phrases en conjuguant les verbes au présent de l'indicatif, au futur simple ou au présent du subjonctif. Indique après le verbe le temps et le mode que tu as choisis.

préparer
• Il est temps que vous … vos affaires.
• Je sais que vous … toujours vos affaires soigneusement.
• Je pense que vous … vos affaires juste avant de partir.

écrire
• Manon … une lettre à sa grand-mère.
• Il faudrait qu'elle … une lettre à sa grand-mère.
• Papa pense qu'il … une courte lettre.

choisir
• Il ne faut pas que tu … la plus grosse part.
• J'espère que tu … la meilleure formule.
• Entre ces deux solutions, tu … encore la plus difficile.

8. Écris et complète les phrases comme tu le souhaites en utilisant le présent du subjonctif.

• Il faut que … .
• J'ai peur que … .
• Il est possible que … .
• J'aimerais que … .
• Il est temps que … .
• Pourvu que … .
• Nous espérons que … .

9. Amandine a pris de bonnes résolutions. Elle fait une liste de ce qu'elle doit faire. Peux-tu l'aider à établir sa liste, qui comportera une dizaine de bonnes intentions ?

Il faut que je fasse mon lit le matin.
Il faut …

10. Écris les phrases en conjuguant les verbes au présent de l'indicatif ou au présent du subjonctif.

• La musique que nous *(écouter)* est une musique classique.
• Il faudrait que nous *(écouter)* plus souvent de la musique classique.
• J'*(avoir)* de bonnes notes, ce trimestre.
• Pourvu que j'*(avoir)* de bonnes notes, ce trimestre.
• Il est possible qu'ils *(aller)* se baigner maintenant.
• Je pense qu'ils *(aller)* se baigner.
• Les bateaux qui *(être)* dans le port sont des chalutiers.
• Il faut qu'ils *(être)* prêts dans deux minutes.

À TOI DE JOUER…

11. Rébus.

La **forme pronominale**

Les verbes pronominaux se conjuguent avec un **pronom réfléchi** désignant **la même personne que le sujet**.
Exemples : je **me** promène, il **s'**envole, nous **nous** ennuyons,
Agathe et Sylvia **se** coiffent.

Les pronoms réfléchis sont : **me**, **te**, **toi**, **se (s')**, **nous**, **vous**.

Aux temps composés, les verbes pronominaux se conjuguent avec l'auxiliaire **être**.
Exemples : je me **suis** promené, il s'**est** envolé, nous nous **sommes** ennuyés.

Certains verbes ne peuvent s'utiliser qu'à la forme pronominale.
Exemples : s'évanouir, s'enfuir, se moquer, s'accouder.

1. Conjugue les verbes aux temps demandés.

présent de l'indicatif
se lever - s'évanouir - ne pas se salir.

imparfait de l'indicatif
se pencher à la fenêtre - s'inscrire à un concours.

passé composé
s'inquiéter - s'enfuir.

présent de l'impératif
se dépêcher - s'inscrire.

2. Recopie uniquement les phrases qui contiennent un verbe pronominal.

- Je le regarde faire.
- Nous leur expliquons plusieurs fois.
- Tu te trompes d'exercice.
- Elle me répond poliment.
- Vous vous lavez les dents trois fois par jour.
- Ils se sont trompés de jour.
- Pressez-vous.
- Alan observe son reflet dans l'eau.
- « Bonne nouvelle ! » se disent les deux amis.

3. Recopie uniquement les verbes qui peuvent s'utiliser à la forme pronominale. Donne ensuite leur infinitif.

Exemple : intéresser ▶ s'intéresser.

partir - tordre - écouter - admettre - revenir - croire - hurler - avancer - aller - protéger.

4. Écris les phrases en conjuguant les verbes entre parenthèses au présent de l'indicatif.

- Hélas, nous ne *(se fier)* pas à toi.
- Tu *(se fatiguer)* à courir si vite !
- Vous *(s'apercevoir)* trop tard de votre erreur.
- Je n'*(hésiter)* pas, je *(s'élancer)*.
- Maintenant que la pluie *(se calmer)*, je *(refermer)* mon parapluie.
- Clara et Vincent *(s'extasier)* devant ce magnifique tableau.

5. Écris les phrases en conjuguant les verbes entre parenthèses au passé composé.

- Je *(se permettre)* de téléphoner chez vous.
- Vous *(se laver)* les mains.
- Nous *(s'étendre)* sur le sable.
- Le navire *(se briser)* sur les récifs.
- Tu *(s'enfuir)* à toutes jambes.
- Elles ont voulu prendre un raccourci, mais elles *(se perdre)*.

6. Recopie et complète les phrases avec des pronoms réfléchis.

- Tu … inquiètes de sa santé.
- Notre voisine … accoude à la fenêtre.
- Avant chaque repas, vous … lavez les mains.
- Abrite-… sous la véranda.
- Je … rends compte de sa grande mémoire !

Voix active – Voix passive

Quand un verbe est à la **voix active**, le sujet **fait l'action**.
Exemple : Le garagiste répare la voiture.

Quand un verbe est à la **voix passive**, le sujet **subit l'action**.
Exemple : La voiture est réparée par le garagiste.

À la voix passive, **aux temps simples**, le verbe se conjugue toujours avec l'auxiliaire **être** et le **participe passé du verbe conjugué**.
Exemples : elle est lavée, vous étiez entourés.

À la voix passive, **aux temps composés**, le verbe se conjugue toujours avec l'auxiliaire **avoir**, le **participe passé de l'auxiliaire être** et le **participe passé du verbe conjugué**.
Exemples : elle a été lavée, vous aviez été entourés.

Attention !
Il ne faut pas confondre les temps composés de la voix active avec la voix passive.
Exemples : Hier, nous avons descendu les caisses à la cave.
  ▸ passé composé de la voix active
En ce moment, les caisses sont descendues à la cave par les livreurs.
  ▸ présent de la voix passive

1. Recopie uniquement les phrases qui sont à la voix passive.
- Nous avons attendu le train.
- Nous sommes attendus à la descente du train.
- Le chien a été blessé par une voiture.
- Je me suis blessé légèrement en glissant.
- Attention, Raïssa a découvert les chocolats !
- Malheur, mes chocolats ont été découverts !
- Ce mannequin est habillé par un couturier.
- Nous nous sommes habillés chaudement.
- Maman avait habillé mon frère en gris.
- Ma sœur avait été habillée d'une robe rouge.

2. En t'aidant de l'exemple, conjugue les trois verbes suivants.

Exemple :	voix active	voix passive
présent	je remercie	je suis remercié
imparfait	je remerciais	j'étais remercié
futur simple	je remercierai	je serai remercié
passé composé	j'ai remercié	j'ai été remercié

aider - éblouir - se servir.

 3. Classe les verbes en deux colonnes : passé composé de la voix active et présent de la voix passive.
- Nous sommes entrés dans la maison.
- Vous êtes revenus les voir.
- Elles sont battues par meilleures qu'elles.
- Elle est grandie par ses talons.
- Elle est garantie par le fabricant.
- Je suis né à Angoulême.
- Je suis rafraîchi par mon bain.
- Ils sont repartis en Irlande.
- Dans sa voiture, on est vraiment secoué !

AUTO**DICTÉE**

Pour respirer, le requin avale de l'eau qui est amenée aux branchies, situées derrière la tête. Celles-ci en extraient l'oxygène qui passe ensuite dans le sang pour être transporté dans tout le corps.

La **concordance des temps** (2)

1. Quand une condition est exprimée à **l'imparfait de l'indicatif**, le verbe de la proposition principale se conjugue au **présent du conditionnel**.
Exemple : Si tu **avais** le temps, tu **passerais** nous voir.

Quand une condition est exprimée au **présent de l'indicatif**, le verbe de la proposition principale se conjugue au **futur simple**.
Exemple : Si tu **as** le temps, tu **passeras** nous voir.

2. L'action exprimée au **temps composé** (passé composé, plus-que-parfait, passé antérieur ou futur antérieur) se déroule **avant** celle exprimée au **temps simple** (présent, imparfait, passé simple ou futur simple).
Exemples : Quand tu as fini ton travail, tu joues.
  passé composé   présent
Quand tu avais fini ton travail, tu jouais.
  plus-que-parfait   imparfait
Quand tu auras fini ton travail, tu joueras.
  futur antérieur   futur simple

1. Recopie les phrases et conjugue les verbes en utilisant le présent de l'indicatif et le futur simple.

Exemple : Si j'ouvre la fenêtre, la porte claquera sûrement.

• Si tu *(prendre)* ce médicament, tu *(guérir)* plus vite.
• Tu ne *(s'essouffler)* pas si tu *(courir)* moins vite.
• Tu *(entrer)* en sixième si tu *(travailler)* sérieusement.
• Elle te *(proposer)* de garder ton chat si tu *(partir)* en vacances.
• Alban *(venir)* à la piscine si son père l'*(accompagner)*.

2. Récris les phrases de l'exercice 1 en conjuguant les verbes à l'imparfait de l'indicatif et au présent du conditionnel.

3. Recopie les phrases et conjugue les verbes en utilisant l'imparfait de l'indicatif et le présent du conditionnel.

Exemple : Si j'ouvrais la fenêtre, la porte claquerait sûrement.

• Nous *(sortir)* les géraniums si le temps *(s'adoucir)*.
• Nous *(marcher)* plus vite si des feuilles ne *(joncher)* pas le sol.
• Si Cécile ne *(s'opposer)* pas à tout, nous *(pouvoir)* avancer notre projet.
• Si le vent *(se calmer)*, les pompiers *(maîtriser)* rapidement l'incendie.
• Si l'eau ne *(sembler)* pas si froide, je *(se baigner)* peut-être.

4. Récris les quatre premières phrases de l'exercice 3 en conjuguant les verbes au présent de l'indicatif et au futur simple.

5. *Écris les phrases en conjuguant les verbes entre parenthèses au futur simple ou au présent du conditionnel.*

• Si tu les arroses trop, ces plantes *(pourrir)*.
• Si tu appelles Maguy, tu lui *(donner)* le bonjour.
• Les plantes *(pourrir)* si tu les arrosais trop.
• Nous *(former)* une équipe si la compétition avait lieu le dimanche.
• Si la compétition a lieu dimanche, nous *(former)* une équipe.

6. *Dans ces phrases, les conditions sont exprimées au présent de l'indicatif. Récris-les à l'imparfait de l'indicatif et effectue les modifications nécessaires.*

• Si vous aimez les contes, nous vous prêterons un livre merveilleux.
• Mes parents achèteront une nouvelle voiture, s'ils peuvent vendre celle-là.
• Si tu pulvérises ce produit sur la terrasse, les mousses disparaîtront.
• Éléonore ira demain chez son dentiste si elle a encore mal aux dents.
• Si votre maison est mieux isolée, vous dépenserez moins pour votre chauffage.
• Si tu termines rapidement ton travail, nous partirons nous promener.

7. *Recopie chaque phrase en conjuguant le verbe entre parenthèses au temps qui convient (présent, imparfait, passé simple ou futur simple de l'indicatif).*

a.
Quand tu auras essuyé la vaisselle, tu la *(ranger)*.
Quand tu avais essuyé la vaisselle, tu la *(ranger)*.
Quand tu as essuyé la vaisselle, tu la *(ranger)*.

b.
Lorsque maman a vérifié la cuisson de la tarte, elle la *(sortir)* du four.
Lorsque maman eut vérifié la cuisson de la tarte, elle la *(sortir)* du four.
Lorsque maman aura vérifié la cuisson de la tarte, elle la *(sortir)* du four.

8. *Écris chaque phrase en conjuguant le verbe entre parenthèses au temps qui convient.*

• Dès que la lumière était éteinte, il *(s'endormir)*.
• Mes parents *(vendre)* l'appartement quand ils auront trouvé une maison à leur convenance.
• Lorsque Valentine aura obtenu son permis, *(acheter)*-t-elle une voiture ?
• Lorsque nous avons écrit nos cartes postales, nous les *(envoyer)*.
• Quand le jeu sera terminé, Marion et Valentin *(ranger)* le matériel.

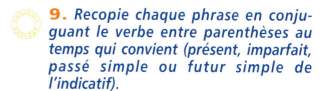 **9.** *Recopie chaque phrase en conjuguant le verbe entre parenthèses au temps qui convient (présent, imparfait, passé simple ou futur simple de l'indicatif).*

a.
Quand Étienne aura compris la consigne, il *(faire)* l'exercice rapidement.
Quand Étienne eut compris la consigne, il *(faire)* l'exercice rapidement.
Quand Étienne a compris la consigne, il *(faire)* l'exercice rapidement.

b.
Dès que le feu d'artifice sera terminé, les spectateurs *(rentrer)* chez eux.
Dès que le feu d'artifice était terminé, les spectateurs *(rentrer)* chez eux.
Dès que le feu d'artifice est terminé, les spectateurs *(rentrer)* chez eux.

AUTO**DICTÉE**

Quand le vent avait commencé à souffler, il ne faisait pas encore jour. Maintenant, autour de la maison, la forêt craquait et mugissait.
– Quand le vent aura faibli, dit mon père, je sortirai vérifier l'état de la toiture.

Synthèse

1. Recopie chaque verbe en séparant le radical de la terminaison, puis indique son groupe.

secourir - affronter - discourir - tressauter - concevoir - écrire - complimenter - défendre - sourire - applaudir - surgir - définir - défier - réfléchir - confondre.

2. Recopie et complète chaque phrase avec un pronom personnel.

- ... nage de mieux en mieux.
- ... recevez votre courrier à votre nouvelle adresse.
- ... reconnais très bien les joueurs de loin.
- ... supplie sa grande sœur de la laisser jouer.
- ... défont leur toile de tente juste avant le départ.
- ... essaies plusieurs maillots de bain.

3. Écris chaque phrase à la personne correspondante du singulier ou du pluriel.

- Je transmets les messages reçus sur Internet à tous les élèves de la classe.
- Il poursuit la voiture sans parvenir à la rattraper.
- Vous prenez un petit-déjeuner très copieux.
- Elles interviennent quand ce n'est pas leur tour.
- Nous faisons beaucoup d'activités de plein air.

4. Écris les phrases en conjuguant les verbes entre parenthèses au présent de l'indicatif.

- Le martin-pêcheur *(s'envoler)* dès qu'il *(entendre)* du bruit.
- Dès l'arrivée des premiers froids, les oies *(se réunir)* et *(migrer)* vers des pays plus chauds.
- La cane et le canard *(se réfugier)* près de la mare et y *(passer)* tout l'hiver.
- Nous nous *(déplacer)* toujours avec notre vieille voiture.
- Ces arbustes *(grandir)*-ils toujours aussi vite?

5. Écris les phrases au présent de l'indicatif ; complète-les avec les verbes suivants : atteindre – teindre – éteindre – geindre – rejoindre.

- Ma robe blanche a une tache ; je la ... en bleu marine.
- Martin a la grippe ; il ... faiblement.
- Ce soir, vous ... la lumière de bonne heure.
- Tu ... enfin le sommet, après trois heures d'escalade.
- Mathilde et Marie ... Luc sur la plage.

 6. Récris le texte à l'imparfait de l'indicatif.

La lune ne se lève pas encore, mais la lumière nocturne la promet pleine et blanche. Un chemin de pavés chaotiques serpente entre deux murets en partie éboulés et couverts de mousse. Cet endroit magique se trouve au cœur d'une forêt, non loin d'un petit village perdu en pleine campagne normande.
Sur le sentier de pierres, une silhouette vient d'apparaître. On ne peut dire s'il s'agit d'un homme ou d'un animal. L'ombre avance, plus noire que le ciel. [...]
C'est une démarche incertaine, celle d'un promeneur peu pressé.
On la voit mieux maintenant. Il s'agit d'un être humain, enveloppé dans une cape sombre. Il fait route vers le village, dos courbé sous un lourd habit de jais.

D'après O. Ka, Y'a pas plus trouillard qu'un vampire !
illust. J.D. Pendanx, Les p'tits fantastiques, Magnard Jeunesse.

7. Conjugue aux 2es personnes du singulier et du pluriel du passé simple.

- Faire une pause.
- Rincer le linge.
- Enfouir un trésor.
- Réagir vivement.
- Dire la vérité.
- Apprendre une chanson.
- Apercevoir l'arrivée.
- Mélanger les cartes.
- Obtenir un succès.
- Entretenir la maison.

Synthèse

8. Recopie et complète le tableau.

infinitif	personne	présent de l'indicatif	imparfait de l'indicatif
se balancer	3e pers. du sing.		
		vous finissez	
longer	3e pers. du plur.		nous conduisions
		tu viens	

9. Reproduis la grille et complète-la avec les verbes suivants, conjugués au futur simple.

1. ▸ coincer : *2e personne du singulier*
2. ▸ défier : *3e personne du pluriel*
3. ▸ couvrir : *2e personne du singulier*
4. ▸ anéantir : *3e personne du singulier*
5. ▸ manier : *1re personne du pluriel*
6. ▸ nourrir : *2e personne du pluriel*

Si tu n'as pas fait d'erreurs, tu pourras lire verticalement, dans les cases jaunes, un verbe à l'infinitif. Écris ensuite une phrase avec ce verbe.

10. Recopie ces verbes conjugués et indique le temps de chacun d'eux.

j'avais gagné - il fut tombé - nous avons pris - vous serez partis - ils ont mangé - tu es venue - ils eurent fini - vous étiez sorties - j'aurai placé - elle a changé.

11. Indique, pour chaque verbe, avec quel auxiliaire tu le conjugueras au passé composé (*être* ou *avoir*).

- Crier très fort.
- Mettre un CD.
- Arriver tôt.
- Tendre l'oreille.
- Dormir sous la tente.
- Rentrer de vacances.
- Raccourcir le trajet.
- Sourire à ses amis.

12. Écris les phrases au passé composé.

- Olivier fait de la radio sur une grande station nationale.
- Les auditeurs écoutent avec attention ce message d'alerte météorologique.
- Mes parents descendent écouter la radio dans la cuisine.
- Cet animateur mène vraiment très bien cette émission de jeux.
- Nous aimons beaucoup cette nouvelle émission de musique.

13. Qui a parlé ? Laure ou Jordan ?

a) Je me suis souvenue de ma première année de maternelle.
b) J'étais sorti par la porte de derrière.
c) Je suis revenu vous voir.
d) Je serai restée après les cours.
e) Je suis retournée à la piscine.
f) J'étais retombé sur mon genou blessé.

14. Écris les phrases aux trois personnes de l'impératif.

- Prendre un pull.
- Obéir au professeur.
- Saisir le ballon pour qu'il ne touche pas le sol.
- Souhaiter un bon anniversaire à l'oncle Joël.
- Se laver les mains avant de passer à table.

15. Écris les phrases en conjuguant les verbes entre parenthèses au présent de l'indicatif ou au présent du subjonctif.

- Il faudrait que tu *(fleurir)* la table pour le repas d'anniversaire.
- La table que tu *(fleurir)* en l'honneur de tes parents est magnifique.
- Les couleurs que vous *(prendre)* sont beaucoup trop claires.
- Il vaut mieux que vous *(prendre)* des couleurs plus foncées.
- Je préfère que nous *(faire)* nous-mêmes la pâte à tarte.
- La pâte à tarte que nous *(faire)* est meilleure.
- Il faut que j'*(aller)* aider mon père dans le jardin.

Synthèse

16. Écris les phrases en conjuguant les verbes entre parenthèses au futur simple ou au présent du conditionnel.

• Si je sortais me promener dans le parc, tu *(pouvoir)* venir avec moi.
• Quand ton chien rapportera le bâton, tu le *(féliciter)*.
• Si le zèbre courait plus vite, il *(être)* moins vulnérable.
• Si le labrador était dressé, il *(devenir)* chien d'aveugle.
• Quand tu accompagneras ton petit frère à l'école, tu *(penser)* à lui donner la main.

17. Recopie et complète les phrases avec des pronoms réfléchis.

• Je …'arrache les cheveux à essayer de t'expliquer cette leçon !
• Maud …'impatiente et ne va pas tarder à …'en aller.
• Demain, nous … dépêcherons pour ne pas arriver en retard.
• Tu …'assieds toujours au même endroit dans la salle de dessin.
• Rendormez-…, ce n'est pas encore l'heure !
• Pourquoi ne … lèvent-ils pas en même temps que les autres ?

18. Écris les phrases en conjuguant les verbes aux temps qui conviennent.

• Quand tu auras réparé ta roue, tu *(pouvoir)* aller faire un tour de VTT avec tes amis.
• Le troupeau d'éléphants repart dès qu'il *(boire)* au point d'eau.
• Lorsqu'il *(neiger)*, nous sortions faire une promenade à raquettes.
• Fera-t-il un jardin potager quand il *(acheter)* une maison à la campagne ?
• Lorsque vous *(partir)*, pourrons-nous nous occuper de votre maison ?

19. Écris les phrases en conjuguant les verbes aux temps qui conviennent.

• Depuis qu'il a été réprimandé, il *(être)* beaucoup plus attentif en classe.
• Si le chauffage tombe en panne, le réparateur *(passer)* dans la journée.
• Si tu *(chanter)* mieux, tu pourrais faire partie de la chorale.
• Lorsque tu auras mangé, tu *(aller)* chez ton ami Steven.
• Quand vous *(terminer)* la séance de sport, vous prenez un goûter.

 20. Recopie tous les verbes de ce texte. Indique leur infinitif, leur groupe, leur temps et leur personne.

« Elle est belle, notre cité, non ? lança Rémi en doublant Yoram.
– Elle est unique, affirma Yoram qui accéléra.
– Hé, attendez-moi ! », protesta Nadia.
Rémi, Nadia, Yoram, ces trois-là étaient inséparables. Partout ça sentait le printemps et, du haut de leurs bicyclettes, ils en prenaient plein leurs poumons.
« On t'offre des bonbons, d'accord ? »

P. Védère-d'Auria, *Un samedi en enfer*, Les p'tits policiers, Magnard.

 21. Recopie tous les verbes de ce texte. Indique leur infinitif, leur groupe, leur temps et leur personne.

Patrick O'Donnell n'aimait pas qu'on lui résiste. Hommes ou bêtes lui devaient allégeance. J'ai dit combien il effrayait sa famille et les gens qui travaillaient pour lui. Mais Golden Clover tenait tête au vieil homme qui en vint à s'exaspérer.
– Tu sais qui je suis ? Tu sais que j'ai le droit de vie et de mort sur ta sale carcasse ? Tu m'entends, Clover ?
L'étalon le fixait.

J. F. Chabas, *Trèfle d'or*, Casterman.

Orthographe

Les **mots invariables**

Les **adverbes**, les **prépositions** et les **conjonctions** sont des mots invariables. Beaucoup sont très utilisés. Il est donc indispensable de connaître leur orthographe.

Un grand nombre d'adverbes de manière sont formés en ajoutant le **suffixe** « **ment** » au féminin de l'adjectif.

Exemples : lente ▸ lente**ment** ; gaie ▸ gaie**ment** ; nette ▸ nette**ment**.

Attention cependant à certaines difficultés !
Adjectif en **ent** ▸ adverbe en **emment** : prud**ent** ▸ prud**emment**.
Adjectif en **ant** ▸ adverbe en **amment** : indépend**ant** ▸ indépend**amment**.

afin de	avec	déjà	hier	néanmoins	puisque	tard
ailleurs	beaucoup	demain	hors	or	quand	tellement
ainsi	bien	depuis	ici	parce que	que	tôt
alors	bientôt	dès que	jadis	parfois	quelquefois	toujours
après	car	désormais	jamais	parmi	rien	tout à coup
assez	cependant	devant	jusque	partout	sans	toutefois
à travers	certes	donc	jusqu'à	pas	sauf	très
au-dessous	chaque	dont	là-bas	pendant	selon	trop
au-dessus	chez	dorénavant	la plupart	peut-être	si	vain
aujourd'hui	combien	durant	loin	plus	sinon	vers
auparavant	comme	enfin	longtemps	plusieurs	sitôt	vite
auprès	contre	ensuite	lorsque	plutôt	soudain	voici
aussi	d'abord	entre	maintenant	pour	souvent	voilà
aussitôt	dans	envers	mais	pourquoi	sur	volontiers
autant	davantage	et	malgré	pourtant	surtout	
autour	debout	exprès	mieux	pourvu que	tandis que	
autrefois	dedans	guère	moins	près	tant	
avant	dehors	hélas	naguère	presque	tantôt	

1. *Recopie et complète le texte avec les mots invariables suivants* : patiemment – pourtant – très – plus – toujours – d'ailleurs – enfin – alors – selon – souvent.

Comme … , Aliéna avait le plus … trouvé … rapidement la bonne réponse. … , elle attendait … que les garçons s'expriment. … , ils ne s'en privaient pas : les réponses fusaient, toutes … fantaisistes les unes que les autres. … , au bout d'un long moment, le silence se faisait. On se tournait … vers Aliéna et c'était ce grand diable de Dexter qui demandait avec un sourire :
– Aliéna, … toi, c'est quoi la réponse ?

2. *Recopie et complète le texte avec les mots invariables suivants* : mais – certes – donc – pas – finalement – peu – au moins – soudain – très – sur.

Ils discutèrent, marchandèrent, et … s'accordèrent. Le loup signa le pacte d'une goutte de sang. [...] Fluthdezut se sentit … rassuré. … , cette journée … terre n'était pas une grande réussite, … , … , elle n'était … un échec total. Il avait obtenu une signature, fût-elle celle d'un loup. Pour un … , il se serait félicité. C'est … … fier de lui qu'il prit congé.

K. Griffin, *Fluthdezut, un diable parmi nous*, Hatier.

Écrire la **fin des noms** (1)

1. Les **noms masculins** terminés par le son [j] s'écrivent **ail**, **eil**, **euil** ou **ouil**.
Les **noms féminins** s'écrivent **aille**, **eille**, **euille** ou **ouille**.
Exemples: un dét**ail**, une méd**aille**, un rév**eil**, une bout**eille**.

Attention aux irrégularités!
– les noms masculins formés à partir du nom **feuille** prennent **deux l**. ▸ un porte**feuille**.
– derrière un **c** ou un **g**, on écrit **ueil** au lieu de **euil**. ▸ l'org**ueil**.

2. Les **noms féminins** terminés par le son [waʀ] s'écrivent **oire**. ▸ une pass**oire**.
Les **noms masculins** s'écrivent le plus souvent **oir**. ▸ un mir**oir**.
Mais il y a de nombreuses exceptions. ▸ un laborat**oire**.

---

1. *Recopie les phrases et complète les noms avec le son* [j].

• Du Japon, Esther a rapporté un très joli évent… et une paire de boucles d'or… .
• Cet artisan répare un vitr… de l'église. Il fait des merv… et réalise vraiment un très joli trav… .
• Un dét… intrigua la patr… de police : de la p… couvrait le s… de la maison.
• Le capitaine expliquait : « Cet appar… permet de faire réagir très vite le gouvern… si vous apercevez tardivement des éc… . Pour la navigation côtière, c'est un progrès de t… ! »

2. *Recopie et complète les noms avec le son* [j].

un épouvant… - le sol… - un acc… - des victu… - la vol… - l'org… - la ferr… - une citr… - un r… - la pag… - un chevr… - le chèvref… .

3. *Recopie les phrases et complète les noms avec le son* [waʀ].

• Chaque s…, après avoir profité de sa baign…, Élise ouvre l'arm…, prend son peign… et l'enfile. Elle s'assoit ensuite devant son mir…, attrape un peigne dans le tir… de la commode et se coiffe longuement.
• Hector et Malcom se rendent à la patin… dans l'esp… d'assister à la vict… de leur équipe de hockey préférée. Au milieu de la foule, ils patientent sur le trott…, avant de gagner les gradins en empruntant un long coul… .

4. *Recopie et complète les noms avec le son* [waʀ]. *Si tu hésites, tu peux t'aider du dictionnaire.*

un laborat… - un interrogat… - une hist… - une écum… - un access… - la mém… - la gl… - un ras… - un perch… - un réfect… - un dort… - une balanç… - une nage… - le sav… - un isol… - un arros… - l'iv… - un répert… - une traject… .

À **TOI** DE JOUER…

5. Ces dictons sont totalement fantaisistes ! À ton tour, en utilisant des noms en *ail*, *eil*, *euil* ou *oir*, invente quelques dictons amusants.

Exemples:

• Pour boucher un *couloir*, pas besoin d'un *entonnoir* !
• *Soleil* dans l'*oreille* en janvier, *groseille* sous l'*orteil* en février.

MOTS **À RETENIR**

un épouvantail - un détail - un œil - l'orgueil - un accueil - un recueil - un orteil - la ferraille - une entaille - un abreuvoir - un bougeoir - un accessoire - une nageoire - un observatoire - un territoire - un hachoir - un devoir - une balançoire - un laboratoire - un interrogatoire.

Écrire la **fin des noms** (2)

1. Les **noms féminins** terminés par le son [e] s'écrivent **ée**, sauf la **clé** (ou **clef**).
Exemples : une journ**ée**, une entr**ée**.

2. Les **noms féminins** terminés par les sons [te] ou [tje] s'écrivent **é**.
Ils ne prennent pas de **e**.
Exemples : la possibilit**é**, l'amiti**é**.
Exceptions : la mont**ée**, la port**ée**, la jet**ée**, la dict**ée**, la pât**ée** et les noms indiquant un contenu, comme l'assiett**ée**.

3. Les **noms féminins** terminés par le son [i] s'écrivent **ie**.
Exemples : la géométr**ie**, la géograph**ie**.
Exceptions : la fourm**i**, la breb**is**, la sour**is**, la nu**it**, la perdr**ix**.

4. Les **noms masculins** terminés par le son [e] s'écrivent **é** ou **er**.
Exemples : un défil**é**, un méti**er**.
Exceptions : un mus**ée**, un lyc**ée**, un pygm**ée**, un mausol**ée**, un scarab**ée**.

5. Les **noms masculins** terminés par le son [i] s'écrivent **i**, **is**, **it**, **il**, etc.
Pour choisir la terminaison correcte, on peut s'aider d'un mot de la même famille.
Exemples : le mar**i**, un am**i**, mais aussi un perm**is** (la permission), un fus**il** (une fusillade), le déb**it** (débiter).
Attention : un génie, un parapluie, un sosie…

---

1. Remplace chaque nom par un nom féminin de la même famille contenant le son [e].

Exemple : une gorge ▶ une gorgée.

un soir - une cuiller - une maison - une bouche - un four - une table - un tour - un bras.

2. Remplace chaque adjectif qualificatif par le nom dérivé.

Exemple : un beau bijou ▶ la beauté d'un bijou.

- un désert immense
- une cave humide
- un caractère anxieux
- un acteur intrépide
- un artisan habile
- une consigne claire
- un homme fier
- une pièce sonore
- une voix grave
- un enfant naïf

3. Écris le nom masculin correspondant à chaque verbe.

défiler - énoncer - traiter - tracer - paver - exposer.

4. Recopie les phrases et complète les noms avec les sons [e] ou [te].

- Le chien se jette sur sa pât… avec voracit… .
- Ce chanteur jouit d'une renomm… internationale.
- Nous faisons une grande flamb… dans la chemin… .
- Il faut traiter les animaux avec humanit… .
- Le musicien écrit les notes sur la port… .
- « Libert… , Égalit… , Fraternit… » est la devise de la République française.

5. Recopie les phrases et complète les noms avec les sons [e], [te] ou [tje].

- Le renard se tapit dans les fourr… .
- Chris et moi n'habitons pas le même quarti… .
- Le soir, nous nous asseyons sur le canap… .
- Antonin étudie au lyc… .
- Sur le march… , les maraîch… vendent leurs légumes.

6. Écris le nom féminin en [i] correspondant à chaque adjectif qualificatif.

monotone - étourdi - énergique - coquet - fou - soyeux - bizarre - économe - myope - moqueur - harmonieux - sympathique - plaisant.

7. Recopie les phrases et complète les noms avec le son [i].

• Ce bijou n'est pas précieux ; c'est un bijou de fantais... .
• L'équipe de basket d'Agen a subi une sér... de défaites.
• Le lait de la breb... sert à faire d'excellents fromages.
• Le chien rapporte une perdr... grise au chasseur.
• Cette minuscule fourm... porte une énorme miette de pain.
• Lison a beaucoup de sympath... pour Chloé.
• Nous attendons la sort... du prochain film de Walt Disney.

8. Trouve un mot de la famille de chaque nom pour justifier la dernière lettre.

un outil - un avis - un écrit - du persil - le vernis - un édit - le babil.

9. Recopie les phrases et complète les noms avec le son [i].

• Mon livre de chevet est le réc... des voyages de grands aventuriers.
• Les estivants se mettent à l'abr... car la pluie se met à tomber.
• Mon chien adore se coucher sur le tap... du salon.
• Robin paraît avoir un gros souc... .
• Léo est comm... chez un boucher ; son frère Périg est apprent... plombier.
• Manon a fait le par... avec Reine qu'au cross elle arriverait avant elle.

10. Cherche les mots dans le dictionnaire et utilise chacun d'eux dans une phrase.

un cliché - un trophée - un traité - un damier - un communiqué.

11. Recopie les phrases et complète les mots inachevés.

• Au mariage de Tiphaine et Loïc, des petits sacs de drag... remplissaient un pani... en osi... .
• Mon voisin est le sos... parfait d'un acteur américain.
• À mar... basse, nous allons à la pêche aux coquillages.
• Nous avons été invités à une soir... dans une superbe propriét... .
• Son échec à l'examen lui a causé un gros dép... .
• Nos pieds sont mouillés à cause de l'humidit... de la nuit.

À TOI DE JOUER...

12. Retrouve, dans la grille, onze noms d'arbres (ou arbustes) fruitiers.
Tu peux t'aider du dictionnaire.

C	O	C	O	T	I	E	R	U	L
O	R	A	N	G	E	R	S	V	P
G	M	I	O	R	F	P	V	E	O
N	U	B	D	E	M	R	A	C	I
A	R	M	A	N	G	U	I	E	R
S	I	S	T	A	L	N	R	R	I
S	E	R	T	D	J	I	L	I	E
I	R	B	I	I	K	E	W	S	R
E	X	C	E	E	O	R	A	I	R
R	T	I	R	R	L	P	H	E	S
A	V	O	C	A	T	I	E	R	F

MOTS À RETENIR

l'anxiété - une assemblée - un canapé - la coquetterie - le danger - la démocratie - un échassier - un étrier - le gré - l'habileté - l'harmonie - un incendie - une indemnité - un lycée - la naïveté - une odyssée - un péril - un préavis - la renommée - un scarabée.

Écrire la **fin des noms** (3)

1. Beaucoup de noms terminés par le son [o] s'écrivent **eau**. ▶ un chât**eau**.
Mais on trouve aussi de nombreuses autres terminaisons : **au**, **o**, **ot**, **os**, **op**, **oc**.
Exemples : un tuy**au**, un lavab**o**, le tr**ot**, le d**os**, tr**op**, un escr**oc**.

2. Les **noms féminins** terminés par le son [u] s'écrivent **oue**, sauf la t**oux**.

3. Les **noms masculins** terminés par le son [wa] s'écrivent souvent **ois** ou **oi**
▶ un p**ois**, un r**oi**.

Les **noms féminins** terminés par le son [wa] s'écrivent souvent **oie**. ▶ la j**oie**.

4. Les **noms féminins** terminés par le son [y] s'écrivent **ue**, sauf la br**u**, la gl**u**, la vert**u**, la trib**u**.

Pour toutes ces terminaisons, il existe des exceptions.
On peut alors retrouver la lettre finale en cherchant un mot de la même famille.
En cas de doute, il est préférable de consulter le dictionnaire.

1. Écris et complète les noms avec eau ou au. Tu peux utiliser ton dictionnaire.

un pinc… - un cout… - un land… - un tuy… - un mant… - un boy… - le caniv… - un lionc… - un flé… - un escab… - un laper… - un noy… - le pré… - un ét… - un drap… - un v… - le cerv… - un esquim… - un faisc… - un pann…

2. Écris les phrases et complète les mots avec le son [o]. (Attention aux accords !)

• Mon oncle Adrien habite un ham… de quatre ou cinq maisons.
• Pour le 14 juillet, les enfants du village participent à une retraite aux flamb… .
• Vincent a apporté en classe deux grenouilles, des têtards et un crap… .
• Ce midi, le repas se composait d'artich… , de v… et de prun… .
• Lorsque l'on fait du camping, il est bien pratique d'avoir un petit réch… .
• Le bijoutier a enfin vendu ces splendides joy… .
• Le pépiniériste a planté plusieurs arbriss… au fond de notre jardin.
• Le blair… est un animal carnivore à la fourrure épaisse.

3. Trouve un mot de la famille de chaque nom pour justifier la dernière lettre.

un rabot - un sanglot - un pot - le repos - le dos - le galop - un gigot - un abricot - un escroc - un tricot.

4. Recopie et complète les noms avec le son [o]. (Attention aux accords !)

• un tri… de musiciens
• le goul… de la bouteille
• le studi… d'enregistrement
• le hubl… d'une cabine de bat…
• un hér… de bandes dessinées
• un hal… de lumière
• un cage… d'abric…
• le cal… du militaire
• les imp… locaux
• le tr… du cheval
• le rab… du menuisier

5. Trouve les noms terminés par le son [u] dont ces mots sont dérivés.

dégoûter - boueux - verrouiller - épouser - caoutchouteux - écrouer - clouer - caillouteux - coûteux - courroucé.

6. Écris les phrases et complète les noms avec le son [u].

- En Bretagne, on joue d'un instrument qui s'appelle le bini… .
- Jérôme et Thomas sont rentrés du rugby tout couvert de b… .
- La pr… du navire se situe à l'avant.
- Charlotte fait la m… car elle n'a pas apprécié le comportement de sa sœur.
- Le docteur a pris le p… de son patient car il a une t… grasse et semble fiévreux.
- Mamy est la seule à savoir préparer un tel rag… .
- La table de Noël a été décorée avec du h… .

7. Recopie et complète chaque phrase avec l'homonyme qui convient :

poids – pois – poix.

- J'adore la purée de… cassés.
- Au Moyen Âge, les soldats lançaient de la … par les mâchicoulis.
- L'athlète allemand a lancé le … à plus de huit mètres.

foi – Foix – foie – fois.

- Pour les fêtes de fin d'année, le … gras est un mets très prisé.
- … est une ville du département de l'Ariège.
- Je m'y suis repris à plusieurs … avant d'y arriver.
- Arthur était de bonne … mais je ne l'ai pas cru ; c'est un peu bête de ma part !

8. Écris les noms féminins terminés par *ue* correspondant à ces verbes.

venir - étendre - tenir - battre - entrevoir - décroître - voir - fondre - retenir - muer.

MOTS À RETENIR

un assaut - le caoutchouc - un chamois - la cohue - un crapaud - le doigt - une entrevue - un époux - un escroc - le galop - le héros - un inconnu - un noyau - le pouls - la proue - un refus - le ruisseau - un studio - le talus - une verrue.

---

9. Fais une phrase avec chaque mot.

le houx - la houe - une proie - un détroit - un hublot - la cohue.

10. Recopie et complète les noms avec le son [y]. *Tu peux utiliser ton dictionnaire.*

le ref… - la mor… - la gl… - un intr… - un sal… - la br… - une verr… - le tal… - une sangs… - la trib… - l'attrib… - le conten… - une lait… - une mass… - le dess… - une aven… - un éc… - le refl… - une iss… - la vert… .

À TOI DE JOUER…

11. Reproduis la grille de mots fléchés. Complète-la à l'aide des noms correspondant aux définitions. Ils se terminent tous par le son [o].

Avec les lettres des cases jaunes, tu pourras écrire un autre nom terminé par le son [o].

1. ▶ Sorte d'échelle en deux parties.
2. ▶ Partie centrale de certains fruits.
3. ▶ Vêtement fait avec de la laine.
4. ▶ Véhicule muni de patins, utilisé pour se déplacer sur la neige.
5. ▶ Mollusque herbivore à coquille et à cornes rétractiles.
6. ▶ … d'arrosage, par exemple.
7. ▶ Appareil muni de robinets que l'on trouve dans la salle de bains.

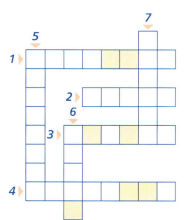

Homonymies (1)

- on / ont – son / sont – à / a – et / est – ou / où – se / ce – ces / ses – mais / mes

1. on est un **pronom personnel**. On peut le remplacer par **il**.
ont est le verbe **avoir** conjugué. On peut le remplacer par **avaient**.

2. son est un **adjectif possessif**. On peut le remplacer par **ses**.
sont est le verbe **être** conjugué. On peut le remplacer par **étaient**.

3. à est une **préposition**.
a est le verbe **avoir** conjugué. On peut le remplacer par **avait**.

4. et est une **conjonction de coordination**. On peut la remplacer par **et puis**.
est est le verbe **être** conjugué. On peut le remplacer par **était**.

5. ou est une **conjonction de coordination**. On peut la remplacer par **ou bien**.
où est un **adverbe** ou un **pronom relatif**. Il indique un lieu, une date, un moment.

6. se est un **pronom** placé devant un verbe. On peut le remplacer par **me** ou **te**.
ce est le plus souvent un **déterminant** placé devant un nom ou un adjectif.
On peut alors le remplacer par **ces**.

7. ces est un **déterminant** démonstratif, pluriel de **ce**, **cet** ou **cette**.
ses est un **déterminant** possessif, pluriel de **son** ou **sa**.

8. mais est une **conjonction de coordination**. On peut la remplacer par **pourtant**.
mes est un **déterminant** possessif, pluriel de **mon** ou **ma**.

1. *Recopie et complète les phrases avec* ***on*** *ou* ***ont****.*

- Les oiseaux … pris leurs quartiers d'hiver dans le Sud.
- … ne fait plus aucune recherche en ce qui concerne ces petits moineaux. … connaît déjà tout sur leur mode de vie.
- À l'automne, … aime bien regarder les oies qui … un vol majestueux.
- Chaque année, … a hâte d'entendre le coucou : c'est le signe que le printemps est tout proche.
- Les hirondelles … fait leur nid sous le toit de la grange. … entend leurs pépiements de très loin.
- … ne sait pas faire la différence entre un canard et une cane ; pourtant, ils n'… pas du tout la même couleur de plumes.

2. *Recopie et complète les phrases avec* ***a*** *ou* ***à****.*

L'autobus est … l'arrêt. Les gens s'engouffrent … l'intérieur. Reda … trouvé une place près de la fenêtre. Une personne âgée monte … son tour mais elle n'… pas de place. Le jeune garçon lui propose :
« Voulez-vous vous asseoir … ma place, Madame ?
– Vous êtes bien aimable, jeune homme, mais et vous ?
– Je vais rester debout … côté de vous ; je ne vais pas loin, seulement … la gare pour prendre mon train. »
Reda … le sourire ; il est ravi d'avoir permis … cette vieille dame de voyager dans de meilleures conditions.

3. Recopie et complète le texte avec *son* ou *sont*.

Le roi et ... escorte ... arrivés en vue du château. Le pont-levis s'est abaissé et les lourdes grilles se ... relevées. Quand le roi a fait ... entrée, les musiciens se ... rassemblés dans la cour et ont entonné un hymne de bienvenue. Le roi est descendu de ... carrosse. Le seigneur Roger et ses chevaliers se ... avancés et ont présenté leurs hommages au monarque. Ils se ... avancés tous chacun leur tour. Le roi avait revêtu ... plus bel habit et ... allure impressionnait toujours ses loyaux sujets.

4. Recopie et complète le texte avec *et* ou *est*.

Il ... midi ... le train de Nicolas n'... toujours pas arrivé. Ses parents l'attendent sur le quai ... commencent à s'inquiéter un peu. C'... la première fois que Nicolas part seul sans eux, alors la séparation ... un peu difficile. Sa maman ... impatiente de le serrer dans ses bras ... de l'embrasser tendrement. Enfin, on aperçoit le train qui entre en gare. Nicolas ... bien là ... il descend rapidement dès l'arrêt complet. Quelles retrouvailles !

5. Recopie et complète les phrases avec *ou* ou *où*.

- ... se cache le papillon ?
- Que faire après le repas ? Regarder la télévision ... jouer à un jeu de société ?
- La maison ... nous avions passé toutes nos vacances d'été a été vendue.
- ... les ballons s'envolent-ils ?
- Je mangerais bien des fraises ... des framboises ; sont-elles mûres ... encore un peu vertes ?
- Il est terminé le temps ... Mélanie faisait ses devoirs en dix minutes.
- L'électricien ... son apprenti doivent passer dans cette maison ... les travaux sont commencés depuis longtemps.
- Thomas ne sait pas ... est passé son chat. Est-il dans le grenier ... à la cave ?

6. Recopie et complète les phrases avec *ce* ou *se* ; *ces* ou *ses*.

- ... travail me semble de très bonne qualité.
- ... vallées sont peu encaissées.
- Lucas a bien rangé ... jouets dans sa chambre.
- Tugay ... promène en compagnie de ... amis au bord de la Loire. Il faut faire attention car ... fleuve est très dangereux avec ... bancs de sable.
- ... champion automobile ... prépare seul dans sa caravane : il... concentre sur sa course.
- Il faudrait arracher ... mauvaises herbes, sinon le jardin va en être envahi.
- Benjamin ... tient à l'écart parce qu'il a peur de ... chien.
- Yohan a retrouvé ... amis pour faire une partie de football.

7. Recopie et complète les phrases avec *mais* ou *mes*.

- ... parents ne sont pas là ... ce n'est pas pour cela que j'ai le droit de rester seul à la maison.
- ... amis sont venus me rendre une petite visite, ... je n'étais pas là.
- Je ne crois pas que ... calculs soient justes.
- Le vent se lève ... la pluie n'est toujours pas arrivée.
- Je n'ai pas retrouvé ... rollers, pourtant je les avais bien rangés.
- « ... tomates sont bien rouges ... pas très grosses », dit le jardinier.
- ... frères et sœurs s'accordent à dire que je suis énervant.

MOTS À RETENIR

apercevoir - apparaître - appartenir - appuyer - s'asseoir - un carrosse - connaître - un écart - une écorce - s'engouffrer - un ennemi - un hommage - un hymne - impressionner - majestueux - un pépiement - une ressource - des retrouvailles - la société - une symphonie.

Homonymies (2)

• s'est / c'est – si / s'y – dans / d'en – sans / s'en

1. s'est / c'est
s'est est toujours suivi d'un participe passé ; il fait partie de la conjugaison d'un verbe pronominal. ▶ Il **s'est** levé tôt (se lever).
On peut le remplacer par : je **me suis** levé tôt, tu **t'es** levé tôt.
c'est a le sens de **cela est**.
Il est suivi d'un groupe nominal, d'un pronom ou d'un adjectif qualificatif.
▶ **C'est** déjà le printemps. Que **c'est** beau !

2. si / s'y
si peut signifier : – oui ▶ **Si**, c'est à moi !
– à condition que ▶ **Si** tu sors, chausse-toi.
– tellement ▶ Il fait **si** beau.
s'y se place devant un verbe et peut être remplacé dans la conjugaison par **m'y**, **t'y**.
▶ Il **s'y** retrouve. Je **m'y** retrouve. Tu **t'y** retrouves.

3. dans / d'en
dans est une préposition qui signifie « à l'intérieur de » ; elle introduit un nom ou un groupe nominal. ▶ J'ai versé trop de poivre **dans** la soupe.
d'en remplace « de en » et ne se trouve jamais devant un nom.
▶ Je t'interdis **d'en** reprendre.

4. sans / s'en
sans est une préposition qui signifie « pas de ». ▶ C'est une tarte **sans** sucre.
s'en peut être remplacé par **m'en**, **t'en** dans la conjugaison du verbe qui le suit.
▶ Il **s'en** ressert une part. Je **m'en** ressers, tu **t'en** ressers.

---

1. Transforme les phrases selon l'exemple.
Exemple : Le coureur s'élance.
  ▶ *Le coureur s'est élancé.*
- Un adversaire s'empare du frisbee.
- Un ULM s'envole dans un grand bruit.
- Le vocabulaire d'Adrien s'enrichit.
- Il se moque de son accent méridional.
- Elle s'entend très bien avec son amie.
- Le fauve se dissimule dans les hautes herbes de la savane.

2. Conjugue les verbes au présent de l'indicatif.
s'y baigner - s'y rendre - s'y accrocher.

3. Recopie et complète les phrases avec c'est ou s'est.
- … à Paris que ce chanteur … produit pour la première fois.
- Victorien … moqué de Paula ; … une attitude bien regrettable.
- … au printemps que la nature reverdit.
- … dans la nuit que le catamaran … échoué sur le rivage.
- L'équipe des Nîmois … fait battre ; … son plus mauvais match.

4. Conjugue les verbes au présent de l'indicatif.
s'en approcher - s'en éloigner - s'en réjouir.

5. Recopie et complète les phrases avec sans ou s'en. *(Après s'en, écris entre parenthèses le verbe pronominal à l'infinitif.)*
Exemple : Il s'en doutait. (se douter)
- Valentine apprend … comprendre.
- … lumière, les plantes perdent leur couleur.
- Le fauve tua sa proie, la dévora et … alla ; … plus attendre, les vautours … emparèrent.
- Benoît trace ses traits … règle ; le professeur de mathématiques … aperçoit.
- Thibaut a démarré le tournoi de badminton … s'échauffer ; il … remet difficilement.
- … ton avis, je ne prendrai pas de décision.

6. Écris les phrases à la 3e personne du singulier.
- Tu es si grand que tu dois sans cesse te baisser.
- J'apprécie le cirque ; je m'y rends souvent.
- Nous avons si chaud que nous refusons de bouger.
- Je ne sais vraiment pas si je serai à l'heure au rendez-vous.
- Tu parles si doucement qu'on ne t'entend pas.
- Vous allez parfois en Italie ; vous vous y plaisez beaucoup.

7. Recopie et complète les phrases avec si ou s'y. *(Après s'y, écris entre parenthèses le verbe pronominal à l'infinitif.)*
Exemple : Les rochers sont si hauts que les vagues s'y brisent. (se briser)
- Le gazon est … doux qu'il … allonge.
- Le renard court dans les fourrés et … tapit.
- … tu pars trop vite et … tu t'essouffles, tu ne termineras pas ta course.
- Ces plaines sont … vastes que de nombreuses armées … sont battues.
- Et … nous lui téléphonions ?
- Les pommes sont … chères que j'hésite à en acheter.

8. Écris une phrase avec :
- dans + un groupe nominal masculin singulier.
- d'en + un verbe du 2e groupe.

9. Recopie et complète les phrases avec dans ou d'en.
- J'ai retrouvé cette vieille guitare … le grenier, mais il est impossible … jouer.
- … ce village montagnard, les chalets … haut sont les plus ensoleillés.
- Élodie aime les jolies comptines ; elle rêve … écrire pour les enfants.
- … quel journal as-tu lu cela ?
- L'eau monte … le sous-sol ; il est urgent … pomper une partie.
- L'an dernier, j'ai cueilli beaucoup de cèpes … cette forêt ; je suis quasiment sûre … trouver de nouveau cet automne.

À TOI DE JOUER…

10. Rébus.

MOTS À RETENIR

apprécier - un cèpe - un chalet - une chorale - une comptine - une décision - difficilement - dissimuler - s'échauffer - s'emparer - s'essouffler - des fourrés - le gazon - longtemps - produire - quasiment - une sapinière - sélectionner - suffisamment - vraiment.

Homonymies (3)

• quel(s) / quelle(s) / qu'elle(s) – la / là / l'a – on / on n'

1. quel(s) / quelle(s) / qu'elle(s)

quel est un déterminant exclamatif ou interrogatif, ou bien un pronom.
Exemples : **Quel** courage ! **Quels** voyages avez-vous faits ? **Quelle** est sa spécialité ?
qu'elle est la contraction de « que elle » et peut être remplacé par **qu'il**.
Exemple : Je savais **qu'elle** viendrait. ▸ Je savais **qu'il** viendrait.

2. la / là / l'a

la est un déterminant ou un pronom et peut être remplacé par **le** ou **les**.
Exemple : **La** ville d'Annecy est belle. Je vous conseille de **la** visiter.
   ▸ **Le** village de Roussillon est beau. Je vous conseille de **le** visiter.
là est un adverbe indiquant le plus souvent le lieu, quelquefois le moment.
Exemples : Vous pouvez passer par **là** (ici).
   Nous en reparlerons d'ici **là** (d'ici la prochaine fois).
l'a est le verbe **avoir** précédé du pronom personnel **l'**. On peut le remplacer par **l'avait**.
Attention, avec le sujet tu, on écrit : tu **l'as** ▸ tu **l'avais**.
Exemple : Il **l'a** visité le mois dernier. ▸ Il **l'avait** visité le mois dernier.

3. on / on n'

Devant un verbe commençant par une voyelle, la **négation** peut se confondre avec la **liaison**. Il faut toujours être attentif à la deuxième partie de la négation (**pas**, **plus**…) et vérifier son travail en remplaçant **on** par **il**.
Exemple : **On** ira vous conduire, mais **on n'**attendra **pas** votre retour.
   ▸ **Il** ira vous conduire, mais **il n'**attendra **pas** votre retour.

---

1. Transforme chaque groupe du nom en phrase interrogative en remplaçant *un*, *une* ou *des* par *quel* (*quels*, *quelle*, *quelles*).

Exemple : un bateau ▸ Quel bateau ?

un autobus - une souris - des excuses - une croix - des assiettes - des buissons - une destination - des musées - un sourire - des légumes.

2. Recopie et complète les phrases avec *quel(s)* ou *quelle(s)*.
• … horaire vous convient ?
• … horaires vous conviennent ?
• … places vous conviennent ?
• … place vous convient ?
• Nous ignorons par … moyens il a pu grimper jusqu'ici.

3. Recopie et complète les phrases avec *quel(s)*, *quelle(s)* ou *qu'elle(s)*. Justifie l'emploi de *qu'elle(s)* en écrivant *qu'il(s)* entre parenthèses.
• Je crois … sera la première.
• … fantastique concert !
• … heure est-il, s'il vous plaît ?
• Lucia m'a dit … repasserait tout à l'heure.
• Tu peux prendre n'importe … chaise.
• De … animaux parles-tu ?
• Voici enfin la photo … t'avait promise.
• Je sais … a déménagé, mais j'ignore dans … ville elle s'est installée.
• … était la bonne réponse ?
• … ennui ! Mes sœurs n'ont pas voulu venir, mais je pense … ont bien fait.

4. Recopie et complète les phrases avec la, là ou l'a(s).

- Pierre a pris … casquette de Tom et … posée sur … table.
- Cette histoire-… me semble invraisemblable !
- Tu as ramassé du sable et tu … glissé dans une enveloppe.
- Qui est … ? Oncle Azdine ? Mais pourquoi personne ne me … dit plus tôt ?
- … fleuriste a composé un joli bouquet puis elle … emballé et … déposé dans un seau.

5. Recopie et complète les phrases avec la, là ou l'a(s).

- Cette chatte-… est maligne ! Et quand on … enfin attrapée, il a fallu … placer aussitôt dans un panier d'osier.
- Ce film-… m'a beaucoup plu, mais j'ignore qui … réalisé.
- Tu n'aurais pas dû lui faire cette remarque-… car tu … vexée, elle a pleuré, et on ne savait plus comment … consoler.
- Je resterais bien assis … , à regarder … montagne, à … voir doucement s'enfoncer dans … nuit.

6. Recopie et complète les phrases avec on ou on n'.

- … avait pas pensé que tu viendrais.
- … a écouté les nouvelles à la radio.
- Quand … a fini de lire, … entame la discussion.
- Quand … a vu l'équipe adverse, … a tout de suite compris qu'… avait aucune chance de remporter le match.
- … répondit prudemment car … ignorait ce qu'il voulait.
- Quand … a du temps, … soigne son travail.

7. Sur le modèle proposé, invente une suite afin de composer un petit texte amusant.

Certains jours, on tond les moutons,
Mais jamais, on n'attache nos crampons.
Certains soirs, on répond aux questions.
Mais jamais …

8. Recopie et complète les phrases avec il ou il n'. Écris-les ensuite en remplaçant il par on.

- … attend les résultats du concours.
- … imaginait pas une chose pareille !
- … espère avoir enfin un beau dimanche.
- … achètera pas une console aussi chère.
- … était pas informé de ta décision.

9. Recopie et complète le texte avec quel(s), quelle(s) ou qu'elle(s).

« Martin, … imprudent tu fais ! Tu connais pourtant bien Stacy. Alors, pourquoi vouloir courir plus vite … ? … folie ! Tu pensais … n'était pas entraînée ? … était fatiguée ? Regarde maintenant tes admiratrices. Tu vois la tête … font ? Tu as beau dire que tu ne savais pas … chaussures utiliser sur cette piste, chacun pense que tu cherches n'importe … prétexte pour expliquer ta défaite. Sois beau joueur et va plutôt féliciter Stacy. »

À TOI DE JOUER…

10. Une phrase se cache dans ce message codé ! Sauras-tu la retrouver et la récrire sur ton cahier ?

On peu a nous trouvé rien le sachet code téléphone pour je déchiffrer puis le défi message identité mais il on lac n'artiste a disquette pas rendu découvert métal la bocal cachette agir du fixe collier.

MOTS À RETENIR

un bouquet - un budget - une catastrophe - une courroie - dangereusement - un défi - un dégât - une enveloppe - un génie - un matelas - un orphelin - une paroi - un phénomène - un poney - prudemment - un quai - un résultat - un sosie - un souhait - une sphère.

Le son [j] : ill ou y

Le son [j] s'écrit parfois **ill**.
Exemples : la pa**ill**e, il se mou**ill**e.
Attention ! Dans quelques noms, **ill** est suivi d'un **i**.
Exemples : le joaill**i**er, un groseill**i**er.

Le son [j] s'écrit parfois **y**. Le **y** a alors la valeur de **deux i**.
Le premier **i** se lit avec la voyelle précédente et le second **i** avec la voyelle suivante.
Exemples : un crai-ion ▶ un cra**y**on ; nettoi-ier ▶ netto**y**er.

1. Écris les verbes en y correspondant à ces noms.

un essai - un appui - un ennui - un déploiement - un balai - un convoi - un bégaiement - un emploi.

2. Écris les adjectifs qualificatifs correspondant à ces noms.

Exemple : le roi ▶ royal.

la soie - l'ennui - le bruit - la loi - la joie - l'effroi.

3. Conjugue les verbes aux 1res personnes du singulier et du pluriel du présent de l'indicatif.

envoyer - sommeiller - essuyer - brouiller - tailler - effrayer - appareiller.

4. Recopie les phrases et complète les mots avec ill ou y. (Utilise un dictionnaire si c'est nécessaire.)

- Demain, la mo…enne des températures ne dépassera pas 15 °C.
- Le château de Versa…es fut construit à l'époque de Louis XIV.
- Pour leur clafoutis, Aurélie et Tiphaine déno…autent toutes les prunes.
- Le ravita…ement sera assuré par une équipe de professionnels.
- Les méda…es seront distribuées à l'arrivée.
- Il faut faire son devoir de cito…en : aller voter.
- Une frise éga…ait les murs blancs du salon.
- Les Resec et les Dumas ont construit un mur mito…en entre leurs deux pavillons ; ils ont ensuite pendu la créma…ère ensemble.

5. Conjugue les verbes à la 3e personne du singulier du présent de l'indicatif. Donne ensuite le nom de la même famille.
Exemple : réveiller ▶ il réveille ▶ le réveil.

travailler - tailler - conseiller - fouiller - treuiller - rouiller - détailler - écailler.

6. Cherche les mots dans le dictionnaire et écris une phrase avec chacun d'eux.

relayer - babiller - un raidillon - un rayonnage.

7. Recopie et complète les groupes nominaux avec ill ou y.

- Les ra…ures du papier peint.
- Des gr…ades au feu de bois.
- Le tu…au d'arrosage.
- Une bata…e de polochons.
- Des consonnes et des vo…elles.
- Le pav…on de l'ore…e.
- Des coqu…ages nacrés.
- La chaleur du fo…er.
- Le gru…ère du Jura.
- Une fra…eur mémorable.

MOTS À RETENIR

bâiller - broyer - la bruyère - un conseiller - une crémaillère - le déploiement - effrayant - effroyable - ennuyeux - un fuyard - un groseillier - des haillons - incroyable - mitoyen - moyenne - octroyer - une paillette - piailler - sommeiller - la volaille.

c ou qu – g ou gu

Dans une même famille de mots, les sons [k] et [g] s'écrivent :
- **c** ou **g** devant **a**, **o** et **u** ▸ au**c**un, l'édu**c**ation, un ba**g**age, un dra**g**on.
- **qu** ou **gu** devant **e** et **i** ▸ une é**qu**erre, une **qu**inzaine, une va**gu**e, une **gu**itare.

Attention :
- à certaines **exceptions** ▸ la **qu**alité, un trafi**qu**ant, remar**qu**able, **qu**otidien.
- aux verbes terminés par **quer** ou **guer** qui conservent le **u** dans toute leur conjugaison.
  ▸ nous indi**qu**ons, il indi**qu**ait, nous conju**gu**ons, il conju**gu**ait.

1. *Recopie et complète les mots avec c ou qu.*

un bara…ement - un fé…ulent - la républi…e - la mélan…olie - une co…e - un édu…ateur - des la…unes - le par…et - une ban…e - mes…in - des hari…ots - in…apable.

2. *Recopie et complète les mots avec g ou gu.*

un …ant - un ba…age - une …irlande - un é…out - la lon…eur - une bla…e - un vulcanolo…e - un dra…on - un …age - la ri…eur - la fi…ure.

3. *Recopie les phrases et complète les mots inachevés.*

- La grue déposa déli…atement le …onteneur sur le …ai. La car…aison était précieuse.
- Avec le vent, la cas…ette du …ide s'envolait avec une grande ré…ularité.
- Je suis fati…é de tes ta…ineries …otidiennes. Cela finit par m'an…oisser.
- …inze trafi…ants sont arrêtés dans ce …artier et toute une or…anisation est démas…ée.

MOTS À RETENIR

une application - un brigand - une convocation - critiquable - un discours - un égout - une embuscade - une époque - un fabricant - fatigant - gaiement - un haricot - un igloo - l'irrigation - un navigateur - une quantité - un quartier - la rigueur - un trafiquant - un wagon.

4. *Écris une phrase avec le son* [k] *écrit c et qu, une autre phrase avec le son* [g] *écrit g et gu.*

5. *Recopie et complète les mots.*

avec c ou qu

une bar…e - les va…ances - une embus…ade - comi…e - une épo…e - un …aprice - …atorze - in…alculable - un …adrillage - dé…aper.

avec g ou gu

le lan…age - une mon…olfière - un ma…azine - un ci…are - élé…ant - une …enon - gi…antesque - l'irri…ation - la …itare.

À TOI DE JOUER…

6. *Retrouve les mots qui se cachent sous ces définitions. Ce sont soit des synonymes, soit des paronymes* (des mots qui se ressemblent par la prononciation ▸ une écharde / une écharpe).

1. g ou gu ?
- Céréale.
- Instrument de musique.

2. c ou qu ?
- Moyen de transport collectif.
- La moitié de la moitié.

3. c ou qu ?
- Sommet pointu.
- Sorte de lance.

Nom ou verbe ?

Lorsqu'un **verbe** et un **nom** sont **homonymes**, le **sens** permet de les distinguer.
En cas de doute, on peut repérer le verbe en faisant varier sa personne et son temps.
Exemple : Ton **calcul** est juste. Tania **calcule** (calculera) bien.

L'orthographe du nom et du verbe est souvent différente, sauf pour quelques noms et verbes **homographes** (même orthographe).
Exemple : le **murmure**, il **murmure**.

1. Recopie chaque verbe, puis écris le nom homonyme.

il se réveille - il accueille - elle adresse - il baisse - elle change - il compte - il salue - elle travaille - elle vole - elle emploie.

2. Recopie chaque nom, puis écris le verbe homonyme à la 3ᵉ personne du singulier du présent de l'indicatif.

une aide - un balai - un calcul - la fatigue - un cri - un pari - un rôti - un tri - un éveil - un envoi - le sommeil - le signal - l'éclair.

3. Recopie les phrases en indiquant, après chaque mot en gras, s'il s'agit d'un verbe ou d'un nom.

• Mamy m'**envoie** toujours une carte pour mon anniversaire.
• La sorcière a rangé son **balai** dans le placard.
• Pierre **travaille** d'arrache-pied pour obtenir son diplôme.
• L'**entretien** de la voiture se fait tous les ans ou tous les 15 000 km.
• Cet hiver, il **gèle** tous les matins.
• Les applaudissements font revenir la vedette sur scène pour un dernier **rappel**.
• L'**emploi** du subjonctif n'est pas toujours chose aisée.
• Léa **oublie** souvent de ranger sa chambre.
• Maxime **crie** à tue-tête dès qu'il sort en récréation.
• Alexis **salue** ses camarades de loin ; il les verra tout à l'heure.

4. Recopie les phrases et complète les mots avec *il* ou *ille*.

• Ce matin, le réve… n'a pas sonné.
• L'hôtesse accue… les passagers.
• J'adore ce recue… de poésies.
• Bébé a le somme… léger, il se réve… facilement.
• L'appare… photo numérique permet de récupérer les photographies sur un ordinateur.
• L'accue… fut vraiment excellent.

5. Recopie les phrases et complète les mots si c'est nécessaire.

• Le rôti… de porc rôti… à feu doux.
• Le comte envoi… un pli… au marquis.
• Nous avons fait un envoi… de livres à une classe du Burkina Faso.
• Le blanchisseur pli… les draps avant de les repasser.
• Le jardinier entretien… son jardin avant l'arrivée de l'hiver.
• Il a eu un entretien… pour un nouveau travail….
• En été, le fermier travail… tard le soir.

MOTS À RETENIR

un accueil - il accueille - un convoi - il convoie - un emploi - il emploie - un entretien - il entretient - un exil - il s'exile - un incendie - il incendie - un parcours - il parcourt - un recueil - il recueille - un réveil - il se réveille - un signal - il signale.

Les **noms** et les **adjectifs qualificatifs** terminés par le **son** [œr]

Les **noms** terminés par le son [œr] s'écrivent **eur** ou **œur**.
Exemples : la lent**eur**, le nag**eur**, la s**œur**.
Exceptions : l'h**eure**, la dem**eure**, le b**eurre**, un l**eurre**, un h**eurt**.

Les **adjectifs qualificatifs masculins** s'écrivent **eur**.
Les **adjectifs qualificatifs féminins** s'écrivent **eure**.
Exemples : un meill**eur** devoir, une meill**eure** note.

1. *Écris le nom de métier en eur correspondant à chaque verbe.*

Exemple : sculpter ▶ un sculpteur.

câbler - servir - cultiver - dessiner - couvrir - livrer - carreler.

2. *Écris le nom en eur correspondant à chaque adjectif qualificatif.*

chaud - terrible - épais - effrayé - long - heureux - splendide - odorant.

3. *Recopie les phrases et complète les noms avec le son* [œr].

• La liqu… est un alcool préparé à partir de plantes.
• Sofia n'aime pas monter dans un ascens… .
• La dem… de Manon est cachée par de grands cèdres.
• Son c… bat très vite à la remise des médailles.
• Il se dégage de ce bouquet de fl… une sent… agréable.
• Le pêch… a accroché un l… à son hameçon.
• C'est un grand bonh… de le voir ainsi rire de nouveau.
• En Bretagne, nous consommons du b… salé.

4. *Recopie et complète les groupes nominaux.*

• un étage inféri… ; une qualité inféri… .
• un délit min… ; une faute min… .
• le meill… score ; la meill… réponse.
• un étudiant maj… ; une étudiante maj… .
• un escalier extéri… ; une cheminée extéri… .

5. *Emploie chacun des noms suivants dans une phrase.*

l'empereur - le planeur - l'ampleur - le chœur - supérieur.

6. *Écris les phrases en accordant les adjectifs qualificatifs avec les noms qualifiés.*

• Les peintures intéri… de cette villa sont abîmées.
• Le rendez-vous est remis à une date ultéri… .
• Anaïs a réussi à passer dans la classe supéri… .
• L'ère néolithique est postéri… à l'ère paléolithique.
• Les pattes antéri… du chameau sont attachées pour qu'il ne se sauve pas.

MOTS À RETENIR

ailleurs - antérieur - un apiculteur - un ascenseur - le bonheur - le chœur - le cœur - le collectionneur - l'épaisseur - une erreur - un heurt - un leurre - un malheur - meilleur - un monsieur - plusieurs - la rancœur - un sculpteur - ultérieur - un vainqueur.

Les **préfixes** in, dés, en, trans, ir, il

Pour bien écrire les mots qui commencent par les préfixes **in**, **dés**, **en**, **trans**, **ir**, **il**, il faut penser au **radical**.

Exemples : **in**attendu, formé du mot **attendu** et du préfixe **in**, s'écrit avec **un n**.
innombrable, formé du mot **nombre** et du préfixe **in**, s'écrit avec **deux n**.
déshonorer, formé du mot **honorer** et du préfixe **dés**, s'écrit avec **un h**.

1. *Écris le contraire de chaque mot à l'aide du préfixe in ou im.*

praticable - accessible - interrompu - admissible - espéré - hospitalier - exploré - habituel - buvable - achevé - prévu - attendu.

2. *Écris le contraire de chaque verbe à l'aide du préfixe dés.*

altérer - hériter - approuver - organiser - unir - avantager - orienter - amorcer - accorder.

3. *Recopie et complète chaque phrase en choisissant parmi les adjectifs suivants :*

inséparable – incassable – imperméable – infroissable – insipide – inattendu – indélébile – inexact – incolore.

• Un vêtement qui ne laisse pas passer la pluie est un vêtement … .
• Ce plat n'est pas assez salé, il est … .
• On m'a vendu ces assiettes pour de la vaisselle …, j'espère que c'est vrai.
• Ce vase est … , on voit au travers.
• Vivement que le linge devienne … , comme cela plus besoin de le repasser.

4. *Écris une phrase avec chacun des mots que tu n'as pas utilisés à l'exercice 3.*

5. *Retrouve l'adjectif correspondant à chaque définition en utilisant le préfixe qui convient. Tu peux vérifier l'orthographe dans ton dictionnaire.*

Exemple : qui n'est pas complet ▸ incomplet.

• Qui n'est pas conforme avec la loi.
• Qui ne peut pas être réalisé.
• Qui n'est pas légitime.
• Que l'on ne peut pas lire.
• Qui ne peut pas être décrit.
• Qui n'est pas parfait.
• Que l'on ne peut pas nommer.
• Qui ne peut être cru.

6. *Retrouve le verbe qui correspond à chaque définition en utilisant le préfixe trans.*

• Faire passer d'un navire à un autre.
• Percer de part en part.
• Porter, faire parvenir d'un lieu dans un autre.
• Verser un liquide d'un récipient à l'autre.
• Recopier un écrit sur un autre support.
• Faire passer quelque chose d'une personne à une autre.

MOTS À RETENIR

un désaccord - désarçonner - déshabituer - désherber - déshériter - déshonorer - illégal - imbattable - immérité - inacceptable - inattendu - inexact - inhabituel - inhospitalier - inoccupé - insatiable - irréprochable - transborder - transcrire - translucide.

Orthographe et familles de mots

Si tu hésites sur l'orthographe d'un mot, cherche un mot de la **même famille** que tu sais écrire. Il t'apportera souvent des renseignements importants.
Exemples : un bienfait ▸ un bienfai**teur** ; une sang**sue** ▸ le sang ; un tapi**s** ▸ une tapi**sserie** ; une sci**erie** ▸ sci**er** ; un sau**t** ▸ sau**ter** ; se dé**s**habiller ▸ **h**abiller.

1. Pour chaque mot, cherche un mot de la même famille qui justifiera la lettre en orange.

un rabai**s** - un ta**s** - le goû**t** - un boulange**r** - un éternu**e**ment - un engrai**s** - le boi**s** - un outi**l** - le galo**p** - un bon**h**omme.

2. Pour chaque mot, cherche un mot de la même famille qui justifiera la lettre en orange.

un fusi**l** - le dévou**e**ment - un avi**s** - un alphabe**t** - un accor**d** - un remer**c**iement - le spor**t** - un ran**g** - rec**y**cler - un poin**g** - un réci**t** - une fé**e**rie - s'effor**c**er - un robo**t**.

3. Pour chaque mot, trouve un mot de la même famille contenant les lettres en orange. Écris-les en rouge dans le mot que tu as trouvé.

le respe**ct** - un é**v**entail - une p**en**sée - ma**î**triser - un **c**erceau - la **d**entelle - un aba**tt**age - **horr**ifier - un **p**ansement - un suspe**ct**.

4. Attention, certains mots peuvent être de « faux amis » ! Retrouve le nom à partir duquel chacun des mots suivants est formé.

numéroter - dénoyauter - saluer - la tuyauterie - un souriceau - verglacer - abriter - l'apprentissage.

5. Pour chaque adjectif qualificatif, trouve le nom en ence ou en ance qui lui correspond.

correspondant - indulgent - excellent - patient - intelligent - impuissant - abondant - indifférent - indépendant - imprudent.

6. Écris cinq phrases en utilisant, dans chacune d'elles, un mot de la famille des verbes suivants.

se plaindre - humaniser - manier - débuter - refuser.

À TOI DE JOUER...

7. Retrouve, dans la grille, un mot de la famille de chacun des mots suivants.

pulsation - prophétie - acrobatie - excessif - guetteur - tasser - anisette - draperie - accessible - nommer - permission - affamé - crinière.

A	L	E	P	A	N	I	S
T	A	C	R	F	A	I	M
A	C	R	O	B	A	T	E
S	C	I	P	O	U	L	S
T	E	N	H	N	O	M	A
I	S	O	E	X	C	E	S
G	U	E	T	D	R	A	P
O	N	P	E	R	M	I	S

MOTS À RETENIR

un accident - un accord - un apprentissage - un avis - un écart - un éternuement - un éventail - excellent - le goût - un outil - le poing - un quart - un rabais - un récit - un remerciement - le respect - le retard - le sirop - un suspect - un tas.

Le **nom** : **variation** en **genre** et en **nombre**

Un nom est du genre **masculin** quand il est précédé de **un** ou **le**.
Un nom est du genre **féminin** quand il est précédé de **une** ou **la**.

On forme généralement le **féminin** d'un nom en ajoutant un **e** au nom masculin.
Le féminin de certains noms se forme en transformant la fin du nom masculin.
Exemples :

masculin	coméd**ien**	loup	boulan**ger**	dans**eur**	act**eur**	comt**e**
féminin	coméd**ienne**	louve	boulan**gère**	dans**euse**	act**rice**	comt**esse**

Dans certains cas, le nom féminin est identique au nom masculin (**un** ou **une élève**) ; dans d'autres cas, il est différent (**un homme**, **une femme**).
La transformation **masculin / féminin** ne concerne que les noms représentant des **êtres animés**.

On forme généralement le **pluriel** d'un nom en ajoutant un **s** au nom singulier.
Cas particuliers :

singulier en…	pluriel en …	exeptions
s, **x**, **z**	**s**, **x**, **z**	
eau, **au**, **eu**	**x**	des landau**s**, des bleu**s**, des pneu**s**
al	**aux**	des bal**s**, des carnaval**s**, des chacal**s**, des festival**s**, des récital**s**, des régal**s**
ou	**s**	des bijou**x**, des caillou**x**, des chou**x**, des genou**x**, des hibou**x**, des joujou**x**, des pou**x**
ail	**s**	des bau**x**, des corau**x**, des émau**x**, des soupirau**x**, des travau**x**, des vantau**x**, des vitrau**x**

1. Retrouve, dans le texte, les noms et leurs déterminants, puis classe-les dans un tableau à deux colonnes selon leur genre. *Tu peux t'aider du dictionnaire.*

Fruits venus d'ailleurs
Tu connais peut-être la mangue, les litchis, le kiwi, la grenade mais as-tu déjà goûté à la papaye, au tamarin, aux kumquats, aux arbouses […] ?
Le plus étrange de ces fruits venus d'ailleurs est sans doute le durian, originaire de l'Asie. Gros comme un ballon de rugby, il a une écorce verte hérissée de piquants, ce qui explique son surnom de « hérisson d'arbre ». Sa chair onctueuse se déguste fraîche, râpée, en sirop, en confiture ou même en glace.

M. SAINT-DIZIER, *Histoires à croquer sous la dent*, Hachette Jeunesse.

2. Mets les noms au féminin. *Tu peux t'aider du dictionnaire.*

un roi - un ours - un cheval - un commerçant - un gardien - un passager - un héros - un sportif - un bélier - un aviateur - un singe - un technicien - un campeur - un employé - un dieu - un voisin - un époux - un architecte - un jars - un voyageur.

3. Recopie les phrases en mettant les noms en gras au féminin.

• Au zoo de la Palmyre, j'ai vu un **chameau**, deux **éléphants**, un **tigre**, un **lion** et un **ours**.
• Le **berger** possède deux **chiens** pour rentrer ses **moutons**.
• L'**instituteur** explique la nouvelle leçon à ses **élèves**.

4. Mets les noms au masculin.

une gourmande - une sorcière - une monitrice - une amie - une surveillante - une spectatrice - une laie - une fille - une hase - une fondatrice - une envieuse - une princesse - une marraine - une poule - une copine - une louve - une tante - une nièce - une duchesse - une chèvre.

5. Recopie les noms en les faisant précéder du déterminant correct : un ou une. *Tu peux t'aider du dictionnaire.*

plantule - sépale - orchidée - écrevisse - anémone - après-midi - amphore - otarie - arachide - pistil.

6. Retrouve, dans le texte, les noms et leurs déterminants, puis classe-les dans un tableau à deux colonnes selon leur nombre.

Il y a quelques années, Geoffroy de la Tibaldière nous invita à passer quelques jours dans sa demeure.
C'est ainsi que je découvris le château de Guerpinin et l'étrange collection d'animaux empaillés, naturalisés ou en bocaux qu'il abrite depuis bien longtemps.
Dès notre arrivée, le maître des lieux nous fit visiter son drôle de zoo, nous promenant de pièce en pièce au milieu d'une faune poussiéreuse et docile. Je regardais, fasciné, cet inquiétant empilement de bêtes à plumes, à poils ou à écailles.

C. SEIGNOLLE, M.-C. DELMAS, *Histoires sorcières*, Syros Jeunesse.

7. Recopie et complète chaque phrase avec un des noms suivants et accorde-le si c'est nécessaire.

hibou - drapeau - Indien - éléphant - lieu - bois - animal - bijou - signal.

• Les … flottent au vent.
• Les … de ma grand-mère sont rangés en … sûr.
• Les … hululent le soir au fond des … .
• L'… est un des … les plus lourds au monde.
• Les … envoient des … de fumée pour prévenir du danger.

8. Mets les noms au pluriel.

un pays - un casque - un gâteau - un spectacle - un carnaval - un râteau - un travail - un genou - un amiral - un attirail - un cheveu - un panneau - un landau - un bail - un pieu - un pneu - un sou - un biniou - un chacal - un préau.

9. Mets les noms au singulier.

des soucis - des caporaux - des puits - des loups - des festivals - des neveux - des rails - des peaux - des coraux - des poux - des hiboux - des lieux - des hôpitaux - des soupiraux - des hameaux - des engrais - des noyaux - des noix - des stylos - des canevas.

10. Recopie et complète chaque phrase en accordant, si c'est nécessaire, le nom entre parenthèses. Réfléchis bien au sens du groupe nominal.

Exemple : (fraise) J'adore la tarte aux fraises.

• Le fermier conduit son troupeau de *(vache)* aux champs.
• Émeline construit des châteaux de *(sable)*.
• Antoine a ramassé un panier de *(prune)*.
• À son goûter, Romain est capable de manger plusieurs carrés de *(chocolat)*.
• À chaque fois que nous allons la voir, nous emportons une boîte de *(bonbon)* à Tatie.
• Juliette a cueilli un gros bouquet de *(fleur)* pour sa maman.
• Arthur possède une collection de *(livre)* assez impressionnante.
• La maîtresse a acheté deux paquets de *(farine)* pour faire de la pâte à sel.
• Cette statue en *(pierre)* se dresse sur la place du village depuis de nombreuses années.
• Ces feuilles de *(papier)* sont idéales pour le découpage.

Grammaire
Conjugaison
Orthographe

11. *Recopie les phrases en écrivant les noms en gras au pluriel. Fais les accords nécessaires.*

• Le **conducteur** devra changer le **pneu** qui montre des signes de fatigue.
• Le **pruneau** est un fruit qui facilite le transit intestinal.
• Pour son travail, cet homme d'affaires lit le **journal** tous les matins.
• Le **corail** des îles du Pacifique est menacé par la pollution.
• Dimanche dernier, Papa nous a préparé une potée avec du **chou**, du **navet** et du **poireau**.
• Le **jardinier** remplit un **seau** d'eau.

12. *Recopie les phrases en ajoutant les marques du pluriel quand c'est nécessaire.*

• Les roue… de ces vieux tacot… ne se vendent plus dans le commerce.
• Les panda… mangent beaucoup de pousse… de bambou… .
• Le maréchal-ferrant ferre les sabot… des chevau… .
• Les diamant… de la couronne d'Angleterre sont de vrais joyau… .
• Les menuisier… utilisent des marteau… et des clou… .

13. *Recopie les noms en indiquant leur sens au masculin et leur sens au féminin. Aide-toi du dictionnaire. Fais ensuite une phrase avec chacun des sens de chaque mot.*

voile - mousse - page - livre - crêpe.

14. *Recopie les phrases en écrivant les noms en gras au pluriel. Fais les accords nécessaires.*

• Mamie a tricoté un **chandail** pour son **petit-fils**.
• Nous avons planté un **végétal** au fond du jardin.
• Le **général** et le **caporal** sont des soldats.
• Le **bateau** a emprunté un **canal** pour rejoindre l'océan.
• Le **chat** court après la **souris** qui a fait un **trou** dans le sac de farine.

15. *Recopie les phrases en écrivant les noms en gras au pluriel et fais les accords nécessaires.*

• Le **bateau** pour Marseille part tous les matins à six heures.
• Le **genou** du footballeur est en triste état, il ne pourra pas rejouer cet hiver.
• Le **vitrail** de la **cathédrale** est magnifique.
• Le **chocolatier** place un **cerneau** de **noix** sur son **chocolat**.

À TOI DE JOUER…

16. *Que représentent ces dessins ? Quel est leur point commun ?*

MOTS À RETENIR

un bambou - un caporal - un chandail - le cristal - un éditorial - l'émail - un hameau - un hôpital - un kangourou - un lieu - un nœud - un panneau - un portail - un quintal - un râteau - un récital - un tribunal - un tuyau - un vaisseau - un verrou.

Le **pluriel** des **noms composés**

Dans un nom composé, seuls le **nom** et **l'adjectif** peuvent prendre la **marque du pluriel**.
Exemples : un chou-fleur ▸ des chou**x**-fleur**s** ; un coffre-fort ▸ des coffre**s**-fort**s** ;
un tire-bouchon ▸ des tire-bouchon**s**.
verbe

Cependant, quand le sens l'impose, le **nom** peut porter la **marque du singulier ou du pluriel** en permanence.
Exemples : un porte-clé**s** ▸ pour porter **des clés** ;
des pare-soleil ▸ pour se protéger **du soleil**.

Généralement, quand le nom composé est formé de deux noms unis par une préposition, seul le premier nom prend la marque du pluriel.
Exemple : un arc-en-ciel ▸ des arc**s**-en-ciel. (Ce sont des arcs dans le ciel.)

1. *Écris les noms composés au pluriel après avoir indiqué la nature des mots qui les composent.*

Exemple : un chou-fleur (nom - nom)
▸ *des choux-fleurs.*

- un rouge-gorge
- une reine-marguerite
- un wagon-restaurant
- un cale-pied
- un porte-plume
- un après-midi
- un canapé-lit
- un passe-temps

2. *Écris les noms composés au pluriel.*

- une basse-cour
- un casse-noix
- un bouton d'or
- un cache-nez
- un va-et-vient
- un oiseau-mouche
- une longue-vue
- une contre-attaque
- un beau-frère
- une noix de coco

3. *Ces dessins illustrent des noms composés comportant tous le mot* porte. *Écris-les au singulier, puis au pluriel.*

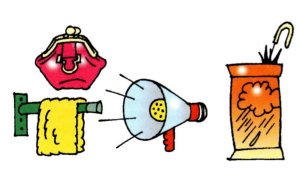

4. *Trouve le nom composé correspondant à chaque définition, puis écris-le au pluriel.*

a. Personne qui s'exprime au nom de toutes les autres. ▸ un porte-… ; des … .

b. Montage de séquences pour présenter un film. ▸ une bande-… des … .

c. Bateau chargé de la surveillance de nos frontières maritimes. ▸ un garde-… ; des … .

d. Il termine presque le dernier.
▸ un avant-… ; des … .

5. *Trouve le pluriel de ces noms composés, puis utilise chacun d'eux dans une phrase.*
Tu peux t'aider du dictionnaire.

- un laissez-passer
- un face-à-face
- une demi-journée
- un chassé-croisé

6. *Écris les noms composés au pluriel.*

- un serre-tête
- une pomme de terre
- un martin-pêcheur
- un chien-loup
- un cache-col
- une plate-bande

MOTS À RETENIR

un avant-goût - un cerf-volant - une chauve-souris - un chef-d'œuvre - une demi-droite - un laissez-passer - un porte-avions - un va-et-vient.

L'**adjectif qualificatif** : **variation** en **genre** et en **nombre**

L'adjectif qualificatif s'accorde en **genre** et en **nombre** avec le **nom** qu'il qualifie.
Exemple : **Dorés** comme les blés, **longs** et **bouclés**, les cheveux d'Antonin lui
                                                                    nom
donnent un air **nordique**.
         nom

On forme généralement le **féminin** d'un adjectif en ajoutant un **e** à l'adjectif masculin.
On forme son **pluriel** en ajoutant un **s** au singulier.
Exemples : un parfum délicat - des parfums délicat**s**
             une odeur délicat**e** - des odeurs délicat**es**.

Il existe cependant de nombreux cas particuliers. Par exemple :

masculin	féminin
énorm**e**	énorm**e**
dern**ier**	dern**ière**
cru**el**, par**eil**	cru**elle**, par**eille**
curi**eux**	curi**euse**
flatt**eur**, product**eur**	flatt**euse**, product**rice**
vi**f**	vi**ve**
b**eau**	b**elle**
viol**et**, compl**et**	viol**ette**, compl**ète**

masculin	pluriel
gra**s**	gra**s**
précieu**x**	précieu**x**
nouv**eau**	nouv**eaux**
monument**al**	monument**aux**
nat**al**	nat**als**
et fin**al**, glaci**al**, fat**al**, banc**al**, nav**al**…	et fin**als**, glaci**als**, fat**als**, banc**als**, nav**als**…

Quand l'adjectif qualificatif qualifie plusieurs noms de genres différents,
il s'accorde au masculin pluriel.
Exemple : **une** chemise et **un** pantalon **noirs**.

Le participe passé utilisé comme un adjectif qualificatif suit exactement
les mêmes règles d'accord.
Exemples : un livre lu - une histoire lu**e** - des livres lu**s** - des histoires lu**es**.

1. *Recopie et complète les groupes du nom avec l'adjectif donné.*

intéressant
une découverte … - un film … - des leçons …

mondial
un espace … - des problèmes … - une question …

gratuit
des colis … - une livraison … - des informations …

prochain
le siècle … - la semaine … - les mois …

2. *Accorde chaque adjectif qualificatif entre parenthèses avec le nom qu'il qualifie.*

- une personne *(inoffensif)*
- des histoires *(passionnant)*
- des idées *(personnel)*
- des chaises *(bancal)*
- des phénomènes *(anormal)*
- des associations *(humanitaire)*
- une aptitude *(particulier)*
- une raison *(sérieux)*

3. Accorde chaque adjectif qualificatif entre parenthèses avec le nom qu'il qualifie.

- des collines *(désertique)*
- des vases *(oriental)*
- une ligne *(horizontal)*
- des fruits *(tropical)*
- une plante *(médicinal)*
- des paysages *(industriel)*
- une région *(tempéré)*
- une affaire *(récent)*
- des routes *(sinueux)*
- une pluie *(torrentiel)*

4. Recopie et complète les groupes du nom avec l'adjectif donné.

commercial
un centre … - des centres … - une déléguée …

nouveau
une production … - un produit … - des produits …

européen
l'espace … - la construction … - des échanges …

rieur
des yeux … - une fille … - des filles …

sérieux
une expression … - des expressions … - un visage …

5. Recopie les phrases en accordant les adjectifs qualificatifs ou les participes passés entre parenthèses.

- *(Impatient)* mais presque totalement *(silencieux)*, la foule attendait le nom de l'*(heureux)* élu.
- Ces animations *(musical)*, qui nécessitent beaucoup de matériel *(électrique)* et de *(nombreux)* répétitions, sont certainement très *(coûteux)*.
- *(Affolé)* par le bruit de la Jeep, les gazelles s'enfuyaient.
- Les planches, depuis longtemps *(exposé)* à la pluie, étaient totalement *(vermoulu)*.
- Carlos et Louisa, malgré leur *(jeune)* âge, étaient *(grand)* et *(fort)*.

6. Relève les adjectifs qualificatifs du texte, puis place-les dans un tableau du modèle proposé. Complète ensuite le tableau en faisant varier le genre et le nombre de l'adjectif.

Un château royal

À Versailles, Louis XIV fait construire un somptueux et monumental palais où il donne des fêtes luxueuses.

Il mène des guerres permanentes contre les autres royaumes d'Europe. Ces guerres nécessitent de nouveaux impôts et dévastent des régions entières. À la fin de son règne, il laisse la France et les Français très appauvris.

D'après *Master Cadet*, Hachette Éducation.

adjectifs masculins singuliers	adjectifs masculins pluriels	adjectifs féminins singuliers	adjectifs féminins pluriels
royal	royaux	royale	royales

7. Recopie et complète les phrases en accordant, si c'est nécessaire, les adjectifs qualificatifs entre parenthèses.

- De *(gros)* rats infestaient les quais.
- Le directeur prononça des paroles *(prudente)*.
- Les deux garçons attendaient, *(immobile)*.
- Les deux sauteurs réussirent des bonds *(phénoménal)*.
- Nous avons passé ici des jours *(heureux)*.
- Je te dois des remerciements *(éternel)*.

8. Recopie et complète les phrases en accordant les adjectifs qualificatifs entre parenthèses.

- Nous empruntons des routes *(départemental)*.
- Attention, tu as des gestes *(brutal)*.
- Ma tante a acheté à cet artiste deux dessins *(original)*.
- Voilà des réussites *(exceptionnel)* !
- Je ne me lancerai pas dans des poursuites *(infernal)*.
- Nous avons visité des châteaux *(médiéval)*.
- Vous avez des attitudes bien *(solennel)*.

9. Recopie et complète les groupes du nom avec l'adjectif donné.

inventif
un garçon … - des femmes … - des savants …

joyeux
une fête … - des jeunes filles … - des défilés …

national
une route … - des courses … - des drapeaux …

10. À partir de l'adjectif qualificatif au féminin, trouve l'adjectif au masculin.

- une petite erreur ▶ un … défaut
- une tranchée profonde ▶ un trou …
- une lettre gentille ▶ un message …
- une amande amère ▶ un pamplemousse …
- une fille timide ▶ un garçon …
- une pleine assiette ▶ un … bol
- une cliente furieuse ▶ un vendeur …
- une étudiante pensive ▶ un élève …
- une teinte automnale ▶ un paysage …
- une chanson traditionnelle ▶ un plat …

11. Recopie le texte en accordant les adjectifs qualificatifs entre parenthèses.

– Est-ce une *(vrai)* promesse ou une promesse en l'air?
Les sorcières le regardèrent avec des yeux *(rond)*. Elles étaient dans un *(piètre)* état, après leur bagarre, et leurs chapeaux *(fripé)* penchaient sur le côté comme deux tours de Pise *(rapiécé)*. […]
Le pasteur finit de ramener la *(bon)* humeur en sortant une boîte de pétards *(géant)* *(plein)* de confetti et de cotillons. Les sorcières, qui n'avaient jamais vu ça, s'amusèrent comme de *(petit)* folles. Grande-Greluche était d'autant plus *(ravi)* que les explosions terrifiaient Tibère. […]
Pour finir, les quatre amis suivirent le discours de la reine d'Angleterre à la télévision. Les deux sorcières furent *(stupéfait)* de découvrir une personne aussi *(courtois)* et aussi *(distingué)*.

K. SAUNDERS, *Les Sorcières du Beffroi - Le chat mystérieux*, adaptation M.-J. LAMORLETTE, Nathan.

12. Recopie les groupes du nom en accordant les adjectifs qualificatifs entre parenthèses.

- la littérature et la culture *(anglais)*
- un joueur et un entraîneur *(satisfait)*
- un journal et une émission *(journalier)*
- une lettre et une mission *(collectif)*
- une action et un sentiment *(spontané)*
- un message et une proposition *(confidentiel)*
- une tranche de jambon et un steak *(épais)*

13. Recopie les phrases en accordant les adjectifs qualificatifs ou les participes passés entre parenthèses.

- *(Déçu)* par le résultat, les joueurs faisaient *(gris)* mine.
- Enfin *(libre)*, *(content)* de retrouver le ciel, les oiseaux *(guéri)* s'envolèrent à tire-d'aile.
- *(Énorme)* et *(hideux)*, barrant le passage de leurs toiles, deux araignées terrifiaient Satine.
- *(Bercé)* par les mouvements du train, Ludivine dormait profondément.
- *(Accroché)* à la paroi, les deux alpinistes attendaient la fin de l'averse.
- Bien *(installé)* au fond de son fauteuil, Alice écoutait son lecteur CD.

14. Recopie et accorde les verbes et les adjectifs qualificatifs.

- il est jaloux, elle … , ils … , elles …
- il paraît muet, elle … , elles … , ils …
- il semble discret, ils… , elle … , elles …
- il a l'air gracieux, elle … , elles … , ils …

MOTS À RETENIR

abandonné - collectif - coûteux - déçu - difficile - ébahi - écœurant - européen - exceptionnel - horizontal - humanitaire - inoffensif - intéressant - jaloux - luxueux - métallique - passionnant - phénoménal - solennel - spectaculaire.

Adjectif qualificatif ou nom propre ?
Adjectifs qualificatifs de couleurs

1. Il ne faut pas confondre l'**adjectif qualificatif** qui ne prend pas de majuscule avec le **nom propre**.
Exemples : les Italiens ▶ une spécialité italienne ;
les Basques ▶ un chant basque ; les Parisiens ▶ un magasin parisien.

2. Un **adjectif qualificatif de couleur** s'accorde avec le nom qu'il qualifie s'il ne comporte qu'un seul mot. ▶ des vestes **bleues**.
S'il est formé de plusieurs mots, il reste invariable. ▶ des vestes **bleu foncé**.
Si la couleur fait référence à une chose, l'adjectif est le plus souvent invariable.
▶ des polos **orange**.
Exceptions : rose, mauve, fauve et châtain s'accordent.

1. *Recopie et complète selon le modèle.*
La Finlande
les Finlandais - un sauna finlandais - la forêt finlandaise.
Strasbourg
les ... - la municipalité ... - des spécialités ...
La Jordanie
les ... - le désert ... - des épices ...
L'Espagne
les ... - les Pyrénées ... - le vin ...
L'Auvergne
les ... - une potée ... - les fromages ...
Le Pérou
les ... - les cordillères ... - un guide ...

2. *Écris les groupes du nom au pluriel.*
- un tee-shirt jaune pâle
- un papier peint bleu
- un tee-shirt jaune
- un chapeau rouge vif
- un papier peint bleu clair
- un chapeau rouge
- un gilet vert
- un volet brun
- un bonnet bleu roi
- un gilet vert foncé

MOTS À RETENIR
acajou - américain - beige - blanchâtre - bronze - châtain - émeraude - grenat - incolore - kaki - marron - pastel - roux - tilleul - turquoise - vermillon.

3. *Recopie les phrases et accorde, si c'est nécessaire, les adjectifs qualificatifs entre parenthèses.*
- Les deux sœurs portaient des robes *(noisette)*.
- Tu offres à Léa un bouquet de tulipes *(rose)*.
- Une corbeille de fruits *(doré)* tranchait sur la nappe *(bleu foncé)*.
- Une guirlande de ballons *(rouge, mauve et blanc)* est accrochée au portail.
- Je trouve tes chaussures *(gris perle)* plus discrètes que tes chaussettes *(framboise)* !
- Les murs *(blanchâtres)* étaient parcourus de bandes *(prune)*.

4. *Recopie le texte en accordant si nécessaire les adjectifs de couleur et en remplaçant les noms propres par les adjectifs qualificatifs correspondants.*
La régate réunissait 54 bateaux, essentiellement *(Espagne, Portugal et France)*. Les voiles *(rouge sang, caramel)* ou simplement *(blanc)* composaient un tableau magnifique sur la mer *(bleu vert)*. Plus de 200 marins participaient à ce grand rendez-vous. Sur les pontons, on croisait en même temps des marins *(Bretagne)* en cirés *(jaune vif)* qui bavardaient avec des touristes *(Canada)* et des équipages *(Hollande)*, moulés dans des tee-shirts *(orange)*, qui plaisantaient avec des journalistes *(Amérique)*.

Participe passé en é ou infinitif en er ?

Il ne faut pas confondre **le participe passé** des verbes du 1er groupe en **é** avec **l'infinitif** de ces verbes en **er**.

Le participe passé se conjugue avec un auxiliaire (▶ je suis **resté(e)**, j'ai **mangé**) ou s'utilise comme un adjectif qualificatif (▶ un fruit **abîmé**, une photo **découpée**). On peut toujours remplacer le participe passé en **é** par le participe passé d'un verbe d'un autre groupe.
Exemples : je suis **resté(e)** ▶ je suis **venu(e)** ; un fruit **abîmé** ▶ un fruit **pourri**.

L'infinitif d'un verbe du 1er groupe peut toujours être remplacé par l'infinitif d'un verbe d'un autre groupe.
Exemple : Il est inutile de **ramasser** les fruits **abîmés**.
▶ Il est inutile de **prendre** les fruits **pourris**.

Attention ! L'infinitif est invariable, le participe passé peut prendre les marques du féminin et du pluriel.

1. Recopie les phrases et complète les mots avec é ou er.
- Nous voulons rest… ici.
- Il est rest… ici.
- J'ai demand… un stylo.
- Vous pouvez me demand… un stylo.
- Elle a lanc… la balle.
- Impossible de lanc… la balle.
- La rivière a débord… .
- La rivière risque de débord… .
- Charly m'a donn… la clé.
- Je vais lui donn… la clé.

2. Recopie et complète les mots avec é ou er.
- un trottoir encombr…
- un boulevard embouteill…
- s'arrêt… au feu rouge
- un automobiliste énerv…
- chang… de direction
- ne pas téléphon… en conduisant
- respect… le code de la route
- un passage protég…
- un camion surcharg…
- modér… sa vitesse.

3. Recopie les phrases en complétant les mots avec é (ée, és, ées) ou er.
- Je préfère ne pas utilis… ces skis abîm… .
- Coraline adore ski… sur cette piste bossel… .
- Par cette belle journée ensoleill…, nous irons march… à raquettes.
- Valentin regardait, émerveill…, les rayons du soleil filtr… entre les branches poudr… des sapins.
- Étienne a déval… la pente et a eu bien du mal à s'arrêt… !

4. Recopie les phrases en complétant les mots avec é (ée, és, ées) ou er.
- Il fallait ramp… sur plusieurs mètres pour trouv… la sortie.
- La grotte était vraiment bien cach… et l'intérieur était parfaitement aménag… .
- C'est en allant se promen… dans les collines que les garçons avaient trouv… cette grotte.
- Une fois les vacances termin…, comment quitt… ce repaire enchant… ?
- Comment expliqu… à leurs parents qu'ils voudraient les voir déménag… pour un village presque abandonn… ?

5. Recopie le texte en complétant les mots avec l'infinitif en *er* ou le participe passé en *é*. *(Attention aux accords!)*

Notre voiture couche dehors, emmitoufl... dans un manteau de neige. Toute la famille est descendue, ce matin, pour la déneig... . Maman avait besoin d'achet... du lard au marché central. Papa tenait la pelle, maman le gratte-givre et moi la balayette pour épousset... la carrosserie, et mon petit frère suivait. […]
Nous avons donc déneig... la voiture. C'est du sport, ça a bien réchauff... tout le monde.
Avec une bougie, il a fallu dégivr... la serrure, bloqu... par la glace. Enfin, la flamme, à force de léch... le métal, a fait fondre une petite larme qui s'est mise à coul... doucement le long de la portière avant d'être arrêt... par le froid et transform... de nouveau en une perle de glace.

Y. GAUTHIER, d'après *La Lettre de Moscou*, Flammarion.

6. Recopie le texte en complétant les mots avec l'infinitif en *er* ou le participe passé en *é*. *(Attention aux accords!)*

Sur l'étang, j'ai tenu à ram... seul, pour m'occup... l'esprit. […]
– Dis, Jacques, je peux te remplac... , a propos... Rémi.
On était au beau milieu du lac et les rames commençaient à pes... terriblement lourd.
– Oui, si tu veux.
Je me levais pour lui céd... la place lorsque j'ai lâch... les rames. Elles sont tomb... à l'eau et se sont éloign... très rapidement du bateau, pouss... par une rafale de vent.
– Les rames! a cri... Rémi.
D'un même réflexe, nous nous sommes jet... à plat ventre sur les côtés de la barque. Hélas, tous nos efforts pour pagay... avec nos mains sont rest... vains : impossible de récupér... ne serait-ce qu'une rame!

J.-M. MULOT, *L'Îlot-Trésor de la mère Surcouf*, Nathan.

7. Relis le texte de l'exercice 6 et imagine une fin à cette histoire.

8. Recopie le texte et complète les mots avec l'infinitif en *er* ou le participe passé en *é*. *(Attention aux accords!)*

« N'importe, poursuivit la bonne demoiselle. Je suis all... achet... mes graines, je suis rentr... sans me press... – il fait si beau aujourd'hui –, et j'ai trouv... cette cage ouverte et mon Patapon envol... . J'ai aussitôt pens... que c'était moi qui avais oubli... de ferm... la cage et que le cher petit était all... se promen... . J'essayais de le retrouv... quand vous êtes arriv... . »

A. HITCHCOCK, *Le Perroquet qui bégayait*, trad. V. VOLKOFF, Hachette Jeunesse.

À TOI DE JOUER...

9. L'inspecteur Davids doit retrouver un collier de perles caché dans un appartement. Il dispose du message et de la grille de décodage ci-dessous. Peux-tu aider l'inspecteur en retrouvant les lettres effacées puis en décodant le message?

Message :
IL EST REST...
IL DOIT L'UTILIS...
IL A TENT...

Grille de décodage :
1-2-3-4-5-8-14-18-23-27-28-16-10 -17-33.

MOTS À RETENIR

un aboiement - une adhésion - l'archéologie - un athlète - un baptême - une chronique - un déclic - un dénouement - le hockey - incompréhensible - un jockey - une kermesse - un kiosque - un labyrinthe - une méthode - le rythme - une sculpture - la sympathie - un ticket - un viaduc.

Participe présent ou adjectif verbal ?

Le participe présent est une forme verbale invariable qui se termine par **ant**.
Lorsque le participe présent est précédé de **en**, on l'appelle le **gérondif**.
Exemple : Le joueur, **attendant** patiemment son tour, se tenait près de la ligne de touche.

L'adjectif verbal est un adjectif dérivé d'un verbe qui s'accorde en genre et en nombre avec le nom qu'il accompagne. On peut le remplacer par un autre adjectif.
Exemple : Mes cousins ont des accents **chantants**.
Mes cousins ont des accents **britanniques**.
Mes cousins ont des voix **chantantes**.

1. Recopie le texte, puis souligne en bleu les participes présents et en rouge les adjectifs verbaux.

En arrivant près du stade, Romain entendit un vacarme assourdissant : le match était déjà commencé ! Au diable la circulation qui l'avait mis en retard ! Il gagna sa place en s'excusant auprès des gens qu'il faisait déplacer. En se renseignant auprès de son voisin, il apprit que le match n'était commencé que depuis trois minutes et que les choses intéressantes n'avaient pas encore eu lieu. Le match devenait passionnant. À la mi-temps, les joueurs se séparèrent sur le score de 0 à 0. En deuxième mi-temps, les attaquants de l'équipe de France marquèrent un but. Le public se leva en exultant de joie et applaudit à tout rompre. À la fin du match, en regagnant les vestiaires, les joueurs firent un tour d'honneur pour remercier leurs supporters.

2. Recopie et accorde les adjectifs verbaux.

- un tonnerre fracass…
- une entrée fracass…
- des amies plais…
- un jeune homme plais…
- un soleil resplendiss…
- des journées resplendiss…
- des musiques assourdiss…
- un morceau de musique assourdiss…
- un exercice fatig…
- une remontée fatig…

3. Écris le gérondif des verbes suivants.

Exemple : parler ▶ en parlant.

sauter - obéir - faire - prendre - voir - venir - être - avoir - pouvoir - aller - franchir - manger - placer - pratiquer - savoir - prier - appeler - rougir - partir - guérir.

4. Recopie les phrases et accorde si nécessaire les adjectifs verbaux entre parenthèses.

- Le dompteur présente des lions *(obéissant)*.
- Le boucher utilise des couteaux *(tranchant)*.
- Mon oncle Joël attend avec impatience les numéros *(gagnant)* du Loto.
- Les feux *(clignotant)* de la rue sont en panne.
- La haie du jardin est envahie par des bêtes *(bourdonnant)*.
- L'électricien a installé une hotte *(aspirant)*.
- De l'eau *(brûlant)* s'écoule du robinet.
- Au printemps, nous aimons nous promener dans les champs *(verdoyant)*.

5. Recopie et complète les phrases soit avec l'adjectif verbal soit avec le participe présent des verbes entre parenthèses.

- Les détritus *(envahir)* la plage posent problème.
- Les enfants jouent avec des balles *(bondir)*.
- Le feu s'est propagé, *(brûler)* toute la forêt.
- L'air *(vivifier)* de la montagne me fait du bien.
- J'ai installé un placard à portes *(coulisser)*.
- Les piliers *(étayer)* la terrasse sont très solides.

Synthèse

1. Recopie et complète les phrases avec *on* ou *on n'*.

• Dès qu'… arrivait à la plage, mon petit frère voulait qu'… aille immédiatement se baigner.
• Demain, … essaiera encore de se connecter même si l'… a peu de chance de pouvoir encore s'inscrire.
• Dans cette famille, … apprécie ni les fruits, ni les gâteaux.
• Avec Claudia, chaque fois qu'… est ensemble, … éprouve le même plaisir à parler de notre pays.
• Si l'… est solitaire, … a personne à qui confier ses joies et ses peines.
• Qu'est-ce qu'… attend pour commencer ?

2. Conjugue les verbes à la 3ᵉ personne du singulier du présent de l'indicatif. Écris ensuite, pour chaque verbe, le nom correspondant.

se réveiller - tailler - sommeiller - travailler - écailler - conseiller.

3. Avec les mots proposés, écris quinze GN différents.

• un - cette - plusieurs - deux
• mécanicien - infirmière - couturières - vendeurs - éducatrice - conseillère
• compétent - dévouée - habiles - bavards - aimable - méticuleux.

4. Recopie les phrases en choisissant les noms et adjectifs qui conviennent.

• Je n'attache pas une *(grand / grande)* *(importance / importances)* à ces *(détail / détails)*.
• La date de la fête *(agricole / agricoles)* sera annoncée dans les *(journal / journaux)* *(régional / régionaux)*.
• Le merle a un bec *(jaune / jaunes)* et un manteau *(noir / noirs)*.
• Notre *(école / écoles)* *(primaire / primaires)* envoie chaque année des *(livre / livres)* *(scolaire / scolaires)* à une école *(béninois / béninoise)*.

5. Recopie le texte en accordant les adjectifs qualificatifs entre parenthèses.

– Regarde, Papa, voilà Prunelle !
Prunelle ! C'est une *(vieux)* laie d'une quinzaine d'années, à la robe *(sombre)*, qui a perdu l'oreille *(gauche)* on ne sait comment.
– Ma *(vieux)* Prunelle, murmure le garde-chasse. Il lui gratte le poil entre les yeux ; elle se laisse faire.
– Je peux, Papa ?
– Oui, mais doucement.
À son tour Anne-Lise passe la main dans les poils *(rêche)*. Tout en mangeant, Prunelle pousse de *(petit)* grognements, visiblement *(amical)*. Ce n'est que lorsque Anne-Lise et son père sont remontés dans la camionnette que les *(jeune)* mâles se décident à venir manger à leur tour.

Y. MAUFFRET, *Prunelle*, Casterman.

6. Recopie le texte en accordant les noms et les adjectifs qualificatifs entre parenthèses. Attention, ils peuvent déjà être correctement écrits !

Dès que l'oie apparut, tous les *(oiseau)* qui l'avaient déjà si souvent entendu raconter ses *(aventure vécu)* ou *(imaginaire)* se rassemblèrent autour d'elle. Une bonne trentaine de *(moineau)*, une douzaine de *(pigeon gras)* et *(dodu)*, autant de *(merle)* et de *(merlette)* ; le pic-vert dans son beau *(costume vert)* et *(rouge)*, quelques *(mésange)* à tête *(noir)*, des *(bergeronnette)*, des *(pie)* et même un *(vieux corbeau grincheux)* et un peu *(sourd)* mais très *(curieux)*.

B. CLAVEL, *Le Mouton noir et le loup blanc*, Flammarion.

7. Recopie les phrases en accordant les noms et les adjectifs qualificatifs entre parenthèses.

• La *(nouveau joueur)* se révéla bientôt être une personne *(hargneux)* et *(dominateur)*.
• Quelques vieux *(chasseur)* promettaient une fin de saison *(doux)* et *(sec)*.
• Ma *(petit cousin)* avait une mine *(soucieux)*.
• Les *(animal)* exigeaient des *(soin matinal)*.

Synthèse

8. Recopie et complète le texte avec les mots suivants :

sœur – sœurs – brûlés – son – ses – carbonisées – malheureuse – beaux – longs – elle – elles – insensibles – jeune – brûlures – étaient – était.

Dans le village vivait un homme pauvre qui avait trois filles. Les deux aînées … cruelles et …, et … obligeaient leur … sœur à rester près du feu pour l'entretenir. Ainsi, lorsque les branches éclataient, les étincelles retombaient sur …. À la longue, ses mains et ses bras … se couvrirent de cicatrices. Même … visage devint rêche et marqué de …, et ses … et … cheveux noirs pendaient en mèches … .
… deux … aînées se moquaient d'elle :
– Hou, que tu es laide, souillon ! Et c'est ainsi qu'à cause d'elles, leur … Visage de Flamme … solitaire et … .

R. MARTIN, *Visage de Flamme*, trad. C. DE FLEURIEU, Épigones.

9. Récris les phrases en choisissant des prénoms masculins et en effectuant les modifications nécessaires.

- Jannie m'a prévenu. Elle pense qu'elle sera en retard.
- Linda et Murielle m'ont affirmé qu'elles t'avaient bien vu.
- Marta n'admet pas qu'elle puisse se tromper.
- Clarisse et Sarah espèrent qu'elles travailleront un jour pour « Médecins sans frontières ».

10. Écris les groupes du nom au masculin.

Exemple : une écolière discrète
▸ *un écolier discret.*

- une gentille candidate
- une cliente distraite
- une banquière indulgente
- une seconde participante
- une mauvaise étudiante
- une marquise méprisante
- une concurrente indécise
- une vilaine sorcière
- une grande Finlandaise
- une gagnante exubérante

11 Écris ces noms composés au pluriel. Réfléchis bien à leur sens !

- un chauffe-eau
- un après-rasage
- une sage-femme
- un lave-vaisselle
- un porte-bonheur
- un rabat-joie
- un arrière-plan
- une grand-voile

12. Recopie et complète chaque phrase avec le nom propre ou l'adjectif qualificatif dérivé du nom entre parenthèses. *Aide-toi de ton dictionnaire.*

- J'ai dégusté un excellent café *(Cameroun)*.
- Il découvre un sommet *(Himalaya)*.
- Ces coquillages sont pêchés dans les îles *(Chili)*.
- Ils découvrent la campagne *(Bourgogne)*.
- Mes parents apprécient les plages *(Languedoc)*.
- Les *(Lyon)* ont une cuisine très réputée.

13. Recopie les phrases et complète les mots avec é ou er.

- Une fois la vaisselle lav…, essuy… et rang…, nous irons regard… le film.
- « Gagn… ! » crie Karl.
- « Maman, nous pouvons lav… et essuy… la vaisselle pendant que tu iras regard… le film », proposent Sonia et Mehdi.
- « Karl sait trop bien jou… ! Je ne pourrai jamais gagn… contre lui », dit Martin.
- J'ai regard… le film, dit maman, mais j'aurais mieux fait d'all… me couch… .

14. Sur les modèles proposés, écris six phrases ayant pour sujets il, elle, nous, vous, ils, elles (ou des groupes du nom équivalents) et contenant successivement : *un participe passé utilisé avec l'auxiliaire avoir, un verbe à l'infinitif, un participe passé utilisé comme un adjectif qualificatif.*

- J'ai préféré recopier toute cette page gribouillée.
- Tu as regretté de participer à ce tournoi mal organisé.

Pour t'aider, voici un choix de verbes que tu pourras utiliser avec l'auxiliaire avoir : souhaiter, aimer, désirer, apprécier, adorer, détester.

Vocabulaire

Vocabulaire

Expression écrite

Lecture

Le **dictionnaire**

On utilise un dictionnaire pour connaître l'**orthographe** d'un mot, sa **nature** et ses **différents sens**.

Dans un dictionnaire, les mots sont classés par **ordre alphabétique**.

Les verbes sont écrits à l'infinitif, les noms au singulier et les adjectifs qualificatifs au masculin singulier.
Chaque mot est suivi de sa nature, de son genre, d'une définition (parfois accompagnée d'un exemple), de renseignements complémentaires (synonyme, contraire…).
Si le mot a plusieurs sens, on trouve plusieurs définitions numérotées.

Il existe également des **dictionnaires étymologiques** qui indiquent l'origine des mots et des **dictionnaires de synonymes** qui permettent d'enrichir le vocabulaire.

1. *Recopie chaque liste en plaçant le mot en gras à sa place selon l'ordre alphabétique.*

• **(moderne)** ancien - double - isolé - lunaire - pauvre - véritable.
• **(essai)** élève - époque - erreur - espoir - étendard - évadé.
• **(tressaillir)** tracter - traiter - tressauter - tresser - treuiller.

2. *Classe chaque liste de mots dans l'ordre alphabétique.*

• chasse - chasuble - châtaigne - châssis - chat.
• lundi - lui - luge - lumière - lucarne.
• pointilleux - pointu - pointillé - pointer - poids.

3. *Parmi ces mots, lesquels sont placés avant* vertébré *dans le dictionnaire ?*

vertige - vertement - version - vertu - verrou - vernir - vérité - verveine.

4. *Classe la liste de mots par ordre alphabétique en ajoutant les mots suivants à la bonne place :*

bridge – brillant – briquette – bric-à-brac.

bricolage - bride - brigadier - brigand - briller - brimade - brindille - brioche - briquet - britannique.

5. *Parmi ces mots, lesquels sont placés après* définir *dans le dictionnaire ?*

défoncer - dire - défaut - défendre - dégager - déesse - défricher.

6. *Écris, pour chacun des mots, la forme sous laquelle tu peux le trouver dans le dictionnaire.*

Exemple : vernissez ▶ vernir.

naïve - vitraux - originales - aspirera - puissions - municipaux - renouvelles - signaux - civiles - déploie.

7. *Reproduis le tableau, puis mets les croix indiquant entre quels mots repères se trouve le mot recherché.*

MOTS ▼	MOTS REPÈRES		
	entre coude et coupe	entre coupe et courbe	entre courbe et course
couperet		✗	
courrier			
courage			
coulisse			
couple			
courlis			
coupable			
coulée			
couronner			

8. Indique le genre de chaque nom.

pédale - pétale - amour - amours - iris - azalée - opinion - ortie - encyclopédie - sarcophage.

9. Écris en toutes lettres la signification des abréviations.

V. - dét. - n. m. - adv. - inv. - adj. - syn. - fig. - cont. - anc. - prép. - conj. - fam.

10. Observe l'article du dictionnaire.

écrire v. tr. **I.** ❶ Tracer, former (des lettres, des caractères). ❷ Orthographier. *Comment écrivez-vous ce mot ?* ▷ v. pron. *Ça s'écrit comme ça se prononce.* ❸ Mettre, noter, consigner par écrit. *Écrire son adresse. Je vais l'écrire pour ne pas l'oublier.* Syn. inscrire, marquer. ▷ v. pron. *Tout ce qui se dit ne s'écrit pas.* ❹ Rédiger (une correspondance). *Écrire une lettre.* – Absol. *Laissez votre adresse, on vous écrira.* – Dire, annoncer par lettre. *Il m'a écrit qu'il ne viendra pas.* ▷ v. pron. Entretenir une correspondance. *Nous nous écrivons régulièrement.*
II. ❶ Composer une œuvre (littéraire, musicale), un article (journalistique, scientifique). etc. *Écrire des poèmes, un roman, une symphonie.* – Absol. *Il écrit dans des revues scientifiques.* – *Écrire au courant de la plume*, en composant aussi vite, à mesure qu'on écrit. – Spécial. Faire le métier d'écrivain. *Il écrit depuis l'âge de vingt ans.* ❷ Exprimer sa pensée par l'écriture de telle ou telle manière. *L'art d'écrire. Cet auteur écrit bien.* ❸ Avancer une proposition, dire, exposer dans un ouvrage imprimé. *Voltaire a écrit : « Il faut cultiver notre jardin. »*

Combien y a-t-il de sens pour le mot **écrire** *? Recopie chaque phrase en écrivant entre parenthèses la définition correspondante.*

- Beethoven a écrit de nombreuses symphonies.
- Je lui ai écrit un petit mot pour le remercier.
- Les enfants du CP apprennent à écrire.
- Les grands savants savent écrire pour se faire comprendre.
- Tante Myrtille écrit tous ses rendez-vous afin de ne pas les oublier.
- Comment écrit-on le mot « ornithorynque » ?

11. Observe l'article du dictionnaire.

verre n. m. **I.** Matière transparente, dure, cassante, fabriquée à partir de silicates. *Coupe de verre.* – *Verre armé*, qui contient une armature métallique. – *Verre feuilleté* : verre de sécurité formé de deux lames de verre soudées de part et d'autre d'une feuille de matière plastique. *Pare-brise en verre feuilleté.* – *Laine de verre* : isolant constitué de fibres de verre de quelques micromètres de diamètre. – *Papier de verre* : abrasif constitué par de la poudre de verre collée sur du papier. – *Verre organique* : matière plastique transparente analogue au verre. **II.** Plaque, lame de verre destinée à protéger un objet. *Mettre une estampe sous verre.* **III.** Lame, lentille de verre, utilisée en optique (en partie pour corriger la vue). *Porter des verres.* **IV.** Récipient à boire, fait de verre. *Verre à champagne.* – Par méton. Contenu d'un verre. *Verre d'eau, boire un verre.*

Combien y a-t-il de sens pour le mot **verre** *? Recopie chaque phrase en écrivant entre parenthèses la définition correspondante.*

- Cette photographie serait jolie sous verre.
- J'ai visité une exposition d'objets en verre.
- Le champagne ne se boit pas dans un verre, mais dans une coupe.
- Ma grand-mère porte des verres fumés.

12. Cherche ces mots dans le dictionnaire. Écris leur nature, leur genre et leur définition. Utilise chacun des mots dans une phrase. Si un mot a plusieurs sens, écris une phrase pour chaque sens.

osciller - intriguer - lopin - jacuzzi - guêpier.

**13. Recherche chaque mot en gras dans le dictionnaire.
Recopie uniquement la définition qui correspond au sens dans la phrase.**

Une **foule** de bruits bizarres **habitait** le grenier où **dormaient** depuis des siècles de vieux parchemins.

Les **différents sens** d'un **mot**

Un même mot peut avoir **plusieurs sens**. C'est d'après le **contexte** (l'ensemble de la phrase ou des phrases autour du mot) que l'on peut identifier le sens dans lequel le mot est utilisé.

Exemple : Augustin viendra, j'en suis sûr, car il m'a donné sa **parole**.
La phrase permet de comprendre que le nom **parole** désigne ici une **promesse** et non le **langage**.

1. Retrouve, pour chacune des phrases (a, b, c, d), le sens du nom terre (1, 2, 3, 4). Recopie-les ensemble.

a) Ce pot en terre cuite est joliment décoré.
b) Le cycliste a mis pied à terre avant le sommet de la côte.
c) La Terre est couverte d'eau sur les deux tiers de sa surface.
d) Marek est un tel voyageur qu'il a dû parcourir la terre entière.

1) Notre planète.
2) Le sol.
3) Le monde.
4) La matière extraite du sol.

2. Retrouve, pour chacune des phrases (a, b, c, d), le sens du nom caisse (1, 2, 3, 4). Recopie-les ensemble.

a) Sapristi ! La caisse de ma guitare est fendue…
b) La caisse à jouets de Léo est pleine à craquer.
c) Pour cette question, adressez-vous plutôt à la caisse.
d) La boulangère n'avait plus une seule pièce d'un euro dans sa caisse.

1) Grande boîte.
2) Corps d'un instrument à corde.
3) Appareil servant aux commerçants à déposer l'argent reçu.
4) Endroit où l'on effectue les paiements.

3. Cherche dans le dictionnaire trois sens du mot plateau, puis écris une phrase avec chaque sens.

4. Écris chaque phrase en remplaçant le verbe voir par un des synonymes suivants, conjugué au temps qui convient :

imaginer – découvrir – distinguer – constater – rencontrer.

- Enfin, je voyais la mer !
- Je vois que tu as compris.
- Je vois bien comment il va réagir.
- Je verrai le directeur dès lundi.
- De cette place, je vois mal les joueurs.

5. Ces phrases sont incorrectes en raison des confusions faites sur le sens des mots en gras. En t'aidant éventuellement de ton dictionnaire, modifie les phrases pour qu'elles soient correctes. Écris ensuite d'autres phrases en utilisant chaque mot en gras dans un sens différent.

- Pose et effectue ton **opération** de l'appendicite.
- À la radio, Tom a écouté une intéressante **émission** de nouveaux billets.
- Les **manchots** sont les seules personnes à vivre en Antarctique.
- Grimpés sur un échafaudage, deux ouvriers repeignaient le **pignon** de mon vélo.

6. Écris chaque phrase en remplaçant le mot en gras par son contraire.

- Avaler de l'eau **douce**.
- Chanter d'une voix **douce**.
- **Monter** l'escalier.
- **Monter** le son de la télévision.
- Sa réponse est **nette**.
- Les vitres sont **nettes**.

Sens **propre** – Sens **figuré**

Un même mot peut être employé :

– au **sens propre** ; il a alors une réalité concrète.
Exemple : une taille **fine** (mince).

– au **sens figuré** ; dans ce cas, il est utilisé dans un contexte différent, de façon imagée.
Exemple : une question **fine** (intelligente).

De nombreuses expressions utilisent le sens figuré.
Exemples : Ne pas voir plus loin que le bout de son nez.
Se retrouver nez à nez. Mettre le nez dehors.

1. Écris chaque expression en indiquant si elle est au sens propre ou au sens figuré.

- un temps froid
- une tête brûlée
- un esprit obtus
- une tarte brûlée
- un trou profond
- un nouvelle toute chaude
- un sentiment profond
- une soupe toute chaude
- un caractère froid
- un angle obtus.

2. Indique, pour chaque phrase, si le mot en gras est employé au sens propre ou au sens figuré.

a) Les doigts du pianiste **courent** sur le clavier.
b) Le petit âne **porte** un lourd chargement.
c) Dans le hangar, la poule **couve** ses œufs.
d) Maman est partie **courir** depuis une heure.
e) L'athlète s'est bien battu, puis **s'est écroulé** de fatigue.
f) Enguerrand **couve** la grippe depuis ce matin.
g) Le vieux mur **s'est écroulé** pendant la nuit.
h) Le conducteur ivre **porte** la responsabilité de l'accident.

3. Explique chacune des expressions.
(Tu peux t'aider du dictionnaire.)

- Mettre les pieds dans le plat.
- Casser les pieds à quelqu'un.
- Être pieds et poings liés.
- Mettre un projet sur pied.
- Jouer comme un pied.
- Ne pas savoir sur quel pied danser.
- Se lever du pied gauche.

 4. Recopie le texte et indique à chaque fois entre parenthèses si le verbe *tordre* ou *retordre* est employé au sens propre ou au sens figuré.

Gégé-la-Flemme se demande pourquoi la maîtresse a dit ce matin qu'il lui donnait du fil à **retordre**, vu qu'il ne se rappelle pas lui en avoir jamais donné à **tordre** et qu'il est impossible de **retordre** du fil si on n'en a pas déjà **tordu**. D'ailleurs, il est impossible qu'il lui en ait donné à **tordre**, encore moins à **retordre**, parce que du fil, il n'en a jamais sur lui.

C. BOURGEYX, *Le Fil à retordre*, Nathan.

5. Cherche des expressions figurées contenant les mots suivants.

tête - œil - cœur - cou - doigt.

 6. Recopie chaque phrase et indique entre parenthèses si le mot (ou l'expression) en gras est utilisé(e) au sens propre ou au sens figuré.

- Manon **mène** ses parents **par le bout du nez**.
- L'argile est une roche **imperméable**.
- Les poutres **supportent** le toit.
- Je n'en peux plus ; **j'ai l'estomac dans les talons**.
- Le Premier ministre a **donné le feu vert** à ses ministres.
- Cette histoire est **cousue de fil blanc**.

Radical, préfixe, suffixe

À partir d'un mot simple, le **radical**, on peut former d'autres mots, appelés **mots dérivés**, en ajoutant un préfixe, un suffixe ou les deux à la fois.

Le **préfixe** est un élément placé devant le radical et qui en modifie le sens.
Exemples : il + légal ▶ illégal   para + chute ▶ parachute
préfixe   radical   mot dérivé   préfixe   radical   mot dérivé

Le **suffixe** est un élément placé après le radical et qui en modifie le sens.
Exemples : renard + eau ▶ renardeau   boucher + ie ▶ boucherie
radical   suffixe   mot dérivé   radical   suffixe   mot dérivé

Souvent, le radical ne se retrouve pas en entier dans le mot dérivé.
Exemples : soupe ▶ **soup**ière ; lumière ▶ **lumi**neux.

1. Recopie chaque mot et encadre le radical.

relire - portier - radiologue - transpercer - mangeable - finir - rebond - chanteur - passager - déboiser.

2. Recopie uniquement les mots qui ont un préfixe. Souligne les préfixes.

encaisser - enfer - enfermer - malade - déchet - maléfique - souterrain - souverain - maladroit - défaire.

3. Forme le contraire de chaque mot en utilisant un préfixe.

possible - charger - réel - moral - adresse - réparable - lisible - aventure - content - connu.

4. À partir de chaque verbe, forme de nouveaux verbes en ajoutant des préfixes.

Exemple : tenir ▶ retenir, soutenir, détenir…
prendre - venir - porter - garder - voir - faire - fermer - former - servir - paraître - plier.

5. Recopie chaque mot et sépare d'un trait le radical et le suffixe.

vendeur - regrettable - crémerie - radiologie - grandir - charpentier - jaunâtre - rectangulaire - patinoire - fillette.

6. Recopie uniquement les mots qui ont un suffixe. Sépare d'un trait radical et suffixe.

norvégien - défaut - muret - guérir - hauteur - chaton - maison - échelle - fourchette - chauffage.

7. Recopie et complète. Souligne les suffixes.

	verbe dérivé	nom dérivé
fleur	fleurir	fleuriste
drap	…	…
…	jardiner	…
…	…	baignade
saut	…	…
couleur	…	…
…	…	chargement
…	écarter	…
programme	…	…
…	…	affichage
carreau	…	…

8. Reproduis le tableau et décompose les mots, comme dans l'exemple.

mot	préfixe	radical	suffixe
alourdir	a	lourd	ir

superposable - profond - lenteur - rapetisser - malhonnête - dangereux - aventurier - dégeler - parachutiste - régionale.

9. À partir de ces verbes, forme des adjectifs en utilisant les suffixes *able* ou *ible*.

recharger - diviser - prendre - attaquer - lire - franchir - respecter - rire - nuire - pratiquer.

10. Lis le texte. Relève six mots contenant un préfixe, trois mots contenant un suffixe et un mot contenant les deux.

Ils mirent rapidement la pirogue à l'eau et ramèrent avec force pour remonter le fleuve. Arrivé au pied de la montagne, le second frère grimpa jusqu'au nid du rapace et il aida sa sœur à redescendre.
Lorsque l'aigle rentra de la chasse, il vit que la petite fille avait disparu. Furieux, il partit aussitôt à sa recherche. En survolant le fleuve, il l'aperçut dans la pirogue avec ses deux frères. Il fondit sur eux pour les faire chavirer, mais le troisième garçon eut le temps de tirer avec son fusil et de l'abattre.

J. Muzi, Contes des rives du Niger, Père Castor-Flammarion.

11. À l'aide d'un suffixe ou d'un préfixe, trouve un mot dérivé à partir de chacun des mots suivants. Emploie-le dans une phrase.

chasse - pendre - patin - vue - atlantique.

12. Recopie chaque mot en séparant le radical, le préfixe et/ou le suffixe, comme dans l'exemple.

Exemple : aplatir ▶ a - plat - ir.

extraordinaire - chaussette - agrandir - égrainer - impossible - embarcation - redoutable - hauteur - scientifique - désintégration.

À TOI DE JOUER...

13. Dans cette grille, retrouve les huit mots dérivés de *dent* et les six mots dérivés de *jardin*.

A	D	E	N	T	I	S	T	E	J	O
D	I	E	D	E	N	T	E	U	A	J
E	D	E	N	T	I	N	E	O	R	A
N	D	E	N	T	A	I	R	E	D	R
T	I	K	E	R	A	M	P	A	I	D
I	J	A	R	D	I	N	E	T	N	I
T	A	D	E	N	T	U	R	E	A	N
I	J	A	R	D	I	N	E	R	G	I
O	X	D	E	N	T	I	E	R	E	E
N	J	A	R	D	I	N	I	E	R	R
D	E	N	T	I	F	R	I	C	E	E
T	J	A	R	D	I	N	E	R	I	E

AUTODICTÉE

Le Titanic était une énorme embarcation qui devait effectuer des voyages transatlantiques. Malheureusement, lors de sa première traversée, il heurta un iceberg et coula, dans la nuit du 14 au 15 avril 1912. Il y eut plus de 1 500 victimes.

La **dérivation**

La dérivation consiste à **former des mots nouveaux** à partir d'un mot simple en utilisant préfixes et suffixes.
Tous les mots dérivés appartiennent à la **même famille étymologique**.

Exemples : lent ▶ la lenteur ▶ ralentir ▶ lentement
            adjectif   *nom*   *verbe*   *adverbe*

        sable ▶ sablier ▶ sablière ▶ ensabler ▶ sableux
        nom   *nom*   *nom*   *verbe*   *adjectif*

Parfois, le radical n'est pas facile à repérer, car il se modifie. (*Exemple* : chair ▶ **carni**vore)

1. Trouve le nom dérivé de chacun de ces adjectifs qualificatifs.

laid - bon - seul - triste - utile - doux - épais - pâle - gris - rouge.

2. Trouve le verbe dérivé de chacun de ces noms.

un saut - une tache - le guet - une question - le galop - une lueur - l'envie - un cercle - un cri - un paquet.

3. Trouve l'adverbe dérivé de chacun de ces adjectifs.

frais - sale - patient - indépendant - paresseux - vilain - attentif - méchant - généreux - élégant.

4. Trouve le nom dérivé de chacun de ces verbes.

accroître - trahir - transpirer - produire - cueillir - correspondre - bronzer - construire - applaudir - distraire - remplir - empêcher - rompre - souffrir - saboter.

5. Transforme les phrases verbales en phrases nominales en passant du verbe au nom.

Exemple : On range les livres.
      ▶ Rangement des livres.

- On achève les travaux.
- On purifie cette eau.
- On explique les règles.
- On perce un tunnel.
- On nettoie la table.
- On trie le courrier.

6. Recopie et complète le tableau avec les différents dérivés.

nom	adjectif qualificatif	verbe	adverbe
distraction	distrait	distraire	distraitement
...	libre	...	...
...	obscur	...	...
solidarité	...	...	...
...	...	...	brusquement
...	...	préciser	...
...	...	activer	...
diversité	...	...	...

7. Modifie les phrases en transformant les mots en gras comme il est demandé entre parenthèses.

Exemple : Vous êtes **admiratif** (GN) devant **la beauté** (adjectif) de cette sculpture. ▶ *Vous êtes en admiration devant cette belle sculpture.*

• Les archéologues découvrent **avec émerveillement** (adjectif) le contenu de la tombe d'un prince **d'Égypte** (adjectif).
• J'ai répondu **avec stupidité** (adverbe) en oubliant tes conseils **prudents** (GN).
• Le gardien déverrouilla la porte **en toute hâte** (adverbe) mais entra **calmement** (GN) dans la pièce.
• Devant ce tableau, les visiteurs sont toujours surpris par **la fraîcheur** (adjectif) des couleurs, le trait **net** (GN) et **précis** (GN), **la simplicité** (adjectif) et **la force** (adjectif) des personnages.

8. Transforme les phrases en passant du groupe nominal à l'adverbe.

Exemple : Fred me regarde avec sévérité.
▸ *Fred me regarde sévèrement.*

- Tu lui as répondu avec froideur.
- Il m'a récompensé avec largesse.
- Nous l'écoutons avec attention.
- Aude s'exprime avec clarté.
- Je transporte les verres avec précaution.

9. Transforme les phrases en passant de l'adjectif qualificatif au nom.

Exemple : J'apprécie ton discours modeste.
▸ *J'apprécie la modestie de ton discours.*

- Je suis étonné de ce jugement sévère.
- Nous craignons ce climat rude.
- Les souris maudissaient le chat cruel.
- Carla applaudit tes paroles modérées.

10. Transforme les phrases nominales en phrases verbales.

Exemple : **Fermeture** *de ce magasin tous les lundis.* ▸ *Ce magasin ferme tous les lundis.*

- **Production** d'électricité « propre » par ces éoliennes.
- Samedi prochain, **inauguration** du salon par le ministre de l'Environnement.
- Chaque printemps, **nettoyage** des berges de la rivière par les écoliers du village.
- Sur la plage, **ramassage** des déchets par des équipes de bénévoles.
- Dans le Nord, **inquiétude** sur la montée du niveau des rivières.

11. Recopie et complète les phrases avec des mots dérivés de tard.

- Malgré mon réveil …, je n'étais pas en … à l'école.
- Je ne voulais pas … votre départ, mais j'ai été prévenu très … .
- Enclenche le … et viens aussi poser pour la photo.
- Dépêche-toi, car je déteste faire partie des … .
- Inutile de s'… ici, il n'y a rien à voir.

12. Trouve un verbe dérivé de chacun de ces noms.

la terre - un bivouac - un balai - le goût - l'ennui - une goutte - le venin - Pasteur - un prétexte - la patrie.

À TOI DE JOUER…

13. Reproduis et complète la grille de mots croisés.

A. ▸ Verbe dérivé de « place ».
B. ▸ « Aisément » en est un adverbe dérivé.
C. ▸ Consonne de « net » ;
« loterie » en est dérivé.
D. ▸ Conjonction de coordination.
E. ▸ Gaz emplissant les tubes lumineux.

1. ▸ « Dépannage » en est dérivé.
2. ▸ « Literie » en est dérivé.
3. ▸ Champion ; préposition.
4. ▸ « Celtique » en est dérivé.
6. ▸ Dérivé de « rat ».

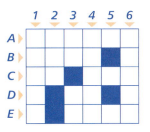

AUTODICTÉE

Certains robots dotés de systèmes électroniques de vision sont capables de voir comme des créatures vivantes. Cette technique assistée par ordinateur, ou visionique, fondée sur la reconnaissance des formes, sert à guider dans l'espace les mouvements du robot.

S. ANGLISS, *Planétoscope sciences*,
adapté par E. DE GALBERT et F. LE GUERN, Nathan.

Synonymes et contraires

Les mots **synonymes** sont des mots de **même nature** qui ont à peu près le **même sens**.
Exemples : petit ▸ minuscule ; monter ▸ grimper ; bruit ▸ vacarme.
Pour remplacer un mot par un synonyme, il faut tenir compte du sens de la phrase (le contexte).

Les mots **contraires** sont des mots de **sens opposé**.
Pour exprimer le contraire d'un mot, on peut utiliser :
– un mot de sens opposé et de même nature. *Exemples* : petit ▸ grand ; bruit ▸ silence.
– un préfixe. *Exemple* : adroit ▸ **mal**adroit.
– la négation. *Exemple* : La voiture avance. ▸ La voiture **n'**avance **pas**.

1. Forme des couples de synonymes.

crue - averse - reine - verre - tirelire - étudiant - malentendu - cagnotte - élève - canicule - inondation - bague - pluie - alliance - gobelet - malaise - souveraine - embarras - chaleur - méprise.

2. Forme des couples de synonymes.

malaxer - incliner - avaler - perdre - céder - égarer - prononcer - dépasser - réprimander - pétrir - blâmer - vendre - abreuver - articuler - désaltérer - déboîter - tinter - pencher - sonner - gober.

3. Donne un synonyme pour chaque mot.

étroit - gommer - facile - diplôme - casser - calme - saler - voiture - poli - forêt.

4. Recopie les phrases en remplaçant le verbe *donner* par un synonyme.

• Le premier joueur donne les cartes aux autres participants.
• Le vétérinaire a donné un rendez-vous en fin de journée.
• Dans le métro, ce jeune homme donne sa place à une personne âgée.
• Le médecin de famille donne un traitement pour soigner l'angine de ma petite sœur.
• Les policiers doivent donner des preuves de la culpabilité de cet homme.

 5. Recopie le texte en remplaçant chaque mot en gras par un des synonymes suivants :

expédition – ballottaient – commodément – halés – alentours – se déplacer – véhicules – maintenant – parcourent – également.

Aujourd'hui, les moyens de transport permettent de **voyager confortablement**. Il y a 60 ans, aller de Paris à Bordeaux était une **aventure**. Les **voitures cahotaient** sur de mauvaises routes, tandis que les trains, **tirés** par des machines à vapeur, bringuebalaient sur leurs rails. Poussière et suie envahissaient non seulement les **abords** des voies ferrées mais **aussi** les compartiments. Aujourd'hui, trains express et TGV **couvrent** la même distance en quelques heures à peine.

C. WOLFRUM ET H.-O. WIEBUS, *L'Énergie sur notre planète*, trad. J.-P. VERDET, Gallimard.

 6. Recopie le texte en remplaçant chaque mot en gras par un synonyme.

Son **ami**, lui, **souffrait** pendant toutes les activités **sportives**. Le pire souvenir d'Angelo était la classe de neige, l'hiver précédent. Il n'avait jamais pu maîtriser ces **horribles** planches accrochées à ses pieds, n'avait jamais compris comment **virer** ou **s'arrêter**… Il pouvait juste s'abandonner à la pente, et **tomber** comme une masse à l'arrivée. Heureusement, il avait fini par **casser** ses skis, et M. Bruno avait enfin **consenti à** ne plus le **tourmenter**.

C. ARBOGAST, *Merci, Barnabé !*, Flammarion.

7. Forme des couples de mots contraires.

avancer - bas - taire - clair - apprivoisé - large - rigide - aimer - occasionnel - vagabond - reculer - étroit - haut - dire - confus - sauvage - souple - détester - habituel - nomade.

8. Donne un contraire pour chaque mot.

bon - large - simple - peureux - augmenter - dur - léger - sauvage - net - amont - calme - clos - ralentir - coupable - la fin - oui - gentil - ancien - le froid - succulent.

9. Écris le texte en remplaçant chaque mot en gras par son contraire. Tu obtiendras un texte bizarre. *(Attention aux accords !)*

En **arrivant** à la maison, Gilberte a **remis** sa blouse, ses pantoufles et elle a commencé à remuer plein de casseroles dans la cuisine, sans dire un mot. Une odeur de chou-fleur, le légume que je **déteste** le plus au monde, a commencé à envahir la maison.
Quelques minutes **après**, Gilberte **est réapparue** pour nous annoncer que c'était l'heure du bain. J'ai répondu **poliment**, mais **fermement**, que je m'occupais de mon bain moi-même depuis **plusieurs** années. Gilberte m'a **regardé**, l'air soupçonneux :
– Tu te laves bien **partout** ? C'est vrai ce mensonge ? Je vérifierai !

F. Joly, La Grande Méchante Nounou, © Casterman SA.

10. Transforme chaque phrase pour exprimer le contraire de deux façons différentes.

Exemple : C'est un enfant blond.
▶ Ce n'est pas un enfant blond.
▶ C'est un enfant brun.

- Il est fatigué.
- Ce jeune homme est coupable.
- Cet oiseau a un chant gai.
- Ce matin, le ciel est couvert.
- En vocabulaire, nous recherchons des mots contraires.

11. Donne le contraire de chaque mot en utilisant un préfixe et utilise-le dans une phrase.

actif - patient - ordonné - habile - content - visible - commander - apparaître - charger - attentif.

À TOI DE JOUER...

12. Reproduis et complète la grille avec le contraire des mots suivants.

1. ▶ bonheur
2. ▶ joie
3. ▶ riche
4. ▶ fin
5. ▶ clair

Tu pourras lire un nouveau mot dans les cases jaunes.
Quel est son contraire ?

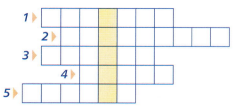

AUTODICTÉE

Le « télétravailleur » est un nouveau type de salarié qui ne se déplace plus pour aller sur son lieu de travail. Il travaille chez lui, relié à son entreprise par le téléphone et les nouveaux moyens de communication, comme le fax ou Internet.

Les **homonymes**

Les homonymes sont des mots qui **se prononcent de la même façon**.
Ils ont quelquefois la même orthographe, mais n'ont pas le même sens.

Exemples : le **maire** de la ville, la **mer** Méditerranée ;
la **tour** du château, le **tour** du magicien.

Il faut tenir compte du contexte pour choisir le bon homonyme.

1. Recopie et complète chaque phrase en choisissant parmi les homonymes suivants :
voie / voix – mas / mât – plainte / plinthe – poignée / poignet – comte / conte.
(Attention aux accords !)

- Le navigateur doit rentrer au port, car il a cassé le … de son bateau.
- Les … de communication sont coupées à cause des fortes chutes de neige.
- À la suite d'un cambriolage, mon oncle est allé porter … au commissariat.
- Ce chanteur d'opéra a une … exceptionnelle.
- Arthur aime les recueils de … .
- Valentin s'est cassé le … en faisant une mauvaise chute.
- La famille de mon meilleur ami a acheté un … en Provence.
- Le peintre a peint les murs d'une couleur et les … d'une autre couleur assortie.
- Les deux amis se sont donné une … de main.
- Le … de Saint-Kaye était à la table du marquis de Gayou.

2. Recopie et complète les phrases avec des homonymes de même orthographe.

- La … est un poisson plat.
- En se coiffant, Charles s'est fait une … au milieu ; il est chic !
- Au tribunal, l'… a plaidé non coupable pour son client.
- L'… est un fruit à noyau particulièrement gras.
- Mathias a cueilli des … dans les buissons et les a mangées.
- La maison de Léna possède d'immenses … vitrées.

3. En t'aidant de ton dictionnaire, trouve un homonyme de chacun des mots en gras. Recopie les couples d'homonymes.

Alors, soudain, le noir complet. Ils ne virent plus rien. Une drôle d'impression **les** envahit et ils entendirent un grand **vent** leur souffler **aux** oreilles. **Puis** le noir qui les entourait vira au bleu, au **vert**, au rouge, puis au doré, et **tout** à **coup**, ils se retrouvèrent **dans** leur jardin **près** de leur maison **sous** un beau soleil éclatant. Tout était redevenu normal.

R. DAHL, *Le Doigt magique*, trad. M.-R FARRÉ, Gallimard.

4. Trouve un homonyme de chaque mot en gras et emploie-le dans une phrase.

- Le blanchisseur a **teinté** sa veste en rouge.
- Lucille aime écrire avec de l'**encre** violette.
- Abou a marqué un **but** dans la lucarne.
- Nous avons fait une **balade** sur les **canaux**.

5. Retrouve les homonymes qui se cachent dans chaque groupe de phrase. Recopie et complète les phrases.

a)
- Il fait si chaud que l'… devient irrespirable.
- Tiphaine a calculé avec succès l'… du disque.
- À l'… quaternaire, la Terre était recouverte de glaciers.

b)
- Le … brame le soir au fond des bois.
- L'aigle a emprisonné le lapin dans ses … pour l'emporter dans son aire.
- Les … doivent des journées de travail au seigneur du château.

Les **différentes familles** de **mots**

On peut regrouper les mots par familles :

– **les familles étymologiques** (mots qui ont le même radical) ;
Exemple : le vent ▶ un ventilateur.

– **les familles thématiques** (mots qui évoquent la même idée) ;
Exemples : le soleil, la plage, le parasol.

– **les familles de synonymes** (mots de sens voisins).
Exemples : pluie, averse, déluge, giboulée.

1. Classe les mots en deux familles thématiques et donne un nom à chacune d'elles.

une avenue - un chemin - le métro - un village - le centre ville - une maisonnette - un immeuble - un bois - la circulation - les passages piétons - un pré - un jardin public - les feux tricolores - la verdure - un hameau.

2. Classe les mots en trois familles étymologiques.

charger - transportable - décharger - charge - changer - transport - recharger - changement - change - changeur - chargeur - transporteur - transporter - chargement - changeant.

3. Classe les mots en deux familles de synonymes.

plan - demeure - dessin - modèle - appartement - gîte - maison - carte - foyer - domicile - croquis - esquisse - résidence - maquette - logement - logis.

4. Recopie et complète.

	synonyme	mot de la même famille étymologique	mot de la même famille thématique
promenade	excursion	promeneur	nature
navire	…	…	…
conversion	…	…	…
refuser	…	…	…
voyager	…	…	…
limpide	…	…	…

5. Lis le texte. Cherche ensuite un synonyme de chacun des mots en gras.

Un rayon de soleil **éclaire** la **place** du **village**. Nous nous asseyons à la terrasse d'un **café**. Nous **rêvons** tous d'un **bon** sandwich et d'une **bouteille** de Coca. Mais personne n'a l'air pressé de nous servir. Alors, j'en profite pour tout **raconter** : les voitures, le coup de fil, Fred et l'œillet rouge. Marc **pense** qu'il faudrait **avertir** la police. Papa dit que j'ai trop d'imagination. Il est incapable de s'intéresser à « mes **histoires** » alors que son **ventre** crie famine. Il se lève pour aller passer commande.

A. BERTRON, *La Promenade infernale*, Milan.

6. Trouve trois mots de la famille étymologique de *balance* et emploie chacun d'eux dans une phrase.

AUTO**DICTÉE**

Le sauteur à la perche sautille sur place. Puis il se concentre, prend son élan, soulève sa perche et se met à courir. Arrivé au bout du sautoir, il prend appui sur sa perche et s'élève dans le ciel du stade. Il franchit aisément la barre et retombe sur le matelas. Il lève les bras en signe de victoire.

Mots génériques et mots particuliers

Un **mot générique** a un **sens général** ; il représente une classe d'objets, d'animaux ou de personnes.
Exemples : un meuble, un mollusque, un commerçant.

Chaque élément de cette classe est un **mot particulier**.
Exemples : une armoire, un buffet, une table (meubles) ;
un ver, un escargot, une huître (mollusques).

1. Écris, pour chaque liste de mots, le mot générique qui convient.

a) des pinces - un marteau - un tournevis - un rabot.
b) Paris - Madrid - Bruxelles - Londres - Oslo.
c) des boucles d'oreilles - un collier - une bague - un bracelet.
d) un thon - un merlan - une murène - une raie.
e) Vénus - Neptune - Jupiter - Pluton.

2. Recopie le texte. Encadre le nom générique et souligne les noms de sens particuliers correspondants.

Les minéraux sont tantôt durs, comme le fer, l'or, le basalte, tantôt fluides, comme l'eau, le mercure. Le mercure ne comporte qu'un seul élément. Le pétrole est un ensemble de nombreux éléments.

3. Remplace les noms de sens particuliers en gras par un nom générique.

a) Avant le dessert, nous sortons **le Bresse bleu**, **le camembert** et **l'emmenthal**.
b) **Des briards**, **des labradors** et **des saint-bernards** nous observaient sagement.
c) Lors du bal costumé, on a vu beaucoup **de capelines**, **de melons** et **de hauts-de-forme**.
d) J'aime **les crevettes**, **les langoustines** et **les tourteaux**.
e) Les enfants s'amusent **aux billes**, **à la marelle** ou **à la balle aux prisonniers**.
f) Parfois, nous savons reconnaître **les cumulus**, **les stratus** et **les cirrus**.

4. Remplace chaque nom générique en gras par trois noms de sens particuliers.

*Exemple : Émilie achète de la **viennoiserie** chez le boulanger.* ▶ *Émilie achète des croissants, une brioche et des pains au chocolat chez le boulanger.*

• **Les instruments à vent** demandent beaucoup de souffle.
• Range **les couverts** dans le tiroir.
• Dans la forêt, on trouve **quelques arbres** centenaires.
• Avant, Papa pratiquait **plusieurs sports**.
• Benjamin aime l'histoire **des rois de France**.

5. Recopie et complète soit avec un nom générique, soit avec trois noms de sens particuliers.

• Le Nil, l'Amazone, l'Indus : …
• Des éditeurs : …
• L'escarpin, la sandale, la bottine : …
• Le saphir, le diamant, l'émeraude : …
• Des livres : …
• Des métiers : …
• Victor Hugo, Stephen King, Marcel Pagnol : …
• Des récipients : …

AUTODICTÉE

L'illustrateur utilise beaucoup d'outils pour ses dessins : des crayons de couleur, des feutres épais et fins, des encres, du vernis, des pastels secs et gras, du fixatif, du bambou, de la colle, des pinceaux, un ordinateur…

Une **langue vivante**

La langue française est une **langue vivante**, c'est-à-dire qu'elle **évolue** au fil du temps. Certains mots disparaissent parce que ce qu'ils désignaient n'existe plus.
Exemples : un **apothicaire** (remplacé par un pharmacien) ; une **lieue** (équivalait à 4 km).

D'autres mots apparaissent avec notre nouveau mode de vie.
Exemples : un ordinateur, un CD-Rom.

D'autres mots encore sont empruntés à des langues étrangères.
Exemples : un magazine (arabe), le parking (anglais), un divan (turc).

1. Pour chacun des mots, on te donne le sens d'autrefois. Cherche son sens d'aujourd'hui.

a) Compagnon ▶ celui qui partageait son pain.
b) Bureau ▶ grosse étoffe.
c) Potager ▶ cuisinier.
d) Phalange ▶ bâton.
e) Facteur ▶ Celui qui faisait.

2. Retrouve le mot anglais caché derrière chaque définition.

a) Terrain où l'on dort sous la tente.
b) Produit pour se laver les cheveux.
c) Maillot de coton à manches courtes.
d) Parc de stationnement pour véhicules.
e) Fin de semaine.
f) Gardien de but au football.

3. Retrouve, à l'aide d'un dictionnaire étymologique, l'origine de chaque mot.

une comète - une hermine - un héros - un colis - un sorbet - un talisman - un slogan - le peuple - un incendie - le gosier - un timbre - un karaoké.

4. Donne l'origine des préfixes photo et télé, ainsi que leur signification. Trouve ensuite quatre mots avec chacun de ces préfixes.

 5. Retrouve l'origine régionale de chaque mot.

le nougat - un goéland - une daurade - le pistou - une espadrille - baragouiner.

À **TOI** DE JOUER…

6. Reproduis et complète la grille à l'aide des définitions données.

1. ▶ D'origine italienne, je suis le vêtement de nuit.
2. ▶ D'origine anglaise, je suis un vêtement de coton molletonné.
3. ▶ D'origine esquimaude, je suis une longue veste à capuche.
4. ▶ D'origine anglaise, je suis le pantalon de tous les jeunes.
5. ▶ D'origine anglaise, je suis en laine.
6. ▶ D'origine italienne, je possède deux longues jambes.
7. ▶ D'origine italienne, je suis un sous-vêtement en forme de culotte collante.
8. ▶ D'origine anglaise, des Bermudes, je suis un short long.
9. ▶ D'origine espagnole, je suis une couverture percée pour le passage de la tête.

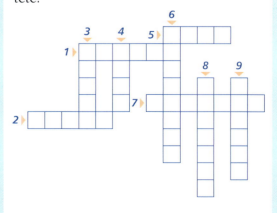

Les **niveaux** de **langue**

On utilise des registres de langue différents selon la personne à qui on s'adresse ou la situation dans laquelle on se trouve.

Ces registres de langue sont :
familier : Je suis vaseuse ; **courant** : J'ai mal au cœur ; **soutenu** : J'ai des nausées.

1. Relève dans le texte les mots (ou expressions) de langage familier.

Elle, la fille, elle s'appelle Jane (pas Jeanne, djène). Calamity Jane dit sa mère en rigolant. Comme chaque jour, donc, Jane s'installe dans la cuisine. Françoise sort les courses de son cabas, jette une salade dans l'évier, tasse quelques trucs au frigo, pose le pain sur la table. Jane pique un croûton.

M. DORRA, En route pour hier,
Je bouquine Publications SA, Bayard Jeunesse / Gallimard Jeunesse.

2. Récris ce petit texte en remplaçant les expressions familières en gras par des mots ou expressions de langage courant.

Myrtille me **casse les pieds** ; elle vient toujours **fourrer son nez** dans mes affaires. **C'est pas ma frangine**. Je veux qu'elle me **fiche la paix**.

3. Ces phrases sont en langage familier. Récris-les en langage courant.

• Il a du bol ; il gagne souvent au Loto.
• Lucas met souvent ses pompes à l'envers.
• Quelle trouille nous avons eue.
• Cette fois, l'équipe allemande a eu chaud.
• Nous casserons la croûte sous un arbre.
• Le groupe de musiciens que nous avons vu hier a fait un tabac.
• Les questions du contrôle étaient drôlement corsées.
• Antoine se la coule douce encore cette année.

4. Aide-toi du dictionnaire si c'est nécessaire pour trouver le sens de ces mots qui appartiennent au langage soutenu. Trouve pour chacun un synonyme en langage courant.

• le courroux
• une vocifération
• obtempérer
• primordial
• se consumer
• embraser
• laborieux
• courtois
• prestement
• néanmoins

5. Aide-toi du dictionnaire et récris les phrases en remplaçant les mots en gras par des mots plus recherchés.

• Cette tarte aux myrtilles est absolument **délicieuse**.
• L'aiguille de la boussole **indique** le nord.
• Mes voisins **occupent** leurs vacances à tapisser leur maison.
• Ses notes en mathématiques sont plutôt **faibles**.
• Nous assistâmes le soir de cette fête à un énorme **repas**.
• Robin répond toujours avec beaucoup de **sang-froid**.

6. Reproduis et complète le tableau.

langage familier	langage courant	langage soutenu
...	un costume	...
bosser	...	...
...	...	échouer
beugler	...	...
...	peureux	...
...	...	pingre
moche	...	...

Des **expressions imagées**

La langue française utilise de nombreuses **expressions imagées**.
Elles permettent de « **dire plus fort** » ou de **résumer** une idée complexe.
Exemples : « Être sage comme une image », c'est être très sage.
« Avoir la langue bien pendue » signifie : parler facilement, être très bavard.

Attention ! Quand on cherche le sens d'une expression imagée dans le dictionnaire, il n'est pas toujours simple de savoir à quel mot chercher !

1. *Recopie le texte et souligne toutes les expressions imagées. Cherche ensuite celles que tu peux remplacer par un mot ou une expression plus simple.*

Ah ! Le triste sire, le chenapan, le bandit, le scélérat… Il m'a cassé du sucre sur le dos, il m'a traîné dans la boue et, par-dessus le marché, il a fait main basse sur mon argent ! Par dieu, comment ai-je pu croire ce vaurien qui ment comme un arracheur de dents ? Mais, il peut rire sous cape, je ne serai pas une poule mouillée et j'ai l'œil sur lui : on n'apprend pas aux vieux singes à faire des grimaces, alors… rira bien qui rira le dernier !

2. *Recopie et complète chaque expression avec l'adjectif qui convient :*

rusé – bavard – fier – myope – doux – fainéant.

- … comme une taupe.
- … comme un renard.
- … comme une pie.
- … comme un agneau.
- … comme un paon.
- … comme une couleuvre.

3. *Recopie et complète ces expressions familières avec un nom de fruit ou de légume.*

- Un journal sans valeur ▸ une feuille de … .
- Être en grande forme ▸ avoir la … .
- Être stupide ▸ avoir un … en guise de cerveau.
- C'est la fin de tout ▸ c'est la fin des … .
- Être trop gentil ▸ être une bonne … .
- Espérer une récompense avant d'agir ▸ avoir besoin d'une … pour avancer.

4. *Recopie les phrases. Note, à la fin de chacune d'elles, la lettre correspondant à l'explication de l'expression en gras.*

Exemple :
Cette information est toute **chaude** (G).

- Le responsable passe son temps à **souffler le chaud et le froid**.
- Je **suis en froid** avec mon voisin.
- Nadir a **le sang chaud**.
- Il fait **un froid de canard**.
- Si tu te baignes maintenant, tu risques d'**attraper un chaud et froid**.
- Sa remarque a **jeté un froid**.
- Victor fait toujours preuve de **sang-froid**.
- Cela ne me fait **ni chaud ni froid**.
- C'était une **chaude alerte**.
- Tu n'as pas **froid aux yeux**.

A. Un froid très vif.
B. Laisser totalement indifférent.
C. Être fâché.
D. Être courageux.
E. Calme.
F. Rude, sévère.
G. Récente, nouvelle.
H. Être tour à tour amical et hostile.
I. Provoquer le malaise.
J. S'énerver facilement.
K. Un refroidissement brusque.

5. *Explique les expressions. Tu peux utiliser le dictionnaire.*

- Mettre la charrue avant les bœufs.
- Vendre la peau de l'ours avant de l'avoir tué.
- Se faire l'avocat du diable.
- Ne pas être dans son assiette.

6. Recopie et complète les expressions avec le nom d'animal qui convient :

cheval – vipère – souris – loup – coq – baleine – autruche – oiseau – cochon – chat.

- Rire comme une … .
- Avoir une langue de … .
- Avoir une fièvre de … .
- Faire l'… .
- Avoir un appétit d'… .
- Avoir un caractère de … .
- Être comme un … en pâte.
- Jouer au … et à la … .
- L'homme est un … pour l'homme.

Parmi les expressions ci-dessus, indique lesquelles signifient :

- ne pas vouloir regarder les choses en face.
- passer son temps à dire du mal des autres.

7. Donne le sens de chacune de ces expressions.

- Avoir une faim de loup.
- Avancer à pas de loup.
- Être connu comme le loup blanc.
- La faim fait sortir le loup du bois.
- Hurler avec les loups.
- Quand on parle du loup, on en voit la queue.

8. Associe chaque expression (A à E) à son explication (1 à 5).

A. Avoir une main de fer dans un gant de velours.
B. Mettre la main à la pâte.
C. Mettre la main sur quelque chose.
D. Avoir le cœur sur la main.
E. Avoir les mains liées.

1. Participer à un travail.
2. Être très généreux.
3. Être dans l'impossibilité d'agir.
4. Faire preuve d'une grande autorité sous des apparences de douceur.
5. Trouver après avoir longtemps cherché.

9. Associe chaque expression (A à J) à son explication (1 à 10).

A. Être tombé sur la tête.
B. Faire la tête.
C. Se payer la tête de quelqu'un.
D. Avoir une tête de linotte.
E. Garder la tête froide.
F. N'en faire qu'à sa tête.
G. Ne plus savoir où donner de la tête.
H. Réagir sur un coup de tête.
I. Avoir toute sa tête.
J. Tenir tête à quelqu'un.

1. Ne pas tenir compte des autres opinions.
2. Sans réfléchir, brusquement.
3. Être submergé de travail.
4. Conserver toutes ses capacités intellectuelles.
5. Réagir avec calme et lucidité.
6. Résister.
7. Se moquer.
8. Bouder.
9. Avoir un comportement bizarre, un peu fou.
10. Être étourdi, irresponsable.

À TOI DE JOUER…

10. Peux-tu retrouver les expressions illustrées par ces dessins ?

Autour de la **citoyenneté**

La Convention relative aux droits de l'enfant

Ce long texte, réparti en cinquante-quatre articles, est obscur pour l'enfant qui le lit et pourtant il est porteur de beaucoup de lumière. Il proclame clairement que l'enfant est une personne qui mérite le respect, l'écoute, l'attention, la protection et le droit à l'expression comme n'importe quel autre humain de la planète. Il montre dans le détail qu'il n'y a pas de petits droits, de droits mineurs qui n'auraient que peu d'importance. Des droits vitaux à l'alimentation ou à la santé jusqu'aux droits démocratiques, tous les droits se tiennent les uns aux autres, se complètent. La Convention relative aux droits de l'enfant considère en effet tous les instants, tous les aspects de la vie de l'enfant, dans leur globalité.

Elle a enfin un énorme avantage, par rapport aux textes internationaux précédents, d'engager concrètement les pays qui l'ont ratifiée. Les États doivent en effet rendre des comptes, s'expliquer et définir des projets pour progresser.

A. SERRES, *Le Grand Livre des droits de l'enfant*, Rue du Monde.

1. Lis le texte et réponds aux questions.

a) Donne des exemples de droits reconnus aux enfants par la Convention relative aux droits de l'enfant.

b) Qu'appelle-t-on des « droits vitaux » ?

c) Quel progrès très important représente cette Convention ?

2. Recopie et complète chaque phrase avec l'un des noms suivants, synonymes de convention.

compromis – engagement – traité – contrat – accord – pacte.

- Mes parents viennent de signer un nouveau ... d'assurances.
- Les deux représentants semblaient loin de pouvoir arriver à un ... . Ils ont pourtant fini par trouver un ... acceptable par chacun d'eux.
- Signé en 1957, le ... de Rome est l'acte de naissance de l'Europe communautaire.
- Le Premier ministre propose un ... pour l'emploi des jeunes.
- Tous les élèves de l'école ont pris l'... de tenir la cour propre.

3. Les droits impliquent des devoirs. Reproduis et complète le tableau avec les exemples de ton choix.

droits à ...	devoirs ...
une nationalité	ne pas dénigrer son pays
l'éducation	...
l'amour de ses parents	...
la liberté de religion	...
la liberté d'expression	...

4. La première phrase du texte comporte un adjectif et un nom pris au sens figuré. Quels sont-ils ? Écris ensuite cette phrase en utilisant le contraire de ces mots.

5. Recopie chaque liste de mots en écrivant en rouge les mots ou expressions synonymes, en bleu le mot contraire.

Exemple : majeur - mineur - primordial.

- dictature - démocratie - régime totalitaire.
- précédent - antérieur - suivant.
- signer - ratifier - rejeter.
- royauté - république - monarchie.
- instaurer - abolir - supprimer.
- superflu - essentiel - vital.

Vocabulaire

Expression écrite

Lecture

6. La Convention relative aux droits de l'enfant a été adoptée par l'ONU. Que signifie ce sigle ? Plusieurs organismes spécialisés dépendent de l'ONU. Retrouve ce que signifient ces sigles et le rôle de chaque organisme.

UNICEF - UNESCO - OMS - FAO.

7. Indique à quel dessin correspond chacun de ces droits de l'enfant.
Ensuite, illustre d'autres droits.

1. Droit à un nom et à une nationalité.
2. Droit au repos et aux loisirs.
3. Droit à l'éducation.
4. Droit à une alimentation, à un logement et à des soins médicaux.

Les Français et l'insécurité

La question de l'insécurité est celle qui préoccupe le plus les Français. En 2000, il y a eu une augmentation de 5,72 % de la délinquance par rapport à 1999. C'est une des plus fortes augmentations en 10 ans. La délinquance, c'est aussi bien les escroqueries à la carte bancaire sur Internet, les vols, les agressions, que les « incivilités », c'est-à-dire les dégâts causés par les tags, les insultes gratuites, etc. Ces « incivilités » et les comportements contraires aux règles de la société provoquent un sentiment de malaise chez les Français.

La plupart des gens pensent que l'insécurité est causée par les jeunes et plus particulièrement par les jeunes des cités difficiles.

Les habitants des centres-villes ne comprennent pas les codes bien particuliers des jeunes des cités. Ne les comprenant pas, ils en ont peur.

Les jeunes, de leur côté, jouent sur cette peur et ont tendance à exagérer leurs comportements pour montrer qu'ils ne sont pas d'accord avec les règles de la société dont ils se sentent rejetés.

Le Journal des enfants, 26 juillet 2001.

8. *Lis le texte et réponds aux questions.*
a) Explique ce qu'est la délinquance.
b) Le droit à la sécurité ne concerne pas que la lutte contre la délinquance. Peux-tu trouver des exemples, dans notre vie quotidienne, où nous souhaitons voir garantie notre sécurité ?

9. Identifie les différents services de l'État qui sont chargés de veiller sur notre sécurité.

Exemple : Elle aide les services de sécurité dans les missions de secours : **la protection civile**.

• Corps militaire qui veille à la sécurité publique et au respect des lois : la … .
• Ils interviennent en cas d'incendie, d'accident : les … .
• Ensemble des fonctionnaires chargés du maintien de l'ordre et de la sécurité des personnes et des biens : la … .
• Elle a en charge la défense de notre pays : l'… .
• Elle surveille notamment les mouvements de marchandises aux frontières : la … .

10. Enquête. Recherche la mission de chacun de ces services de police.

• La Police judiciaire.
• Les Renseignements généraux (RG).
• Les compagnies républicaines de sécurité (CRS).
• La Direction de la surveillance du territoire (DST).
• La Police de l'air et des frontières.

11. Recopie et complète le texte avec les mots suivants :

interrogatoire – gyrophares – inspecteurs – preuves – cambriolage – gardien de la paix – juge d'instruction – indices – garde à vue – faction – suspects – culpabilité.

Dans ce grand magasin, un … a eu lieu dans la nuit. Des véhicules de police, … allumés, stationnent en face de l'entrée où un … est en … . À l'intérieur, plusieurs … sont à la recherche des … qui permettront d'interpeller les … . Si les … de la … d'une personne semblent réunies, les services de police procéderont à l'… de cette personne pendant sa … . Son dossier sera alors transmis à un … .

12. Relève, dans le texte « Les Français et l'insécurité », deux noms commençant par le préfixe *in*. Choisis ensuite le sens correct de ce préfixe parmi les réponses proposées.

a) autour   b) avant   c) privé de   d) au milieu.

13. Lis le texte, puis réponds aux questions.

Et ça y est ! C'était reparti ! La bande de grands qui me cherche toujours des histoires était de retour ! C'est toujours sur moi que ça tombe. Ils se mettent sur le chemin de l'école, je peux pas les rater. Et eux, ils me ratent pô non plus…
Ils trouvent toujours la bonne blague où je peux pas répondre parce qu'ils sont grands et pô moi. Le pire, c'est quand ils font comme si j'étais leur esclave. Ils me tapent la honte et j'en ai marre ! C'est des pourritures. Ils marchent sur mon cartable et puis ils me demandent si mon sac est pô trop lourd. Si je réponds que non, ils me demandent « non, qui ? » et ch'uis obligé de dire « non, monsieur ».
En plus, ils me font des trucs qui font hyper mal. Cette fois, c'est allé trop loin. Un de ces pôv'types était en train de mâcher du chewing-gum. Il a commencé à faire une bulle, et il s'est collé à moi pour me la faire éclater à la figure. Mais il a pas eu le temps.

Zep, *Titeuf, même pô mal…*, adaptation S. Anguerrand, Glénat.

a) As-tu déjà été victime de ce qui arrive à Titeuf ?
b) Comment penses-tu qu'il faille réagir quand de telles choses se produisent ?
c) Quelle phrase du texte peut être associée au nom « sévices » ?
d) Dans le texte, que peut-on définir comme de la lâcheté ?
e) Si Titeuf était obligé, en plus, de donner de l'argent ou un vêtement, quel nom désignerait ce qui se passe ?

Une Terre pour tous

La population de la Terre ne cesse d'augmenter. Et sa grande diversité n'empêche ni les ressemblances, ni les occasions de se rencontrer.

Six milliards d'hommes
Les hommes habitent presque partout sur la Terre. Les uns vivent dans des cases en paille, d'autres dans des immeubles. Certains mangent assis par terre, d'autres sur une table basse ; certains mangent avec des baguettes, d'autres avec des couteaux et des fourchettes. Quelques populations sont nomades : elle vivent sous des tentes et se déplacent souvent. Mais la plupart des hommes sont sédentaires et la moitié d'entre eux vivent dans des villes.

Une seule planète pour vivre
Les habitants de la Terre n'ont pas la même couleur de peau, ils ne parlent pas la même langue, ils n'écrivent pas de la même manière, ils ne pratiquent pas les mêmes religions… mais ils ont en commun d'être tous des êtres humains et d'habiter la même planète, la Terre, la seule planète où il est possible de vivre. C'est pourquoi il est important de la protéger. Chacun est responsable de l'avenir de la planète. L'air que nous respirons, les océans n'ont pas de frontières. Si l'air ou la mer sont salis, tout le monde en souffre.

Un monde d'échanges
Les hommes des différents pays ont toujours cherché à avoir des échanges les uns avec les autres. C'est grâce à cela que nous mangeons en France du chocolat et des bananes venus de pays lointains. Bien sûr, parfois il y a des guerres, quand les hommes n'arrivent pas à s'entendre. Mais, de plus en plus, grâce aux voyages, à la musique, au sport, aux échanges de marchandises, à Internet, la communication se fait plus facilement entre les différentes populations.

Ma Première Encyclopédie, Larousse.

14. *Lis le texte et réponds aux questions.*

• Cite des exemples du texte démontrant des habitudes, des modes de vie différents.
• Pourquoi est-il important de protéger notre planète ?
• Donne des exemples de ce qui permet aujourd'hui de multiplier les échanges.
• Pourquoi les échanges entre les différentes populations sont-ils importants ?
• Quel adjectif du texte est le contraire de « nomade » ?

15. *Reproduis et complète le tableau à l'aide des mots dérivés manquants.*

noms	verbes	adjectifs qualificatifs
différence	…	…
…	protéger	…
communication	…	…
…	faciliter	…
…	…	responsable

16. Recopie chaque liste de mots en divisant les mots en deux groupes. Explique ensuite les raisons de ton choix.
- racisme - haine - tolérance - respect - violence - amitié.
- pauvreté - opulence - famine - gaspillage - maladie - richesse.
- aider - soutenir - délaisser - partager - abandonner - ignorer.
- diversité - ressemblance - variété - uniformité - monotonie - différence.
- respecter - dégrader - vivre - préserver - survivre - abîmer.

17. Recopie chaque phrase en remplaçant le nom *différence* par le synonyme qui convient : *inégalité* ou *diversité*.
- On trouve, parmi tous les hommes, une grande différence de couleur de peau.
- On note souvent une différence de salaire entre les hommes et les femmes pour un même travail.
- On remarque une différence de richesse très importante entre les pays du Nord et ceux du Sud.
- On découvre, d'un pays à l'autre, une grande différence de coutumes et de traditions.
- Dans un même pays, on note parfois une grande différence de langues ou de religions.
- On voit aujourd'hui, selon les pays, une grande différence dans l'accès aux soins médicaux.

18. Les échanges nous apprennent la tolérance. Peux-tu expliquer cette phrase en rédigeant un texte de quelques lignes ?

19. Classe les groupes nominaux en deux colonnes : ceux qui te semblent évoquer la préservation de notre environnement, ceux qui te semblent évoquer un risque pour la préservation de notre environnement.
une éolienne - l'énergie nucléaire - le recyclage - une station d'épuration - l'agriculture intensive - l'énergie solaire - les transports en commun - des pesticides - la déforestation - le tri sélectif.

20. Relève, dans le dessin, les gestes qui ne sont pas civiques.

POÉSIE...

Le Globe

Offrons le globe aux enfants, au moins pour une journée.
Donnons-leur afin qu'ils en jouent comme d'un ballon multicolore
Pour qu'ils jouent en chantant parmi les étoiles.
Offrons le globe aux enfants,
Donnons-leur comme une pomme énorme
Comme une boule de pain toute chaude,
Qu'une journée au moins ils puissent manger à leur faim.
Offrons le globe aux enfants,
Qu'une journée au moins le globe apprenne la camaraderie,
Les enfants prendront de nos mains le globe
Ils y planteront des arbres immortels.

N. Hikmet, adaptation du turc par C. Dobzynski,
Le Temps des Cerises.

Autour de la **géographie**

Qu'est-ce qu'une plaine ?

Une plaine est une grande étendue de terre toute plate. Il n'y a aucune colline jusqu'à l'horizon, et on y voit très loin, un peu comme sur la mer. Les plaines sont d'anciennes montagnes usées pendant des millions d'années ou des terrains composés de débris déposés par les fleuves. En Chine, elles ont été formées par d'énormes quantités de poussières apportées par les vents. Certaines plaines sont immenses. En Amérique du Nord, on les appelle « prairie », en Amérique du Sud, « pampa ».

Les Paysages et les saisons, Coll. « Questions réponses 6/9 ans », Nathan.

1. Lis le texte et réponds aux questions.

a) Qu'est-ce qu'une plaine ?
b) Qu'y avait-il avant les plaines ?
c) Comment se sont-elles formées en Chine ?
d) Quels sont les synonymes du nom « plaine » ?

2. Retrouve à quel mot correspond chaque numéro sur le dessin ci-dessus :

montagne – mer – vallée – plaine – plateau – colline.

3. À l'aide de ton dictionnaire, recherche les mots suivants et emploie chacun d'eux dans une phrase.

fjord - cap - lagune - dune - calanque - baie.

4. Recopie et complète les phrases avec ces synonymes du mot plaine :

bassin – toundra – rase campagne – étendue – pampa.

• La ... se situe à la limite des pôles et la végétation est constituée par des mousses et des lichens.
• Une ... immense s'étire entre ces deux grandes villes.
• Le ... aquitain se situe dans la région de Bordeaux.
• Les gauchos ratissent la ... à la recherche du bétail égaré.
• Il est tombé en panne de voiture en ... et il est rentré à pied.

5. Recopie et complète les phrases avec les mots suivants :

fleuve – rivière – ruisseau – torrent – affluent – confluent – source.

- La Loire est le plus long ... de France ; elle prend sa ... au mont Gerbier-de-Jonc.
- Le ... est l'endroit où deux cours d'eau se rencontrent.
- La Marne se jette dans la Seine. La Marne est donc un ... de la Seine.
- Autrefois, on emmenait le bétail boire au ... .
- L'eau qui dévale du ... est glacée.
- Le papa de Théo va pêcher au bord de la ... .

La croissance urbaine

De plus en plus de personnes viennent vivre dans les villes. La mécanisation de l'agriculture a entraîné une diminution des besoins en main-d'œuvre dans les campagnes. Beaucoup de ruraux sont attirés par les centres urbains et leurs possibilités d'emploi. Les pays en voie de développement voient leur population urbaine croître très rapidement et rattraper celle des nations développées. Aujourd'hui, la moitié de la population mondiale vit en ville.

A. Mason, *Notre monde aujourd'hui*,
trad. et réalisation Accord Toulouse, Nathan/HER.

6. Lis le texte et réponds aux questions.

a) Pourquoi les gens quittent-ils les campagnes ?
b) Pourquoi les gens veulent-ils vivre en ville ?
c) Quelle est la proportion de gens qui habitent en ville ?

7. À l'aide de ton dictionnaire, recherche le sens des mots suivants et emploie chacun d'eux dans une phrase.

recensement - densité de population - natalité - mortalité - espérance de vie.

8. Recopie et complète les phrases avec les mots suivants :

ville – village – hameau – métropoles – banlieue – capitale.

- Quito est la ... de l'Équateur.
- Mexico compte, avec sa ..., plus de seize millions d'habitants.
- Tous les habitants du ... étaient réunis pour fêter les cent ans de Mme Dupont.
- Un ... est un petit groupe isolé de maisons rurales.
- La ... de Montélimar est réputée pour ses nougats.
- Lyon, Lille, Marseille sont des ... françaises.

9. Retrouve le nom de ces différents habitants.

- Celui qui habite à la montagne.
- Celui qui habite à la campagne.
- Celui qui habite en ville.
- Celui qui habite en banlieue.
- Celui qui habite sur une île.
- Celui qui habite dans un village.

10. Recopie et complète les phrases avec ces mots de la famille de peuple :

peupler – peuplement – populaires – population – dépeuplement – popularité.

- Tokyo est la ville qui a la plus forte ... au monde.
- La ... de ce chanteur a dépassé les frontières de son pays.
- Le ... des villes s'est fait au fur et à mesure du ... des campagnes.
- David Douillet est l'un des hommes les plus ... de notre pays.
- Il faut continuer à ... nos forêts si l'on veut maintenir l'équilibre écologique.

11. À l'aide d'un dictionnaire, d'un atlas, d'un CD-Rom ou d'Internet, recherche quelles sont les cinq villes les plus peuplées du monde.

Les moyens de transport

Pour aller à son travail ou pour partir en vacances, pour transporter des marchandises ou de l'électricité, on a besoin de moyens de transport.
Pour leurs déplacements, les Français préfèrent l'automobile ; toutefois le TGV et l'avion attirent de plus en plus de passagers, car ils sont les plus rapides et de moins en moins coûteux.
Le camion, assurant les livraisons aux portes des entreprises, est en tête pour le transport de marchandises. Les oléoducs (gros tuyaux enterrés) servent à transporter le pétrole brut.

J.-L. Nembrini, J. Faux, A.-S. Moretti,
Histoire, Géographie, Éducation civique CM2,
Coll. « À monde ouvert », Hachette Éducation.

12. Lis le texte et réponds aux questions.

a) Fais la liste de tous les moyens de transport évoqués dans ce texte.
b) Quel est le moyen de transport préféré des Français ?
c) Pourquoi a-t-on besoin de moyens de transport ?
d) Pourquoi le train et l'avion sont-ils de plus en plus utilisés ?

13. Retrouve le nom de ces différents véhicules.

- Celui qui transporte des malades.
- Celui qui transporte des bébés.
- Celui qui transportait des rois et des reines.
- Celui qui glisse sur la neige.
- Celui qui transporte du foin.
- Celui que l'on appelle pour qu'il nous conduise où l'on souhaite aller.
- Celui qui transporte des marchandises.

14. Recopie et complète les phrases avec les synonymes du verbe *transporter*, conjugués au passé composé :

livrer – conduire – transborder – brouetter – mener – manutentionner.

- Le jardinier … ses mauvaises herbes jusqu'au tas de compost.
- Le berger … ses moutons dans les alpages.
- Valentine … ses enfants au centre aéré.
- Le transporteur … ces deux gros colis avec quelques heures de retard.
- Les dockers … les marchandises d'un bateau à l'autre.
- Le cariste … ces matériaux de la zone de production à la zone d'utilisation.

15. Retrouve la signification de chaque sigle.

TGV - RER - TER - RATP - SNCF.

16. Recopie et complète les phrases avec ces synonymes du mot *avion* :

bombardier – porte-avions – gros porteur – jet – charter – ravitailleur – canadair. (Attention aux accords !)

- Pendant la Seconde Guerre mondiale, des … ont largué des bombes atomiques sur des villes japonaises.
- Les … transportent des avions de combat et leur permettent de décoller et d'atterrir.
- Dans le Midi, il n'est pas rare de voir des … intervenir pour éteindre les feux de forêts.
- Pour partir aux Antilles, nous avons pris un vol … au départ de l'aéroport de Roissy.
- Les chefs d'entreprise empruntent des … privés pour se déplacer très rapidement sur toute la planète.
- Un … est un avion qui peut transporter de grandes quantités de matériel.
- Le … est chargé d'approvisionner les avions en vol.

17. *Dans cette liste, recopie uniquement les noms de bateaux. Indique ensuite sous quel nom générique tu pourrais désigner les noms restants.*

une diligence - une chaloupe - un monospace - un paquebot - un chalutier - un fiacre - un yacht - une gondole - une carriole - une felouque - une roulotte - une berline - un cargo - un coupé - un thonier - une pirogue - une galère - un break - un catamaran - une caravelle - une goélette - une jonque - une calèche - un kayak - un croiseur.

POÉSIE…
Rien ne sert de courir

Un grain de blé s'envola
en l'air loin de l'aire
un grain de blé voyagea
parcourant la terre entière

un oiseau qui l'avala
traversa l'Atlantique
et brusquement le rejeta
au-dessus du Mexique

un autre oiseau qui l'avala
traversa le Pacifique
et brusquement le rejeta
au-dessus de la Chine

traversant bien des rizières
traversant bien des deltas
traversant bien des rivières
traversant bien des toundras

dans son pays il revint
brisé par tant d'aventures
et pour finir il devint
un tout petit tas de farine
Pas la peine de tant courir
pour suivre la loi commune

R. Queneau, *Battre la campagne*, Gallimard.

POÉSIE…
Partir

Partir !
Aller n'importe où,
vers le ciel
ou vers la mer,
vers la montagne ou vers la plaine !
Partir !
Aller n'importe où,
vers le travail, vers la beauté
ou vers l'amour !
Mais que ce soit avec une âme pleine de
　　　　　　　　　　　rêves et de lumières,
avec une âme pleine
de bonté, de force et de pardon !

S'habiller de courage et d'espoir,
et partir,
malgré les matins glacés,
les midis de feu,
les soirs sans étoiles.
Raccommoder, s'il le faut,
nos cœurs
comme des voiles trouées, arrachées
au mât des bateaux.
Mais partir !
Aller n'importe où
et malgré tout !

Mais accomplir une œuvre !
Et que l'œuvre choisie
soit belle,
et qu'on y mette tout son cœur,
et qu'on lui donne toute sa vie.

C. Chabot, *Poésie manège d'étoiles*,
Centre de psychologie et de pédagogie. Montréal.

AUTODICTÉE

Avant le départ, les pilotes des avions font un plan de vol. Ils choisissent une route à suivre en fonction de la météo, de la distance et de l'altitude pendant le vol. Les avions sont suivis depuis la terre par radio ou par radar.

Autour de l'**économie**

Trois grands secteurs d'activité

Les activités professionnelles sont divisées en trois secteurs : le primaire rassemble les activités de production des matières premières (agriculture, pêche, mines) ; les métiers du secondaire s'occupent de leur transformation en produits de consommation ; le secteur tertiaire comprend toutes les activités de services (le commerce, les transports, la communication, l'éducation, l'administration…).

Méga France, L'Encyclopédie vivante, Nathan.

1. *Lis le texte et réponds aux questions.*

a) Quels sont les trois grands secteurs d'activités professionnelles ?
b) Peux-tu trouver deux synonymes du nom « métier » ?
c) Donne trois mots de la famille de « production ».

2. *Indique, pour chaque profession, à quel secteur d'activités elle appartient.*

a) Le père de Damien est chef d'atelier dans une usine de construction automobile.
b) La mère de Mélanie est employée de banque.
c) Le père de Soizic est patron d'un chalutier.
d) L'oncle de Gary est receveur à la Poste.
e) Les parents de Noémie sont agriculteurs.
f) La mère de Kenny est ingénieur chimiste dans une société pétrolière.
g) La sœur d'Eurydice est professeur de collège.
h) Les parents de Quentin travaillent dans une entreprise qui fabrique des téléviseurs.

3. *Relève, dans le texte ci-dessus, six noms formés à l'aide du suffixe* tion. *Indique à partir de quels verbes ils sont formés. Trouve ensuite, pour chacun d'eux, un nom de la même famille formé avec le suffixe* eur.

4. *Recopie et complète les phrases avec des mots de la famille de* produire.

• L'installation de robots a permis un important gain de … .
• Ce … ne sera pas commercialisé en France avant un an.
• Malgré les promesses du ministre, les … de fraises ne s'estiment pas satisfaits.
• La … du dernier modèle de ce constructeur automobile débutera en mars.
• Inutile de continuer à travailler ce soir : nous sommes totalement … .

5. *Classe les activités suivantes en deux colonnes. D'un côté, celles qui relèvent de l'industrie (secteur secondaire) ; de l'autre, celles qui relèvent des services (secteur tertiaire). Si tu hésites sur le sens de certains mots, tu peux utiliser le dictionnaire.*

construction navale - assurance - hôtellerie - textile - armement - police - transport - santé - métallurgie - électronique - travaux publics - enseignement.

6. *Cherche dans quel secteur d'activité travaille chacune des entreprises représentées par un logo.*

7. *Classe les noms en différentes familles thématiques selon le secteur des activités de services qu'ils évoquent : la banque, les transports, la communication, l'éducation.*
(Si tu ne connais pas certains noms, tu peux utiliser le dictionnaire.)

un collège - un chèque - une université - un fax - un emprunt - un *Airbus* - une lettre - un pont - un découvert - un tunnel - un embouteillage - un modem - des espèces - une leçon - un wagon - un téléphone - un professeur.

8. *Recopie, puis relie chaque industrie au produit qu'elle fabrique.*

l'industrie ferroviaire • • des engrais
l'industrie du bâtiment • • des gâteaux
les chantiers navals • • le TGV
l'industrie chimique • • des paquebots
l'industrie alimentaire • • des satellites
l'industrie sidérurgique • • des circuits intégrés
l'industrie textile • • des charpentes
l'industrie électronique • • de l'acier
l'industrie aérospatiale • • des vêtements

9. *Recopie et complète le texte avec les mots suivants :*

économies – budget – épargne – recettes – emprunt – salaire – comptant – mensualités – dépenses – crédit – intérêts.

Les finances de monsieur Messou

Monsieur Messou vérifie son … annuel. Pour cela, il doit connaître ses rentrées d'argent, les …, et ses sorties d'argent, les … . Les premières proviennent uniquement de la paye que lui verse chaque mois son employeur : son … . Les secondes sont beaucoup plus diversifiées !
Cette année, par exemple, il a acheté une nouvelle voiture qu'il a payée … (en une seule fois). Chaque mois, il faut bien sûr régler les achats – alimentaires, vestimentaires, etc. – mais également rembourser l'… de la maison, augmenté de ses … . Heureusement, monsieur Messou n'a plus que 14 … à verser. Il n'aura alors plus aucun … et pourra faire davantage d'… . C'est donc son … qui augmentera.

10. *Récris les phrases en remplaçant le mot travail par un des synonymes suivants :*

activité - emploi - corvées - action - profession - exercice.

• Les élèves de cette classe n'ont pas terminé leur travail.
• Après trois mois de chômage, mon père a enfin retrouvé un travail.
• Au Moyen Âge, les paysans devaient faire des travaux pour le seigneur du château.
• Son travail consiste à accueillir les gens et à leur faire visiter l'entreprise.
• Au moment où le réalisateur a dit « coupez », le cascadeur était en plein travail.
• De nos jours, un agriculteur doit diversifier son travail pour réussir.

11. *Trouve le nom correspondant à chaque définition :*

intérimaire – fonctionnaire – apprenti - cadre – employé – chômeur – artisan – commerçant – main-d'œuvre – ouvrier.

a) Il effectue un travail manuel : il est son propre patron.
b) Il travaille temporairement dans des entreprises.
c) Il est employé par l'État.
d) Il est sans emploi.
e) Il apprend son métier en travaillant chez un artisan ou un commerçant.
f) Il a des responsabilités à assumer dans un service, une entreprise.
g) Il travaille de ses mains et reçoit un salaire de son employeur.
h) Il vend des marchandises.
i) Il effectue un travail non manuel et reçoit un salaire de son employeur.
j) Ensemble des ouvriers.

12. *Explique les dictons et expressions.*
• Faire des économies de bouts de chandelle.
• Jeter l'argent par les fenêtres.
• L'argent ne fait pas le bonheur.
• Pauvreté n'est pas vice.
• Qui paie ses dettes s'enrichit.
• Avoir la bosse du commerce.

Les échanges commerciaux

Un pays ne produit pas tout ce dont il a besoin. Il est donc obligé d'acheter ce qui lui manque à l'étranger. Il vend ce qu'il possède afin d'avoir l'argent nécessaire à l'achat de ce qu'il ne produit pas. C'est le commerce international. [...]
Si les exportations sont plus importantes que les importations, le pays s'enrichit ; dans le cas contraire, il s'appauvrit. Pour tous ces échanges, il fallait une monnaie commune : le dollar a été choisi. Selon la valeur du dollar, les produits sont plus ou moins chers. Comme les produits finis valent plus cher que les matières premières, les pays développés continuent à s'enrichir et les pays du tiers monde à s'endetter.

M. BALLEREAU, *Méga Monde*, L'Encyclopédie vivante, Nathan.

13. Lis le texte et réponds aux questions.
a) Que signifient les noms « exportations » et « importations » ?
b) Dans quelle monnaie se négocient les échanges internationaux ?
c) Sais-tu dans quelle monnaie ils se négocient au niveau européen ?
d) Par quelles expressions du texte pourrais-tu remplacer les expressions « pays riches » et « pays pauvres » ?

14. Recopie et complète les phrases avec des mots de la famille de *commerce*.
• La ... de ce nouveau médicament débutera au mois de mars.
• J'aime faire mes courses chez les ... de mon quartier.
• Il est interdit de ... à l'intérieur d'une école.
• Mon frère a trouvé un emploi dans un grand centre ... .

15. Forme des couples de verbes synonymes, puis donne, pour chacun des verbes, le nom correspondant.
Exemple : expédier et envoyer
▸ *une expédition et un envoi.*

solder - discuter - payer - promouvoir - négocier - (s')enrichir - régler - appauvrir - dédommager - encourager - profiter - ruiner - brader - acheter - indemniser - acquérir.

16. Donne le nom de chaque moyen de paiement illustré.

17. Enquête. Classe ces pays en deux colonnes : pays riches et pays pauvres.

les États-Unis - la France - le Mali - l'Afghanistan - l'Éthiopie - l'Allemagne - le Japon - la Colombie - la Suède - le Canada - l'Iran - la Birmanie.

**Repère ces pays sur un atlas.
Que remarques-tu ?**

18. Rédige un petit texte à partir des informations contenues dans ces tableaux.

écart entre pays riches et pays pauvres	
fin de l'Antiquité	1 à 3
début du XXe siècle	1 à 10
fin du XXe siècle	1 à 150

personnes travaillant dans l'agriculture par rapport à la population totale	
pays riches	5 %
pays pauvres	60 %

19. *Recopie et complète soit avec un nom générique soit avec trois noms particuliers.*

- ... : le dollar, l'euro, la livre sterling.
- des commerces : ..., ..., ...
- ... : la BNP, le CIC, le Crédit Agricole.
- ... : taxe sur les produits pétroliers, TVA, droits de douane.
- des matières premières : ..., ..., ...
- des produits finis : ..., ..., ...

20. *Classe les noms en deux colonnes : synonymes de* réduction *et synonymes d'*augmentation.

rabais - majoration - hausse - ristourne - gonflement - remise - inflation - diminution - baisse - montée - abattement - déduction.

21. *Recopie les mots en les classant du producteur au consommateur.*

détaillant - fabricant - client - grossiste.

LECTURE...

Travail à bas prix

En Occident, l'un des plus gros coûts de production est celui du travail, c'est-à-dire le prix de la main-d'œuvre. Des salaires peu élevés permettent de produire des marchandises à bas prix, donc de faire plus de profits. Beaucoup de grandes sociétés (multinationales) choisissent d'implanter des usines dans les pays où les salaires sont faibles – Amérique du Sud ou Asie du Sud-Est. Des ouvriers y assemblent des produits complexes ou des équipements électriques.

Les sources d'énergie

Les sources d'énergie vont des combustibles, comme le pétrole et le charbon, aux matériaux nucléaires (uranium et plutonium) ou l'eau qui risque de devenir un enjeu économique. L'utilisation de ces sources d'énergie a un impact néfaste sur l'environnement, et il faudrait mettre en œuvre des sources d'énergie moins polluantes, comme le vent (énergie éolienne), le rayonnement du Soleil (énergie solaire), la chaleur de la Terre (énergie géothermique), ou la puissance des vagues et des marées (énergie marémotrice).

L'exploitation

Dans de nombreux pays, les gens travaillent dans des conditions très dures, durant de longues heures et pour des salaires dérisoires. Le responsable en est le « marché du travail ». S'il y a beaucoup de propositions d'emploi, les travailleurs peuvent choisir leurs postes et exiger des salaires décents. Mais si le chômage est élevé, les employeurs proposent de bas salaires car de nombreuses personnes sont prêtes à accepter n'importe quel emploi. Des lois sociales les protègent et des organisations syndicales luttent contre l'exploitation de la misère en unissant les travailleurs pour exiger de meilleures conditions de travail.

Pouvoir d'achat

[...] Dans les pays les plus pauvres, les gens dépenseraient en une année ce qu'une famille en Occident dépense pour un repas dans un restaurant « rapide ». Dans ces sociétés, les populations vivent souvent en autarcie, c'est-à-dire qu'elles cultivent et produisent leur nourriture, bâtissent leurs maisons, confectionnent leurs vêtements et achètent les produits dont elles ont besoin grâce à l'échange (troc), sans utiliser l'argent. Ces peuples sont souvent prisonniers de leur pauvreté et n'ont aucun moyen pour en sortir.

A. MASON, *Planétoscope - Notre monde aujourd'hui*, trad. et réalisation Accord Toulouse, Nathan / HER.

Autour de la **santé**

 La malnutrition dans le monde

Si l'on divisait toute la nourriture de la planète par le nombre d'habitants, chacun aurait de quoi s'alimenter correctement, en quantité et en qualité. Mais les richesses de l'agriculture sont mal réparties. […] Sans mourir de faim, plus de 500 millions d'hommes sur notre planète souffrent de malnutrition.

M. Ballereau, J. de Bourgoing, J.-P. Dupré, *Méga Monde*, L'Encyclopédie vivante, Nathan.

1. Recopie et complète chaque phrase avec un synonyme de s'alimenter :

savourer – ingurgiter – se restaurer – grignoter – absorber – souper.

- Nous nous sommes rapidement … avant de reprendre la route.
- Marine a un petit appétit ; elle … quelques biscuits.
- Après une journée de jeûne, l'ours … des quantités énormes de saumon.
- À 20 heures, nous … puis nous regardons la météo à la fin du journal télévisé.
- Les plantes vertes … le gaz carbonique.
- Je prends toujours le temps de … le dessert.

2. Nourriture et malnutrition appartiennent à une même famille, même si le radical est différent. Recopie et complète le texte avec les mots de cette famille :

nutritionniste – se nourrir – nourrissant – nutrition. (Attention aux accords !)

Savoir … en quantité équilibrée et en qualité satisfaisante est important pour rester en bonne santé. Le … est le spécialiste des problèmes d'alimentation. Il donne à ses patients des conseils de … . En effet, les aliments les plus gras ne sont pas obligatoirement les plus … et les plus assimilables par l'organisme.

3. Recopie et complète chaque phrase avec un mot indiquant une quantité de nourriture :

bouchée - ration - portion - part - platée. (Attention aux accords !)

- Les soldats ont reçu chacun leur … de nourriture.
- Loriane n'aime pas les épinards ; elle en a mangé une seule … .
- Tu reprendras bien une … de cette tarte !
- Grand-mère a séparé le sauté de veau en trois … équivalentes.
- Thibaut était affamé ; il a avalé une énorme … de pâtes !

4. Dans l'expression « manger à sa faim », le verbe manger est employé au sens propre. Dans les expressions suivantes, il est utilisé au sens figuré. Réunis chaque expression avec sa signification.

1. Manger les mots.
2. Manger son pain blanc en premier.
3. Manger à tous les râteliers.
4. Manger des yeux.
5. Manger de la vache enragée.
6. Manger dans la main de quelqu'un.
7. Manger la consigne.

A. Se conduire comme un animal apprivoisé.
B. Tirer profit de toutes les situations.
C. Commencer par ce qui est le plus agréable.
D. Prononcer de manière indistincte ou incomplète.
E. Être dans le besoin.
F. L'oublier.
G. Regarder fixement.

5. Le préfixe mal indique le contraire ou la négation. Retrouve, parmi ces mots, les intrus qui ne sont pas formés à l'aide de ce préfixe.

malsain - malchanceux - un Malgache - maltraiter - malgré - malmener - malaxer - une mallette - un malentendant.

6. Cherche les mots suivants dans le dictionnaire et utilise-les dans un texte de quelques lignes, en respectant l'ordre donné.

un diététicien - se sustenter - lacté - repu.

Protéger la santé

Le respect de la vie, c'est avant tout le respect de la santé… En France, la protection de la santé des jeunes enfants passe par une vaccination efficace et par le développement des lieux de soins.
Le personnel soignant est de plus en plus spécialisé et le remboursement des frais médicaux est garanti par un organisme créé en 1945 : la Sécurité sociale.

7. Recopie et complète les phrases avec les noms de ces lieux de soins :

cabinet médical - infirmerie - clinique - hôpital - dispensaires - pharmacie.

• Je vais à la … acheter une pommade pour mon genou.
• Soukaïna a mal à la tête ; elle se rend à l'… du lycée pour prendre un médicament.
• Dans les pays pauvres, les gens sont soignés dans des … situés en pleine campagne.
• L'… a un service où l'on accueille les malades en urgence.
• Trois médecins se sont associés pour ouvrir un … .
• Jérémy entre demain dans une … du sport pour être opéré du genou.

8. Le médecin généraliste envoie parfois un malade voir un spécialiste. Écris le nom de chaque spécialiste avec le nom de l'organe qu'il soigne.

• le dermatologue
• le cardiologue
• le neurologue
• le rhumatologue
• le pneumologue
• le stomatologue
• l'ophtalmologiste
• l'orthodontiste
• le podologue

• les articulations
• la position des dents
• les yeux
• les poumons
• la bouche
• les pieds
• le cœur
• la peau
• les nerfs

9. Recopie et complète les phrases avec les noms de ces spécialistes :

l'infirmière – l'orthophoniste – le pédiatre – le kinésithérapeute – le psychiatre – l'anesthésiste.

• Je soigne les enfants : …
• Je soigne les personnes qui ont des troubles mentaux : …
• J'endors les malades avant une opération : …
• Je rééduque les difficultés de prononciation, de lecture et d'écriture : …
• J'applique les décisions du chirurgien pour soigner les malades : …
• Je masse les parties du corps qui souffrent : …

10. Pratiquer la vaccination, c'est faire de la prévention médicale, c'est-à-dire prendre des précautions pour éviter la maladie. Le préfixe pré signifie « en avant, devant ». Reproduis et complète le tableau en utilisant ce préfixe.

verbes	verbes dérivés	sens
dire	prédire	annoncer avant
chauffer		
fabriquer		
cuire		
juger		
nommer		
voir		

11. *Retrouve les intrus qui ne sont pas formés à l'aide du préfixe* pré.

un préfixe - une prévision - un préparatif - un prédateur - la préhistoire - une préface - le prestige - un président - un prématuré - un préau - un présage - un présentateur - la préretraite - la présence - une présélection.

12. *Recherche, dans ton carnet de santé, le nom des vaccins qui t'ont été inoculés depuis ta naissance. Indique les maladies contre lesquelles ils te garantissent.*

13. *Recopie et complète le texte à l'aide des mots suivants :*

examiner – diagnostic – analyse – symptômes – consultation – prescrit – examens – généraliste – traitement – ordonnance – Sécurité sociale.

Quand les premiers ... sont apparus, Maxime s'est rendu chez son ... pour se faire ... . À l'issue de la ..., le ... du médecin a été : « Vous avez une grosse angine. » Il lui a donc ... des médicaments en lui demandant de suivre le ... pendant une semaine complète. Si, à la fin de cette période, le mal était toujours là, il faudrait faire des ... complémentaires et une ... de sang. L'... sera remboursée par la ... .

14. *Recherche trois synonymes du verbe secourir. Emploie chacun d'eux dans une phrase.*

AUTODICTÉE

Pour vivre en bonne santé, il faut avoir de bonnes relations avec le monde vivant qui nous entoure, en respectant les règles de l'écologie, en connaissant et en écoutant notre corps. Nos poumons ont besoin d'air pur, notre corps réclame une eau potable et saine, une alimentation équilibrée et naturelle.

 Les associations humanitaires

« Médecins du monde », « Médecins sans frontière » sont des associations humanitaires qui regroupent des médecins bénévoles de toutes nationalités et qui se sont organisées pour apporter des soins médicaux et chirurgicaux partout dans le monde. Ils secourent les populations victimes de famines, de catastrophes naturelles (tremblements de terre, inondations...), de conflits armés, etc.

Dr J.J. DEUTSCH, F. DOUMAYRENC,
Éducation à la citoyenneté, « Je sais qui nous soigne », Magnard.

15. *Récris les phrases en remplaçant le nom* secours *par un nom synonyme.*

• Des secours ont été distribués aux sans-abri.
• Les soldats, cachés dans les fourrés, attendaient les secours.
• Le remorqueur l'*Abeille Flandres* part pour un secours en mer.
• Les sinistrés des inondations ont eu besoin de secours.
• Papa remplace la roue crevée par la roue de secours.

16. *Recopie et complète les phrases avec ces mots de la famille d'*homme *:*

humaniser – humanité – humaniste – humanitaire – humainement.

• L'... entière peut remercier Pasteur pour la découverte du principe du vaccin.
• Le convoi ... arrivera à destination dans 36 heures.
• Dans les prisons, de nos jours, on essaie d'... les conditions de vie des prisonniers.
• Escalader l'Everest sans oxygène est aujourd'hui ... possible.
• Basile est un ... ; il s'intéresse aux êtres humains.

17. Dans cette liste, recopie uniquement les noms de maladies.

la grippe - la varicelle - l'oubli - la tuberculose - le choléra - le parasite - le virus - la rougeole - la rage - la bakélite - l'échographie - la malaria - la bactérie - le tétanos - la typhoïde - la lèpre.

Parmi les noms de maladies que tu as relevés, lesquelles correspondent aux explications suivantes. Recopie et complète les phrases.

• Maladie transmise par la morsure d'un animal porteur du virus : la ... .
• Maladie donnant chaque hiver des épidémies plus ou moins importantes, elle provoque une forte fièvre et se traite grâce aux antibiotiques : la ... .
• Maladie répandue en Europe au Moyen Âge, on ne la trouve plus que dans les pays pauvres. Elle se traduit en partie par de graves problèmes au niveau de la peau et des os : la ... .
• Maladie se traduisant par une fièvre légère et l'éruption d'une multitude de boutons rouges : la ... .
• Maladie contre laquelle on doit être vacciné. On peut notamment être contaminé en cas de plaie souillée par de la terre et non désinfectée : le ... .

18. Recopie et complète les phrases avec les synonymes du mot *association* **:**

Ligue – syndicat – coopérative – amicale – Organisation – club.

• L'... des Coureurs de fond a participé, cette année encore, au marathon de New York.
• L'... mondiale de la santé s'occupe de venir en aide aux pays pauvres.
• Éva et quelques camarades ont fondé un ... de bridge.
• Les salariés de l'entreprise ont été bien défendus par leur ... .
• La ... des droits de l'homme a été fondée en 1898.
• On trouve de beaux cirés pour la pluie à la ... maritime de Camaret.

19. Recherche le nom de cinq autres associations humanitaires.

20. Les associations humanitaires interviennent dans les pays où des gens souffrent. Les causes de ces souffrances peuvent être : un séisme, une épidémie, une éruption, la famine, une crue, un conflit. Recopie et complète les phrases à l'aide de ces mots.

• L'... du Vésuve a enseveli la ville de Pompéi, en 79 après Jésus-Christ.
• Certains pays d'Afrique noire souffrent encore de ... à cause de la sécheresse.
• Le fleuve est en ... ; des villages entiers sont inondés.
• Les ... de choléra étaient très courantes au Moyen Âge.
• Le sud de la Turquie a été de nouveau secoué par un violent ... .
• Un ... armé oppose la Russie à la Tchétchénie.

POÉSIE...

Le plus important dans la vie

Le plus important dans la vie,
Mon garçon,
C'est l'air pour respirer,
C'est l'eau pure pour boire,
C'est le lait pour se nourrir,
C'est le temps pour bien le remplir.
Mon garçon, parfois
L'air s'appelle Liberté,
L'eau pure est synonyme d'Amitié,
Le lait est pour tous ceux qu'on aime,
La terre est un devoir,
Le temps est une conscience.

© A. BOSQUET, *Un jour après la vie.*

Autour des arts

L'art au XVIe siècle

À la Renaissance, les artistes travaillent sur commande. Il est habituel qu'un abbé ou un riche seigneur demande une scène religieuse ou un portrait, laissant au créateur une grande liberté d'interprétation. [...] Plus l'artiste est apprécié, plus le salaire est important. Ainsi, peintres et sculpteurs travaillent à la gloire de Dieu et des puissants.

R.F. GONICHOUX-AULAS, *L. de Vinci, Le Génie*, Mégascope, Nathan.

1. Lis le texte et réponds aux questions.
a) Trouve dans le texte un synonyme du mot « artiste ».
b) De quels artistes s'agit-il ici?
c) À cette époque, les artistes travaillent-ils quand ils en ont envie?
d) Qu'est-ce qui décide de l'importance du salaire?
e) Qui sont les puissants?

2. Recopie et complète les phrases à l'aide des mots de la famille du mot *art* :

artistiquement – artistiques – Beaux-Arts – art – artiste.

• L'homme préhistorique était déjà un … .
• L'enluminure est un … du Moyen Âge.
• Les fleurs sont disposées … dans le vase.
• Lisa aime dessiner ; elle s'est inscrite aux … cette année.
• Les collections … présentées au Louvre viennent du monde entier.

3. Recopie et relie la définition au nom de l'art correspondant.

le septième art • • la peinture
l'art dramatique • • le cinéma
l'art gothique • • le chant (opéra)
l'art pictural • • le théâtre
l'art lyrique • • l'architecture

4. À l'aide d'un suffixe, trouve le nom de :
• celui qui sculpte ;
• celui qui dessine ;
• celui qui encadre les tableaux ;
• celui qui répare, qui restaure les œuvres d'art ;
• celui qui aime les œuvres d'art ;
• celui qui conserve, qui s'occupe des œuvres d'art dans un musée.

5. Recopie et complète les phrases avec les noms des outils qu'utilise le peintre :

huile de lin – palette – brosses – toile – couteau – chevalet – pinceaux.

• Le peintre pose sa … sur le … ; il s'apprête à esquisser son œuvre.
• Il dilue les peintures avec de l'… .
• Il prépare ses couleurs en les mélangeant sur sa … .
• Il se sert de … et de … plats ou ronds, naturels ou synthétiques.
• Pour une peinture plus épaisse, en relief, le peintre prend le … .

6. Voici quelques grands peintres. Recopie et relie le peintre à son pays d'origine.

Rembrandt •
Léonard de Vinci • • Espagne
Claude Monet • • Pays-Bas
Pablo Picasso • • France
Paul Cézanne • • Italie
Vincent Van Gogh •

7. Associe chaque mot ou expression (1 à 5) avec l'explication qui lui correspond (A à E).

1. gisant
2. figure de proue
3. statue équestre
4. buste
5. figurine

A. la tête et le haut du corps
B. personnage à cheval
C. statuette
D. sculpture à l'avant d'un navire
E. personnage sculpté sur un tombeau

8. *Recopie et complète les phrases à l'aide des synonymes du verbe* **sculpter** *conjugués au présent de l'indicatif :*

modeler – tailler – polir – mouler – façonner.

- La mer ... les falaises par ses mouvements incessants.
- Le créateur ... de l'argile pour obtenir un visage.
- À l'aide d'un pic et d'une masse, l'artiste ... dans la pierre.
- L'apprenti ... une figurine pour la reproduire.
- Pour rendre un objet lisse, on le ... .

9. *Recopie et complète le texte à l'aide des mots suivants :*

mise en chantier – maquettes – projet – croquis – architectes – plans.

Quand il est prévu de réaliser un grand bâtiment public, on fait appel à plusieurs ... . Chacun propose alors son ... sous forme de ... et de ... . Celui qui est choisi présente ensuite les ... détaillés de sa future œuvre. Puis viendra la ... pour la réalisation de la construction.

10. *Associe chaque œuvre architecturale à son pays d'origine.*

Égypte - Chine - France - États-Unis - Italie - Inde.

le Taj Mahal — l'Empire State Building — la Grande Muraille

la pyramide de Chéops — la Grande Arche de la Défense — le Colisée

Le cinématographe

Paris 1895 : au Grand-Café, Louis et Auguste Lumière présentent leur invention : le cinématographe.

Sur l'écran de toile, pour la première fois, les images bougent. [...] Ainsi naît un art nouveau qui se propagera très vite dans le monde entier. [...]

Pendant plus de 30 ans, l'art cinématographique se perfectionne : films drôles, tristes, westerns et bandes d'actualité en noir et blanc envahissent les écrans. En 1927, *Le Chanteur de jazz*, premier film entièrement sonore et parlant, révolutionne Hollywood, la cité du cinéma. C'est un succès phénoménal, qui change le travail des acteurs, les techniques de tournage, de montage et de projection.

S. DORANCE, *Master Cadet*, Hachette Éducation.

11. *Lis le texte et réponds aux questions.*

a) Qui a inventé le cinéma ?
b) Quelle est leur nationalité ?
c) Comment étaient les images auparavant ?
d) Sur quoi étaient-elles projetées ?
e) Pourquoi le film *Le Chanteur de jazz* est-il une révolution cinématographique ?
f) Où se trouve la cité du cinéma ?

12. *Recopie et complète les phrases à l'aide des mots de la famille de* **cinéma** *:*

cinématographique – cinéphile – cinéaste – cinémathèque – ciné-club.

- Claude Lelouch est un grand ... français.
- Le ... présente toujours des films qui ont marqué leur époque.
- Mon père est un ... ; il connaît tous les films.
- L'industrie ... marche bien en France.
- Manon se rend à la ... pour visionner un film sur la guerre de 1939-1945.

13. Retrouve à quel nom de personne correspond chaque lettre sur le dessin.

- un acteur
- le metteur en scène
- le clapman
- le producteur
- la scripte
- la maquilleuse
- le cameraman
- l'ingénieur du son
- l'éclairagiste
- le perchman

14. Recopie et complète les phrases avec ces mots de la famille de son :

sonore – sonorité – sonoriser – sonothèque – insonorisée.

- Les techniciens s'occupent de … la salle de concert.
- La chambre de Périg est une pièce trop … ; elle aurait besoin d'être … pour un meilleur sommeil.
- La … de ce violon est d'un son très clair.
- Je me suis rendu à la … de Paris pour retrouver de vieux enregistrements.

15. Recopie chaque type de film avec sa définition.

- Un clip.
- Un film d'art et d'essai.
- Une superproduction.
- Un film d'animation.
- Un court métrage.

- Film dont la réalisation coûte très cher.
- Film court, d'environ 20 minutes.
- Vidéo illustrant une chanson.
- Dessins ou marionnettes en mouvement.
- Œuvre cinématographique dont le sujet (ou la réalisation) est original.

La danse

La danse a longtemps revêtu un caractère sacré. Elle était un moyen de solliciter ou de remercier les dieux pour leurs interventions bénéfiques dans la vie quotidienne. […] Les danses populaires ont des styles et des rythmes différents selon les époques. Au Moyen Âge, on danse la pastourelle, au XVIe siècle, la gavotte puis la gigue, d'origine irlandaise. Sous Louis XIV, c'est le menuet puis, à la fin du XVIIe siècle, le cotillon et le rigodon. Les révolutionnaires de 1789 dansent la carmagnole. Apparue en Autriche, la valse s'impose en Europe à partir de 1800. Le XXe siècle est riche en rythmes nouveaux. Le tango, originaire d'Argentine, le fox-trot, le charleston, le slow venus d'Amérique sont dansés dans les bals. À partir de 1957, le rock and roll conquiert toute l'Europe.

Méga Junior, Arts, loisirs et communication, Nathan.

16. Lis le texte et réponds aux questions.
a) Relève le nom de cinq danses nouvelles du XXe siècle.
b) Relève le nom de deux danses avec leur pays d'origine.
c) Que dansait-on pendant la Révolution française ?
d) Quel a été pendant longtemps le rôle de la danse ?
e) Recherche le nom de danses plus récentes.

17. Redonne à chaque danse son pays d'origine.

- le flamenco
- la rumba
- le tango
- le twist
- la tarentelle

- Cuba
- États-Unis
- Italie
- Argentine
- Espagne

18. *Recopie et complète le texte avec les mots suivants :*

ballet – danseur étoile – chorégraphe – pointes – tutu – entrechats – danse classique – petits rats.

Samedi soir, nous sommes allés à un spectacle de … . Le … auquel nous avons assisté avait été réglé par un … très connu. Le … était d'une souplesse extraordinaire et enchaînait les … avec grâce. Les … qui l'entouraient étaient vêtus d'un … blanc et chaussés de … roses.

19. *Donne à chaque expression (1 à 4) la bonne définition (A à D).*

1. Administrer une danse.
2. Entrer dans la danse.
3. Mener la danse.
4. Avoir la danse de Saint-Guy.

A. S'engager dans une affaire.
B. Faire des gestes désordonnés.
C. Donner une correction à quelqu'un.
D. Diriger une entreprise.

À TOI DE JOUER…

20. *Dans la grille, retrouve le nom de douze danses.*

S	A	M	B	A	L	I	M	S
V	U	P	O	L	K	A	R	M
S	S	L	O	W	S	T	A	U
A	R	E	G	G	A	E	P	R
L	P	S	T	W	I	S	T	F
S	J	E	R	K	J	A	V	A
A	H	I	P	H	O	P	R	T
F	L	A	M	E	N	C	O	V

AUTODICTÉE

Le roi Louis XIV a fondé en 1661 l'Académie royale de danse chargée de la formation des danseurs. La danse devient alors un vrai spectacle.

Autour des **sciences**

Le courant électrique

Chez toi, le courant arrive des centrales électriques de l'EDF (Électricité de France) transporté dans de gros fils, les câbles, supportés par de grandes tours d'acier appelées pylônes. Il arrive par le compteur qui enregistre la consommation d'électricité. Un disjoncteur, placé après le compteur, peut couper le circuit en cas de danger. Le courant est ensuite transporté vers les lampes ou les prises par des fils électriques en général cachés dans les murs. La gaine de matière plastique qui entoure le métal des fils électriques est un isolant. Elle empêche le courant de passer d'un fil à l'autre, ce qui provoquerait un court-circuit très dangereux.

R. KERROD, d'après *L'Énergie*, trad. J. PONZO, Hachette Jeunesse.

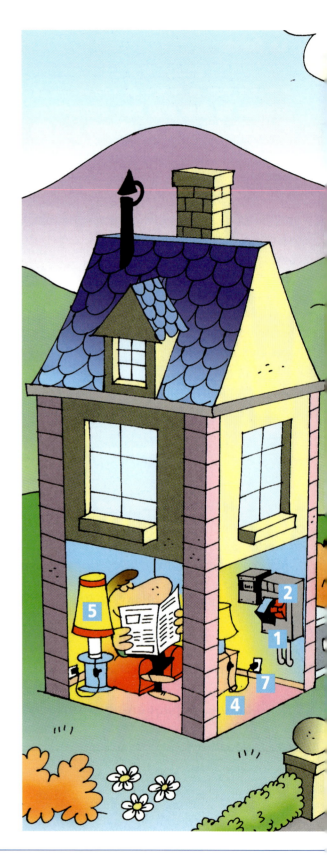

1. *Lis le texte et réponds aux questions.*

a) Comment le courant est-il transporté avant d'arriver dans les maisons ?

b) Comment s'appelle le système de sécurité qui se trouve près du compteur et à quoi sert-il ?

c) Qu'est-ce qu'un isolant ?

d) Qu'est-ce qu'un court-circuit ?

e) D'où l'électricité provient-elle ?

2. *Retrouve à quel mot correspond chaque numéro sur le dessin ci-contre.*

- la centrale électrique
- les câbles
- le pylône
- le compteur
- le disjoncteur
- le fils électrique
- la lampe
- la prise

3. Recopie et complète les phrases avec les mots de la famille d'électricité :

électricien – électrique – électrifier – électron – électrocution – électrocardiogramme.

• Grand-père est allé passer un ... à l'hôpital.
• Les agents EDF ont enfin réussi à ... cette vallée isolée.
• L'... est une particule de l'atome qui porte une charge électrique négative.
• À la suite d'un court-circuit, nous avons dû appeler un ... pour refaire toute l'installation ... .
• Chaque année, on compte plusieurs personnes mortes par ... .

4. L'électricité est une énergie. En t'aidant de ton dictionnaire, explique d'où proviennent ces différentes énergies.
• l'énergie éolienne   • l'énergie nucléaire
• l'énergie solaire   • l'énergie géothermique
• l'énergie marémotrice

5. Recopie et relie l'inventeur à son invention.

Thomas Edison • • la pile électrique
Alessandro Volta • • le téléphone
Graham Bell • • l'ampoule électrique
Nicéphore Niepce • • la dynamite
Alfred Nobel • • la photographie

6. Recopie et complète les phrases avec les expressions contenant le mot courant. *(Attention aux accords !)*

courant marin – courant d'air – courant aérien – courant de pensée – courant électrique.

• Les ... ont entraîné le dirigeable fort loin de sa trajectoire initiale.
• La porte de la salle à manger claque ; c'est sûrement un ... .
• Le ... peut devenir très dangereux si l'on ne respecte pas certaines règles de sécurité.
• Les ..., autrefois, n'étaient accessibles qu'à une petite minorité de personnes.
• La tentative de record de la traversée de l'Atlantique a échoué à cause des ... contraires.

Qu'est-ce qu'un volcan ?

Toute fissure du sol par laquelle la lave, issue des profondeurs de la Terre, parvient à se frayer un passage est un volcan ! On les représente souvent comme des montagnes pointues, or certains volcans sont tout ronds et d'autres presque plats ! La vie des volcans est souvent très longue et s'étale sur plusieurs siècles. On les accuse d'être destructeurs ; pourtant, sans eux, notre planète exploserait. Telle la soupape de sécurité d'une Cocotte-minute, ils permettent en effet à l'énorme pression qui règne au cœur de la Terre de s'échapper de temps en temps. Il existe environ 15 000 volcans sur les continents.
Le volcan est formé de trois parties : le réservoir de magma, la cheminée, par laquelle le magma remonte à la surface et la partie visible, le cône. La lave s'échappe par un cratère : c'est la « bouche » du volcan.

C. Franco, *Les Volcans pour les faire connaître aux enfants*, Fleurus.

7. Lis le texte et répond aux questions.
a) Qu'est-ce qu'un volcan ?
b) Quelles formes peut-il avoir ?
c) Pourquoi les volcans sont-ils utiles ?
d) Quel est le chemin du magma ?
e) Qu'est-ce que la lave ?

8. Le volcanologue est le spécialiste des volcans. Retrouve les noms des spécialistes des activités suivantes.

- la biologie
- la chimie
- la météo
- les animaux
- la géographie
- la physique
- les mathématiques
- l'histoire
- l'économie
- la géologie

9. Retrouve à quel mot correspond chaque numéro sur le dessin ci-dessous.

réservoir de magma - cheminée principale - lave - conduit secondaire - cratère - cône - magma.

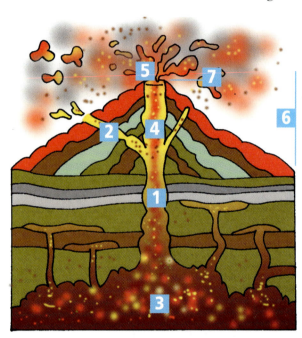

10. Recopie et complète les phrases avec des mots de la famille de volcan :

volcanique – volcanisme – volcanologie – volcanologue – volcan(s).

- Il y a éruption … lorsque la pression devient trop forte à l'intérieur d'un … et que les gaz poussent le magma à la surface.
- En France, le … n'est pas très important comparé à l'Italie avec ses … encore en activité.
- La … est la science des volcans.
- Le … étudie et surveille les volcans pour tenter de prévoir leurs éruptions.

11. Recopie et relie le nom du volcan au pays où il se trouve.

le piton de la Fournaise • • Java
le Krakatoa • • La Réunion
le Vésuve • • Italie
le puy de Dôme • • Philippines
la montagne Pelée • • La Martinique
le Pinatubo • • France

Au cœur de la fleur

C'est dans le cœur de la fleur que l'on trouve ce qui servira à donner naissance à d'autres fleurs : les organes reproducteurs. Le pistil, c'est l'organe femelle. À sa base, il porte l'ovaire qui contient les ovules. Les étamines, véritables sacs à pollen, sont les organes mâles.

M.-F. BOYER, *Le Livre des fleurs*, Gallimard.

12. *Retrouve à quel mot correspond chaque numéro sur le dessin ci-dessous.*

pistil - pétale - étamines - sépale - ovule - ovaire - nectar - stigmate.

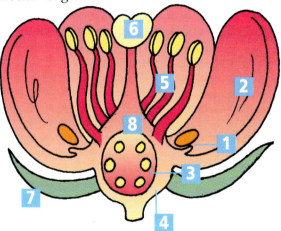

13. *À l'aide de ton dictionnaire, écris la définition des mots suivants.*

calice - corolle - pollen - pédoncule.

14. *Parmi ces fleurs, retrouve celles qui sont issues de bulbes. Aide-toi du dictionnaire.*

la jonquille - la pensée - la violette - le narcisse - l'iris - la jacinthe - la tulipe - le géranium - le lis - le dahlia - le bégonia - le crocus - la rose.

15. *Retrouve des prénoms féminins qui sont aussi des noms de fleurs.*

16. *Recopie et complète les phrases avec ces mots de la famille de fleur :*

floral – fleuriste – floraison – fleurir – flore – floralies.

- Cette année, les 8e ... auront lieu dans la plus grande jardinerie de la région.
- La ... des arbres fruitiers annonce la venue du printemps.
- Le parc ... accueillera une grande exposition sur les roses et les rosiers.
- Le ... vend aussi bien des fleurs coupées que des fleurs artificielles.
- La faune et la ... de cette région font l'objet d'une étude très particulière.
- Les propriétaires du restaurant vont ... les tables pour le repas de mariage de ce soir.

17. *Associe chaque expression (1 à 7) avec l'explication qui lui correspond (A à G).*

1. Avoir les nerfs à fleur de peau.
2. Être fleur bleue.
3. La fine fleur.
4. Faire une fleur à quelqu'un.
5. La fleur de l'âge.
6. Couvrir quelqu'un de fleurs.
7. Comme une fleur.

A. Le meilleur.
B. La jeunesse.
C. Être très nerveux.
D. Faire des compliments.
E. Accorder une faveur.
F. Facilement.
G. Être sentimental.

AUTODICTÉE

En 1944, au Mexique, quelle ne fut pas la surprise d'un paysan voyant s'ouvrir une fissure au milieu de son champ. Le lendemain, un cône de dix mètres de haut occupait son terrain. Un an après, le volcan atteignait une hauteur d'environ trois cents mètres.

Grammaire

18. *Recopie et complète les phrases avec les verbes suivants, conjugués au présent de l'indicatif.*

cueillir – composer – butiner – embaumer – semer – cultiver – planter.

- Le fleuriste ... un bouquet avec des fleurs jaunes, des fleurs violettes et du feuillage vert.
- Marie ... des fleurs pour les offrir à sa maman.
- Ce bouquet ... toute la pièce ; c'est enivrant !
- Nous ... des sauges, des œillets d'Inde et des pétunias dès la fin des gelées hivernales.
- Les abeilles ... les fleurs et transportent le pollen.
- Mon grand-père ... ses propres graines de tomates pour faire lui-même ses plants.
- Les fleuristes du Midi ... l'œillet pour le transformer en parfum.

À TOI DE JOUER…

19. *Retrouve, dans la grille, les quinze noms de fleurs. Tu peux lire de gauche à droite et de haut en bas.*

C	O	Q	U	E	L	I	C	O	T	M
G	M	A	G	N	O	L	I	A	L	A
L	O	R	C	H	I	D	E	E	I	R
A	R	F	U	C	H	S	I	A	L	G
I	O	B	Z	S	O	U	C	I	A	U
E	S	M	I	M	O	S	A	T	S	E
U	E	M	Y	O	S	O	T	I	S	R
L	P	E	T	U	N	I	A	R	O	I
A	Z	V	I	O	L	E	T	T	E	T
C	A	M	E	L	I	A	L	Y	S	E

POÉSIE…

Les chants du crépuscule

Quand longtemps a grondé la bouche du Vésuve,
Quand sa lave écumant comme un vin dans la cuve,
Apparaît tout rouge au bord,
Naples s'émeut : pleurante, effarée et lascive,
Elle accourt, elle étreint la terre convulsive ;
Elle demande grâce au volcan courroucé.
Point de grâce ! Un long jet de cendre et de fumée
Grandit incessamment sur la cime enflammée
Comme un cou de vautour hors de l'aire dressé.

Soudain un éclair luit ! Hors du cratère immense
La sombre éruption bondit comme en démence :
Adieu, le fronton grec et le temple toscan !
La flamme des vaisseaux empourpre la voilure.
La lave se répand comme une chevelure
Sur les épaules du volcan.
Elle vient, elle vient, cette lave profonde
Qui féconde les champs et fait des ports dans l'onde.
Plage, mers, archipels, tout tressaille à la fois.
Les flots roulent vermeils, fumants, inexorables,
Et Naples et ses palais tremblent plus misérables,
Qu'au souffle de l'orage une feuille de bois !

V. Hugo, *Les Chants du crépuscule*, 1835.

Expression écrite

La « **une** » d'un **journal**

télé

L'Odyssée du géant des mers

Chaque année, le requin-baleine part pour un voyage en solitaire de plus de 5 mois...
Durée : 52 min
La Cinquième 18 h 00

UNIQUEMENT par ABONNEMENT
tous les jours sauf dimanche et lundi
jeudi 6 septembre 2001

télé

Interdit aux moins de 13 ans

L'émission *Envoyé spécial* diffuse un reportage sur les villes qui interdisent aux moins de 13 ans de sortir le soir.
Durée : 2 heures
France 2   20 h 55

Mon Quotidien

www.monquotidien.com

n° 1694   *Le seul journal pour les 10-14 ans qui paraît tous les jours* - 2F90 (0,44 €)

Il faut sauver le lion d'Afrique

Aujourd'hui, il y a environ 5 fois moins de lions d'Afrique qu'en 1900. Pourquoi ? *p.3*

Bateau *p.4*

Chaque matin, 9 élèves d'une île bretonne se rendent à leur collège en bateau. Rémi, 12 ans, raconte.

Terre *p.6*

De nouveau dans l'espace, un astronaute est choqué de voir les dégâts causés par l'homme sur Terre.

75% des accidents scolaires ont lieu durant la récré, et 20 % durant les cours de gym.

Mon Quotidien, le quotidien d'actualité dès 10 ans, tél. : 01 53 01 23 60 ou www.monquotidien.com

1. *Observe la « une » du journal page 168. Indique à quelle disposition (1, 2, ou 3) la présentation te semble correspondre. Explique ton choix.*

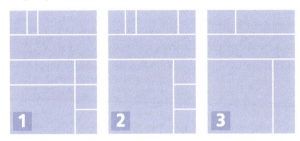

2. *Lis cette page de journal et réponds aux questions.*

a) Quel est le titre du **journal** ? Quelle place occupe-t-il ?

b) Quelles sont les indications qui sont données dans le bandeau du **titre** ?

c) Quel est l'**article** principal ? Comment l'as-tu identifié ?

d) Quels sont les autres articles qui sont présentés en « **une** » ? Où les trouvera-t-on dans le journal ?

e) L'information située en bas à droite dans l'encadré bleu renvoie-t-elle à un article en page intérieure ? Pourquoi ?

f) Quel est le rôle du texte qui accompagne l'illustration de chaque article ?

g) Quelle **rubrique** t'apporte des informations sur un autre média ?

h) Quels sont les types d'**illustrations** utilisés ici ?

i) Quelles informations sont données dans le petit bandeau vertical, en haut, sur fond bleu ?

j) Observe la **typographie**. Tous les caractères utilisés dans la « une » ont-ils la même taille ? Pourquoi ?

k) Observe la taille et la forme des caractères de l'article principal.
– La **police de caractères** utilisée est-elle toujours la même ? Pourquoi ?
– La taille des caractères de cet article est-elle toujours la même ? Pourquoi ?

3. *Recopie et complète chaque définition avec un des mots en rouge de l'exercice 2.*

a) Titre qui regroupe tous les articles traitant du même type de sujets : …

b) Un type de caractères d'imprimerie dont le dessin est particulier : …

c) Ensemble des images (photographies, dessins, logos…) : …

d) Texte dans un journal, une revue : …

e) Publication périodique qui commente l'actualité : …

f) Ensemble des caractères utilisés pour un texte imprimé : …

g) Énoncé servant à nommer un texte, à le présenter : …

h) 1re page d'un journal : …

4. *Pour chacun des articles résumés ci-dessous, prépare un texte de présentation pour la « une » d'un journal. Tu peux ensuite mettre ces textes en page en utilisant une illustration de ton choix.*

a) Selon un rapport du WWF (une association qui lutte pour la protection de la nature sauvage), beaucoup d'animaux et de plantes sont menacés par le réchauffement climatique. Le WWF estime qu'au cours du XXIe siècle un animal et une plante sur trois devront changer de lieu de vie car leur habitat actuel sera totalement modifié. La principale crainte est que beaucoup de ces espèces ne pourront pas s'adapter assez vite et disparaîtront.

b) Le ministre de la Santé a présenté un programme pour encourager les Français à manger davantage de fruits et de légumes. Selon le ministre, il convient de consommer chaque jour cinq fruits et légumes car ceux-ci apportent les vitamines et les fibres nécessaires au bon fonctionnement de notre organisme. On diminue ainsi le risque d'obésité et de maladies graves.

PROJETS D'ÉCRITURE...

5. *À toi de composer la « une » de ce journal à partir des informations suivantes.*

– Le journal s'appelle « L'Actualité ». Il vaut 0,76 €.

– Cet exemplaire est le n° 612, en date du … (date d'aujourd'hui).

– L'information principale développée aujourd'hui dans le journal est l'annonce faite par des spéléologues du Tarn de leur découverte d'une extraordinaire caverne aux parois couvertes de dessins vieux de plusieurs milliers d'années.

– Trois autres informations seront annoncées en « une ».

▸ Un Français de 26 ans, Fabien Becque, a parcouru 2 500 km en courant à travers l'Amérique du Sud afin de récolter de l'argent pour les enfants les plus démunis.

▸ L'équipe de France de football entame samedi sa série de matches qualificatifs pour le prochain championnat d'Europe. Elle recevra au stade de France l'équipe de Slovaquie et le match débutera à 20 h 45.

▸ Une classe de CM2 de la région parisienne parraine une classe du Burkina Faso. Les élèves français organisent de nombreuses manifestations afin de récolter de l'argent pour acheter du matériel scolaire destiné aux Burkinabés.

– Un dessin humoristique figure toujours en « une » ainsi qu'une rubrique intitulée : « La phrase du jour. »

6. *Compose maintenant la « une » de ton propre journal !*

Détermine d'abord le genre de ton journal (journal de la classe, journal de l'école, journal sportif, journal des événements familiaux…). Choisis un titre et une mise en page. Sélectionne les informations que tu vas présenter. Détermine l'article principal et le gros titre. N'hésite pas à faire des essais de mise en page avec tes illustrations !

Reprends ensuite le brouillon de chaque « une » de journal que tu as composée, puis réponds par oui ou par non aux affirmations suivantes.

- J'ai donné un titre à mon journal, un numéro, un prix.
- J'ai choisi un article principal. Il occupe l'essentiel de ma « une ».
- Cet article est annoncé par un gros titre.
- Un petit texte (chapeau) le résume. Une photo (ou un dessin) l'illustre.
- Cette photo est accompagnée de sa légende.
- Les autres articles importants sont annoncés par un titre, une photo (ou un dessin) et une courte phrase (une accroche).
- Le numéro de la page où je trouverai chaque article annoncé est indiqué.
- Ma « une » est attrayante et claire.

Si tu as répondu plusieurs fois non, reprends ton travail pour l'améliorer.

Une **page** de **journal**

Monde

Selon un récent rapport de l'ONU, notre planète commencera à manquer d'eau potable dans 50 ans, parce que la population augmente et que les réserves diminuent.

Dans un demi-siècle, la Terre commencera à manquer d'eau potable. C'est ce qu'indique une récente étude publiée par l'ONU. Selon elle, la population du monde, qui est actuellement de 6,1 milliards d'habitants, devrait atteindre 9,3 milliards d'ici à 50 ans. Or, plus de la moitié des réserves d'eau douce mondiale est déjà utilisée aujourd'hui. Et à cause de l'augmentation de la population, 70 %, voire 90 % seront utilisées en 2050.

Près d'un humain sur deux

Selon l'ONU, 3 milliards d'humains manqueront d'eau dans 25 ans et 4,2 milliards en 2050, soit près d'un habitant de la planète sur deux.

Mon Quotidien, n° 1743, 13 septembre 2001.

Photo AFP

Politique

Le président de la République, rentré du Chili hier, s'est longuement entretenu avec le Premier ministre, dès ce matin. Il s'agissait de définir rapidement l'attitude à adopter face à l'importance grandissante des manifestations actuelles.

Justice

Cette dernière journée du procès de Lucien Petit a permis de découvrir un nouvel aspect de la personnalité de l'accusé. Il est enfin sorti de son mutisme et a accepté de répondre aux questions du président.
Les jurés se sont montrés très attentifs.
Le verdict tant attendu sera rendu demain, en fin de matinée.

Météo

Aujourd'hui. Le temps sera maussade en début de journée du Nord-Pas-de-Calais au Poitou-Charentes car ces régions subiront le passage d'une zone de pluie qui, au cours de l'après-midi, affectera les régions situées entre l'Alsace et l'Aquitaine. Quelques éclaircies se développeront après le passage de cette perturbation. Sur le Sud, le temps sera plus agréable et sec. Les températures seront stationnaires.

Presse

L'information prise au piège

L'information devient aussi une arme dans les guerres modernes.
Créer le doute dans l'esprit des gens, cacher les dégâts des attaques, ne pas dire ce qui se passe vraiment est aussi une manière de faire la guerre.
Fausses informations (désinformation) et silences gênent tous les jours les journalistes qui ne peuvent rien vérifier. L'information est prise au piège.

B. D'IRUBE, *Journal des enfants*, n° 863, 8 septembre 2001.

1. Quel est le type de chacun des cinq articles présentés ?

2. Relève, dans chacun de ces articles, les informations qui correspondent aux questions :
Qui ou Quoi ? Où ? Quand ? Comment ? Pourquoi ?

Mon Quotidien, le quotidien d'actualité dès 10 ans, tél. 01.53.01.23.60 ou www.monquotidien.com

3. Donne à chaque type d'article sa définition.

a) une dépêche
b) un reportage
c) une critique
d) un éditorial
e) un compte rendu
f) un bulletin
g) un programme
h) une interview

1. Enquête menée par un journaliste sur un sujet précis.
2. Texte court résumant des informations sur un sujet.
3. Liste des émissions et de leurs horaires pour une période donnée.
4. Analyse et jugement d'une œuvre.
5. Entretien avec une personne.
6. Commentaire exprimant l'opinion d'un journaliste.
7. Rapport fait sur un événement, une situation.
8. Information brève transmise par une agence de presse.

4. Écris chaque titre d'article avec la rubrique qui lui correspond :

nature – élections – musique – jeux – sports – étranger – océans – santé.

1. Un marathon sous la pluie.
2. Tremblement de terre en Inde.
3. Test : Pendant tes vacances, es-tu « chaise longue » ou « casse-cou » ?
4. Journée mondiale sans tabac.
5. Les citoyens retournent aux urnes.
6. Les CD les plus vendus cette année.
7. L'accès aux épaves sera bientôt interdit.
8. Découverte d'une nouvelle fleur.

5. À l'aide de chaque liste de mots, trouve un titre d'article de journal.

1. motards - sud - fête
2. conférence - planète - s'interroger
3. victoire - équipe - affaiblir
4. chirurgien - première - Paris
5. tableau - vente - Picasso - Unicef

PROJETS D'ÉCRITURE...

6. Avec un (ou une) camarade, réalise un petit bulletin météo en utilisant les mots :

perturbation - ouest - précipitations - bourrasques - se dissiper - redoux - s'installer - lumineux.

7. Réalise une dépêche de dernière minute en utilisant les mots :

saut à ski - Félix Bertrand - médaille - Calgary - matin - surpris.

8. Réalise un petit reportage sur un de ces thèmes.

- le tunnel du Mont-Blanc
- Internet
- les pyramides d'Égypte
- métier : reporter

Reprends ensuite le brouillon de tes articles et réponds par oui ou par non aux affirmations suivantes.

- J'ai présenté le sujet.
- J'ai répondu aux questions suivantes : Qui ? Quoi ? Où ? Quand ? Comment ? Pourquoi ?
- J'ai utilisé un vocabulaire adapté au sujet.
- J'ai donné un titre à mon article.
- J'ai fait des phrases courtes.
- J'ai conjugué les verbes en tenant compte des indicateurs de temps (il y a quelque temps, maintenant, plus tard…).

Si tu as répondu plusieurs fois non, il faut que tu reprennes tes articles pour les améliorer.

L'interview

Comment les otaries vivent-elles en mer ?

Images Doc a rencontré Jean-Yves Georges, biologiste au centre d'études biologiques de Chizé (Deux-Sèvres) et spécialiste des otaries.

Images Doc : **Qu'appelle-t-on otarie ?**
J.-Y. Georges : Le nom d'otarie regroupe la famille des otaries à fourrure et celle des lions de mer. Ces mammifères marins vivent en mer et viennent à terre pour se reproduire et muer.

Comment distingue-t-on ces deux familles ?
Les otaries à fourrure ne dépassent pas 2 m de long et ne pèsent pas plus de 300 kg. Les lions de mer, eux, peuvent mesurer 3 m et peser une tonne.

Comment étudiez-vous ces animaux ?
Il est difficile de les suivre au large avec un bateau de plongée. Quand les otaries viennent à terre pour se reproduire, nous en suivons une trentaine en leur fixant sur le dos un petit boîtier d'environ 70 g composé de capteurs.

Comment récupérez-vous ces boîtiers ?
L'une des particularités des otaries est qu'elles reviennent toujours à terre au même endroit. Quand une femelle vient nourrir son petit, nous en profitons pour prélever son boîtier enregistreur.

Que vous apprennent ces enregistrements ?
Grâce à eux, nous savons où les otaries pêchent, à quelle profondeur elles plongent... En prélevant du lait aux femelles à leur retour, et en l'analysant, on peut déduire le type de proies qu'elles ont mangées. Ces informations étaient encore inconnues il y a 10 ans.

Quel est l'intérêt d'étudier les otaries ?
En étudiant les otaries, nous savons où sont leurs proies et si elles sont abondantes. Ainsi, nous sommes renseignés sur la santé des océans.

M. Beynié, Images Doc, n° 136, avril 2000, Bayard Jeunesse.

1. *Lis le texte et réponds aux questions.*
a) Comment s'appelle ce genre d'article ?
b) D'où est-il tiré ?
c) Qui pose les questions ?
d) Qui répond aux questions ?
e) Combien de fois le nom de chacun est-il écrit ? Pourquoi ?

2. *Lis le texte : « 50 000 météorites par an tombent sur la Terre », page 199, puis réponds aux questions.*

a) D'où est tirée cette interview ?
b) Quelle journaliste l'a réalisée ?
c) Le nom de l'interviewer est-il mentionné au cours de l'interview ? Que trouve-t-on alors ?
d) Que penses-tu du titre de l'interview ?
e) En quoi consiste l'activité du chercheur ?

3. *Voici les réponses de Dina, une petite fille indonésienne, à une interview réalisée par Françoise Sénier pour le magazine* Enfants de tous les pays. *Essaie de retrouver les questions posées.*

– J'ai 12 ans.
– Je vis sur l'île de Sibérut, avec ma famille, dans une uma. C'est une grande maison construite sur pilotis.
– Pour les murs et le plancher, les hommes coupent du bois avec leur machette et les femmes cueillent des palmes de sagoutier pour fabriquer le toit.
– Nous n'allons pas à l'école ; ce sont nos parents qui nous apprennent les connaissances nécessaires à notre vie.
– On donne le surnom « d'hommes-fleurs » à notre tribu, car nous ornons nos cheveux de fleurs d'hibiscus afin que notre âme ne quitte pas notre corps.

4. *Les titres d'interview ne jouent pas toujours le même rôle. Certains sont informatifs ; ils donnent l'idée essentielle de l'article.*

Exemple : Trop d'enfants travaillent.

D'autres sont attractifs ; ils éveillent la curiosité.

Exemple : Encore un stupide pari…

Reprends les interviews des exercices 3 et 5. Essaie de donner, pour chacun d'elles :

– un titre informatif ;
– un titre attractif.

5. *Lis cette interview de K-Mel, chanteur, réalisée pour* Mon Quotidien *n° 1541 du 2 février 2001.*

À quel âge as-tu commencé à chanter ? À 15 ans. J'organisais beaucoup de concerts avec ma bande de copains. Un jour, nous avons fait la première partie du concert d'un groupe américain. Des producteurs de disques étaient présents. Ils nous ont remarqués… Voilà ! Comment ont réagi tes copains quand tu es devenu célèbre ? Bien. Ils m'ont accepté avec mon nouveau statut. […] As-tu toujours voulu devenir chanteur ? Non. J'ai fait des études de droit car je voulais devenir avocat. Aimais-tu l'école ? Oui. J'ai toujours pensé que les études étaient très importantes. L'école est le seul moyen de s'en sortir. La musique fait trop rêver les jeunes. Quelle était ton idole quand tu étais enfant ? Le boxeur Mohammed Ali. Je le trouvais très courageux.

Que remarques-tu dans cette interview ?
Relève les mots en rapport avec le métier de K-Mel.
Recopie l'article en le présentant de manière à faciliter sa lecture.

PROJETS D'ÉCRITURE...

6. *Avec un (ou une) camarade, rédige un questionnaire qui s'adressera à un enfant de votre classe, au sujet de ses activités après l'école. Réalisez votre interview, puis transcrivez-la.*

7. *Avec un (ou une) camarade, tu vas réaliser l'interview d'une personne de ta commune choisie parmi les suivantes : un président d'association, un sportif, un collectionneur, un médecin.*
Parmi ces mots, retrouvez le vocabulaire adapté à votre choix.

partager - compétition - loisirs - membres - spécialité - assemblée - passionné - sport - fouiner - niveau - passe-temps - études - médical - entraînement - résultats - collectionner - professionnel - échanges - consultation - réunion - instruments - horaires - visite - but - activités.

Préparez les questions que vous voulez poser.
Réalisez votre interview ; pour cela, vous pouvez utiliser un dictaphone ou un petit magnétophone.
Transcrivez votre interview.

Reprenez ensuite vos interviews, puis répondez par oui *ou par* non *aux affirmations suivantes.*

- Nous avons posé des questions précises et courtes.
- Nos questions sont bien en rapport avec le sujet de l'interview.
- Nous avons utilisé quelques mots interrogatifs.
- Nous avons posé les questions dans un ordre logique.
- Nous avons utilisé un vocabulaire adapté à l'interview.
- Nous avons écrit les réponses en faisant des phrases courtes.
- En transcrivant nos interviews, nous avons bien distingué les questions et les réponses.
- Nous avons choisi un titre informatif ou attractif.

Si vous avez répondu plusieurs fois non*, il faut que vous repreniez vos interviews pour les améliorer.*

La **notice** de **fabrication**

Document 1
Comment fabriquer un arc ?

- Coupe une branche de vieux frêne, bien droite, d'une section de 4 à 5 cm et d'une longueur de 1,2 m (du chêne peut faire l'affaire ou, mieux, de l'if).
- Enlève l'écorce et laisse sécher le bois au moins deux jours. Puis passe-le au feu, longuement, sans le brûler.
- Marque au crayon le centre de la branche. Calcule 15 cm de chaque côté et fais des marques. À partir de ces marques, diminue progressivement l'épaisseur de la branche à l'aide d'un rabot, puis d'une lime à bois (ou mieux encore : avec une ponceuse). Exécute la même opération de chaque côté, de telle manière que chaque bout de l'arc mesure 1 cm d'épaisseur. Attention : seule l'épaisseur de la branche doit être diminuée, la largeur doit demeurer la même sur toute la longueur de l'arc.
- À 3 ou 4 cm du bout, de chaque côté, creuse deux légères échancrures (5 mm de profondeur) pour fixer la corde.
- Passe et repasse longuement l'arc au feu pour finir de le sécher, sans le brûler.
- Pour la corde, utilise une ficelle de chanvre préalablement trempée une nuit dans l'huile de lin. Laisse sécher plusieurs jours. Fixe la corde d'un côté avec un nœud coulant bien serré. Puis bande l'arc et fixe la corde de l'autre côté, de telle manière que la corde se trouve à 25 cm environ du centre de l'arc.
- Aux deux points de fixation, bloque la corde avec un fil de fer très fin.
- Avec de la ficelle de chanvre préalablement mouillée, confectionne un pommeau en partant du centre de l'arc.
- Pour faire des flèches, utilise de préférence des rejets de saule (osier) que tu auras fait sécher après en avoir retiré l'écorce. La tige doit être parfaitement droite et mesurer 1 m. À l'extrémité la plus grosse, découpe une entaille pour encocher la corde. Renforce cette entaille en la trempant dans de la colle à bois afin qu'elle n'éclate pas.
- À l'autre bout, taille la flèche en pointe ; fais sécher le bois au feu, sans le brûler. Ta flèche, si tu vises bien, s'enfoncera dans la cible. Pour faire celle-ci, dessine-la à la peinture sur un petit paillasson, en rouge et en blanc. Utilise les mêmes couleurs sur tes flèches.
- Pour tirer, tends la corde avec l'index et le majeur en serrant la flèche.
- Attention : un tel arc peut être dangereux s'il n'est pas utilisé avec prudence. Ne tire jamais à l'aveuglette, ni à hauteur d'homme.

H. DUTILLEUL, *La Grande Encyclopédie Fleurus nature*, Fleurus-Mame.

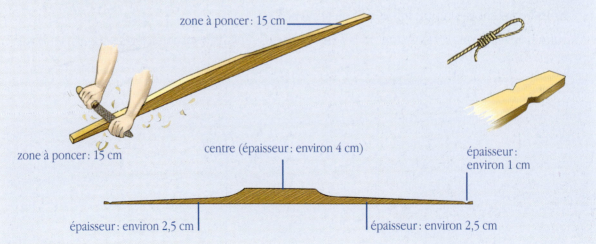

zone à poncer : 15 cm

zone à poncer : 15 cm

centre (épaisseur : environ 4 cm)

épaisseur : environ 1 cm

épaisseur : environ 2,5 cm

épaisseur : environ 2,5 cm

Document 2
Fabriquer une lampe de poche

Tu vas fabriquer cette lampe de poche dans une boîte d'allumettes. Quand la boîte est fermée, la lampe est éteinte. Mais, en ouvrant la boîte, l'ampoule s'éclaire. Voilà une lampe de poche pratique et bon marché !

Matériel nécessaire
– une grande boîte d'allumettes vide
– une planchette de 5 cm sur 4 cm, en contreplaqué de 8 mm d'épaisseur
– un petit tasseau de 8 mm sur 15 mm, long de 5 cm
– une ampoule de lampe de poche vissée sur un support
– une pile plate de 4,5 V, petit modèle
– 2 morceaux de fil électrique souple de 6 cm, dénudés de chaque côté sur 15 mm environ
– une punaise, une attache parisienne, de la colle universelle

Outillage
– un petit tournevis, une pince, un petit marteau

Réalisation de la lampe

1. Colle la planchette et le support de l'ampoule au fond de la boîte.
2. Entoure l'extrémité dénudée d'un fil électrique autour de la petite lamelle de la pile. Replie la lamelle en pinçant le fil et serre fort avec une pince pour réaliser le contact.
3. Plie la grande lamelle de la pile comme sur le dessin. La partie repliée doit être à environ 8 mm de la pile.
4. Enroule l'extrémité dénudée de l'autre fil autour de la punaise et enfonce la punaise dans le tasseau, à 1 cm de son extrémité. Presse bien la punaise contre le tasseau à l'aide du marteau.
5. Fixe les deux fils électriques sur le support de l'ampoule à l'aide du tournevis.
6. Place la pile et le tasseau à l'intérieur de la boîte. La grande lamelle de la pile doit coiffer le bout du tasseau.
Pour l'instant, l'ampoule n'est pas allumée car il n'y a pas contact entre la grande lamelle de la pile et la punaise. C'est l'attache parisienne qui va réaliser ce contact et servir d'interrupteur.
7. Avec le tournevis ou une pointe de ciseaux, fais une toute petite fente dans le coin du couvercle de la boîte (à environ 5 mm de chaque bord).
8. Enfonce les pattes de l'attache parisienne dans la fente, puis écarte-les pour les appuyer contre le couvercle.
9. Enfile le couvercle sur la boîte jusqu'à ce que l'attache parisienne arrive sur la punaise. La patte A doit être en contact avec la punaise (voir le dessin).

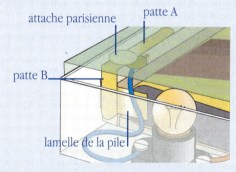

10. Repousse la patte B pour qu'elle appuie sur la lamelle de la pile : la lampe s'éclaire.
Voilà ta lampe de poche terminée et prête à fonctionner !

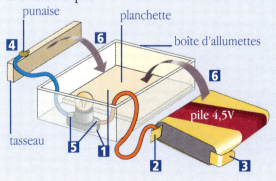

Cahier d'activités Sciences et technologie,
CE2, coll. « Tournesol », Hatier.

1. *Lis les documents 1 et 2, pages 176-177, puis reproduis et complète le tableau en répondant par oui ou par non.*

	Document 1	Document 2
Il y a une introduction.		
Il y a la liste du matériel nécessaire.		
L'outillage nécessaire est précisé.		
Il y a toutes les explications pour construire l'objet.		
Un schéma accompagne les explications.		
Il y a une conclusion.		

2. *Comme tu as pu le constater, il manque la liste du matériel ainsi que la liste des outils dans le document 1, page 176. À toi de les écrire après avoir lu attentivement le document.*

3. *Fais la liste des actions du document 2, page 177.*

4. *Récris la partie « Réalisation de la lampe », dans le document 2, en employant l'infinitif.*

5. *À quel temps et à quelle personne les verbes des documents, pages 176-177, sont-ils conjugués ?*

6. *Récris les quatre derniers paragraphes du document 1, page 176, en employant la 2ᵉ personne du pluriel.*

PROJET D'ÉCRITURE...

7. *Tu viens de construire l'objet de ton choix. Rédige la notice de fabrication qui le décrit et qui permettra à un camarade de le construire à son tour.*

Reprends le brouillon de ta notice de fabrication. Réponds par oui ou par non aux affirmations suivantes.

- La présentation est claire.
- La liste du matériel est présente.
- L'impératif est utilisé pour donner les explications.
- Les phrases sont courtes.
- Tu as fait des schémas pour faciliter la compréhension.

Si tu as répondu plusieurs fois non, il faut que tu reprennes ton travail pour l'améliorer.

La **fiche** de **lecture**

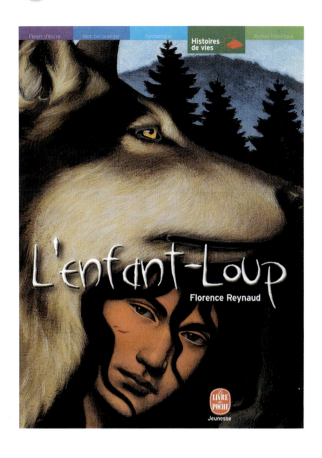

1. *Observe la 1re de couverture et la 4e de couverture de ce livre. Réponds aux questions.*
- *a)* Quel est le titre du livre ?
- *b)* Quel est son genre ?
- *c)* Qui est l'auteur ?
- *d)* Quelle est la collection ?
- *e)* Qui est l'illustrateur ?
- *f)* Qui est l'éditeur ?
- *g)* À qui s'adresse ce livre ?
- *h)* Quels sont les personnages ?
- *i)* Où se déroule l'action ?
- *j)* À quelle période se passe-t-elle ?
- *k)* L'histoire est-elle racontée en entier ? Pourquoi, à ton avis ?
- *l)* Aimerais-tu lire cette histoire ?

Avec un (ou une) camarade, élabore la 1re partie de ta fiche de lecture à partir des renseignements que tu as trouvés sur les 1re et 4e pages de couverture. Présente ta fiche sous forme de rubriques.

Les deux voleurs

Deux voleurs habitaient le même village situé au bord du fleuve. Ils faisaient équipe depuis longtemps, mais ils n'avaient aucune confiance l'un envers l'autre. Un jour, en fin d'après-midi, l'un des voleurs aperçut une caravane qui approchait du village. Il appela son camarade et lui dit :

« Des marchands arrivent. Tâchons de trouver un moyen pour leur voler quelque chose. »

Les marchands venaient de loin et ils étaient très fatigués. Ils firent donc étape dans le village. Ils entravèrent leurs chameaux et, après un dîner frugal, allèrent se coucher.

Dès que les marchands furent endormis, les deux voleurs s'approchèrent en silence des chameaux et assommèrent le gardien. Ils détachèrent deux animaux qu'ils conduisirent près d'un puits tari se trouvant en dehors du village. Et ils déchargèrent les balles de marchandises qu'ils portaient. Puis ils fouettèrent les flancs des chameaux qui prirent la fuite et allèrent se perdre dans la brousse. Les deux voleurs jetèrent ensuite au fond du puits les balles de marchandises qu'ils avaient dérobées. Et ils retournèrent au village où ils ne firent aucun bruit pour éviter de se faire repérer.

Plusieurs semaines s'écoulèrent durant lesquelles ils s'abstinrent de retourner au puits tari. Lorsque les habitants du village cessèrent de parler du vol, qui avait fait grand bruit, les deux voleurs estimèrent qu'ils pouvaient songer à revendre les marchandises.

Un matin, ils se rendirent donc au puits tari avant le lever du jour. Dès que les premières lueurs du soleil enflammèrent l'horizon, un des voleurs dit à son camarade :

« Descends dans le puits à l'aide de cette corde dont je vais tenir le bout. Dès que tu seras parvenu au fond, tu accrocheras successivement les autres balles de marchandises à la corde afin que je les hisse.

– Très bien », répondit l'autre.

Le voleur d'en haut remonta la première balle de marchandises. Puis la deuxième et la troisième. Lorsqu'arriva le moment d'accrocher à la corde la quatrième balle, le voleur d'en bas, qui était prudent, préféra remonter en même temps qu'elle. Aussi se cacha-t-il dans cette dernière balle.

« Tu vas devoir tirer très fort, cria-t-il à son camarade, car cette balle est la plus lourde des quatre.

– D'accord ! » répondit l'autre.

Et il tira sur la corde de toutes ses forces.

Dès que la dernière balle fut remontée, le voleur d'en haut décida de garder pour lui toutes les marchandises. Persuadé que son camarade se trouvait toujours au fond, il saisit une grosse pierre qu'il jeta dans le puits. La pierre alla se fracasser au fond du puits en résonnant. Le voleur d'en haut tendit ensuite l'oreille ; comme il n'entendait plus aucun bruit, il en déduisit que la pierre avait tué son camarade.

C'est alors que le voleur d'en bas sortit de la balle de marchandises dans laquelle il s'était caché.

« Traître ! hurla-t-il, tu voulais me tuer pour tout garder.

– Non, dit l'autre.

– Tu mens !

– Mais non !

– Pourquoi as-tu jeté une grosse pierre au fond du puits ? » demanda le voleur d'en bas en brandissant soudain un poignard.

Le voleur d'en haut devint blême en apercevant l'arme dont la lame aiguisée brillait au soleil.

« Épargne-moi, supplia-t-il. En échange, je te laisserai toutes les marchandises. »

Le voleur d'en bas refusa. Il s'approcha pour poignarder son camarade qui saisit un bâton et réussit à le désarmer. Les deux hommes échangèrent ensuite des coups de poing et des coups de pied. Puis ils s'empoignèrent et roulèrent dans la poussière. Le corps à corps dura longtemps.

Les deux hommes se battaient sans songer au danger que représentait le puits. Ils frappaient sans cesse, se rapprochant lentement du trou béant qu'aucune margelle ne protégeait. Ils finirent par tomber dans le puits où ils moururent tous les deux.

J. Muzi, *Contes des rives du Niger*, « Les deux voleurs », Castor Poche, Flammarion.

2. *Lis le conte « Les deux voleurs ».*

3. *Réponds aux questions.*

a) Où l'action se déroule-t-elle?   b) Qui sont les personnages principaux?   c) Qu'ont-ils décidé de faire?

Rédige un petit texte pour présenter l'histoire. Essaie de ménager un certain suspense afin de donner aux autres l'envie de la lire. Tu peux commencer par : « C'est l'histoire de... »
Tu vas ensuite élaborer une fiche de lecture composée de deux parties :

– 1re partie : les différentes rubriques (reporte-toi à l'exercice 1) ;
– 2e partie : l'histoire elle-même (recopie ton petit texte).

Tu peux ajouter une 3e partie dans laquelle tu donneras ton opinion.

PROJET D'ÉCRITURE...

4. *Lis le texte « Pour sauver Pierre », pages 220-221.*
Rédige une fiche de lecture complète.

Reprends le brouillon de ta fiche de lecture. Réponds par **oui** *ou par* **non** *aux affirmations suivantes.*

- J'ai complété toutes les rubriques.
- J'ai présenté les personnages.
- J'ai précisé le lieu et le moment du déroulement de l'histoire.
- J'ai présenté l'histoire en ménageant du suspense.
- J'ai donné mon avis en trouvant des arguments.
- J'ai fait des phrases courtes en utilisant des mots précis.
- J'ai vérifié l'orthographe des noms.

Si tu as répondu plusieurs fois **non**, *il faut que tu reprennes ton travail pour l'améliorer.*

La **description**

TEXTE 1

Thomas est un garçon timide, aux yeux doux et au regard franc. Un sourire triste perpétuellement posé au coin des lèvres, calme, avare de paroles, indifférent aux critiques, il semble traverser la vie comme un funambule.

TEXTE 2

Jody était déjà à la maison que l'homme n'était encore qu'à moitié chemin sur la route, un homme maigre, très droit d'épaules. Jody n'aurait pu reconnaître qu'il était vieux n'eût été le fait que ses talons frappaient le sol avec des saccades brusques. Quand il fut plus près, Jody vit qu'il était vêtu d'un pantalon et d'une veste en serge bleue. Il portait des chaussures grossières et un vieux chapeau Stetson à bords plats. Il avait sur l'épaule un sac de jute bourré jusqu'au bord. Au bout de quelques instants, il s'était suffisamment approché, de son pas traînant, pour qu'on pût voir son visage. Ce visage était bruni comme du bœuf séché. Sa moustache, d'un blanc bleuâtre à côté de la peau foncée, retombait sur sa bouche, et ses cheveux, blancs également, recouvraient sa nuque. La peau de sa figure s'était ratatinée sur l'ossature si bien qu'elle dessinait le contour des os sans aucune trace de chair et qu'elle faisait paraître le nez tranchant et fragile. Les yeux étaient grands, profonds, sombres, sous des paupières très tendues. Les iris et les pupilles ne faisaient qu'un, très noirs, tandis que le blanc des yeux était brun. Il n'y avait pas une seule ride sur le visage. Ce vieillard portait une veste de serge bleue qu'il avait boutonnée jusqu'au cou par des boutons de cuivre, comme font ceux qui n'ont pas de chemise. Des manches, sortaient des poignets robustes et osseux, et des mains noueuses et dures comme des branches de pêcher. Les ongles étaient plats, courts et luisants.

J. STEINBECK, *Le Poney rouge*, trad. M. DUHAMEL et M. MORISE, Gallimard.

TEXTE 3

La maison était confortable. En haut, il y avait un grenier où il était agréable de jouer quand la pluie tambourinait sur le toit. Au rez-de-chaussée, il y avait deux pièces, une petite chambre à coucher et la grande salle. La chambre à coucher avait une fenêtre que l'on fermait avec un volet de bois. La grande salle avait deux fenêtres avec des carreaux et deux portes, une sur le devant et une sur le derrière de la maison.

La maison était entourée d'une palissade tordue, pour empêcher les ours et les cerfs de s'en approcher.

Devant la maison, il y avait deux chênes magnifiques.

L. INGALLS WILDER, *La Petite Maison dans les grands bois*, trad. C. LOEB, Nathan.

TEXTE 4

Hier soir, les troupeaux rentraient. Depuis le matin, le portail attendait, ouvert à deux battants, les bergeries étaient pleines de paille fraîche.[...] Puis, tout à coup, vers le soir, un grand cri : « Les voilà ! » et là-bas, au lointain, nous voyons le troupeau s'avancer dans une gloire de poussière. Toute la route semble marcher avec lui... Les vieux béliers viennent d'abord, la corne en avant, l'air sauvage ; derrière eux le gros des moutons, les mères un peu lasses, leurs nourrissons dans les pattes ; les mules à pompons rouges portant dans des paniers les agnelets d'un jour qu'elles bercent en marchant ; puis les chiens tout suant, avec des langues jusqu'à terre, et deux grands coquins de bergers drapés dans des manteaux de cadis roux qui leur tombent sur les talons comme des chapes.

Tout cela défile devant nous joyeusement et s'engouffre sous le portail, en piétinant avec un bruit d'averse...

A. DAUDET, *Lettres de mon moulin*, Hachette Jeunesse.

On fait une description pour montrer les choses qui nous entourent. On décrit ce que l'on voit, mais également ce que l'on sent, ce que l'on entend, etc. Une description doit être organisée. (Exemple : on décrit en allant d'un côté à l'autre, du plus proche au plus lointain…)
La description d'un personnage s'appelle un portrait. Un portrait se décompose en portrait physique et en portrait moral (le caractère du personnage).

1. Lis les quatre textes, puis réponds aux questions.

a) Indique, pour chacun des textes, ce qui est décrit.
b) Quand on décrit une personne, comment appelle-t-on cette description ?
c) Indique le numéro du texte auquel correspond chacune des propositions suivantes. Relève chaque fois les mots qui justifient ta réponse.
　1. Le narrateur est installé à un endroit fixe et décrit la scène qui se déroule devant lui.
　2. Le narrateur organise sa description en se déplaçant de l'intérieur vers l'extérieur.
　3. Le narrateur, petit à petit, précise sa description en fonction de l'approche de son sujet.
d) Recopie et complète. Les textes n° … et n° … sont des portraits. Le texte n° … est un portrait … alors que le texte n° … est un portrait … .

2. Relis le texte 2 et réponds aux questions.

a) Relève les expressions qui donnent une indication sur la distance qui sépare l'homme de Jody.
b) Recopie en bleu les expressions qui décrivent l'allure générale de l'homme.
c) Recopie en rouge les éléments de son habillement et de son équipement.
d) Recopie en vert les cinq premiers et les cinq derniers mots de la description de la tête de l'homme.
e) Par quel autre nom que « homme » le personnage est-il désigné ?
f) Relève tous les adjectifs qualificatifs et indique les noms qualifiés.
Exemple : maigre ▶ un homme.

3. Relis le texte 3 et réponds aux questions.

a) Recopie les mots qui permettent d'organiser l'espace.
b) Recopie uniquement ce qui est effectivement décrit : l'organisation des pièces - l'ameublement - les ouvertures - le jardin - la clôture.
c) Comment l'auteur ressent-il la maison ? Est-elle un lieu qui lui plaît ou qui lui déplaît ? Relève deux adjectifs qui justifient ta réponse.

4. Relis le texte 4 et réponds aux questions.

a) Recopie les mots qui permettent d'organiser le temps.
b) Quels sont les temps de conjugaison utilisés ? À quoi correspondent-ils ?
c) Indique les mots qui organisent l'ordre de passage des animaux du troupeau.
d) Relève une expression qui décrit ce que l'on voit et une expression qui décrit ce que l'on entend.

5. Classe ces expressions en cinq colonnes, selon le sens utilisé : la vue, l'ouïe, l'odorat, le toucher, le goût.

un vacarme assourdissant - une saveur acide - un parfum délicat - les hurlements du vent - de vertes collines - des bateaux glissant sur la mer - une planche rugueuse - une odeur désagréable - un arbre penché - le murmure du ruisseau - une boisson amère - une carte postale jaunie - un couvercle brûlant - un craquement sourd - un sol glissant - un village tassé sur lui-même - un arôme puissant - une fumée nauséabonde - une vallée encaissée - une clameur formidable.

6. *Selon ce que tu dois décrire, recopie uniquement les adjectifs qualificatifs que tu pourrais employer.*

• *La maison d'un homme très riche*
▶ spacieuse - minuscule - exiguë - modeste - immense - accueillante - coquette - sordide - vaste.

• *Un homme qui a un excès de poids*
▶ mince - obèse - gras - fluet - dodu - maigre - filiforme - ventru - corpulent - élancé - gros - potelé - menu.

• *Un endroit très mal entretenu*
▶ net - impeccable - soigné - malpropre - dégoûtant - nettoyé - immonde - propre - crasseux - immaculé - infâme - sale.

DES MOTS POUR ÉCRIRE UN PORTRAIT

1) Physique
• taille : grande - imposante - gigantesque - moyenne - petite - minuscule
• corps : trapu - potelé - dodu - obèse - maigre - squelettique - filiforme
• visage : souriant - gai - doux - fin - rond - avenant - triste - lugubre - repoussant
• yeux : grands - vifs - en amande - éteints - bleus
• nez : crochu - droit - épaté - long - écrasé - aquilin
• bouche : sévère - aimable ; aux lèvres : fines - minces - épaisses - charnues
• cheveux : bouclés - raides - touffus - drus - clairsemés - tondus - bruns - châtains
• voix : grave - aiguë - nasillarde - rauque - fluette - caverneuse

2) Moral
• aimable - sympathique - jovial - agréable - affable - courtois - poli - réservé - franc - calme - impassible - tranquille - placide
• triste - sombre - taciturne - morose - mélancolique - désagréable - antipathique - bougon - grincheux - susceptible - irritable - détestable - odieux

PROJETS D'ÉCRITURE...

7. *Fais ton portrait en quelques lignes. Commence par le portrait physique, puis continue par le portrait moral en opposant ce que tu penses être tes qualités et tes défauts principaux.*

8. *Fais le portrait d'une personne de ton école. Ne donne pas son nom ! Donne ensuite ton texte à lire à un (ou une) camarade afin de vérifier si ta description permet d'identifier le personnage que tu as choisi.*

Reprends le brouillon de tes portraits. Réponds par oui *ou par* non *aux affirmations suivantes.*

• J'ai organisé mon portrait en deux parties : portrait physique et portrait moral.

Dans le portrait physique :

• J'ai parlé de la couleur des cheveux, de la coiffure.

• J'ai indiqué la couleur et la forme des yeux.

• J'ai indiqué la couleur de la peau, le teint.

• J'ai décrit le nez, la voix, l'impression d'ensemble du visage.

• J'ai évoqué l'aspect d'ensemble du corps.

Dans le portrait moral :

• J'ai indiqué les traits dominants du caractère.

• J'ai fait des phrases courtes.

• J'ai utilisé d'autres tournures que « il a » ou « il est ».

Si tu as répondu plusieurs fois non, *il faut que tu reprennes ton travail pour l'améliorer.*

DES MOTS POUR ORGANISER SA **DESCRIPTION**

- devant - derrière
- en haut - au sommet - à la cime - sur - sous - en bas - au pied - en contrebas - au-dessous - au-dessus
- près - auprès de - aux environs - autour - aux abords - aux alentours
- de ce côté - à droite - à gauche - au centre - au milieu - au nord - au sud
- au-dehors - à l'extérieur - à l'intérieur - dedans
- ici - là-bas - ailleurs - au loin - à l'horizon - au premier plan - au second plan - au fond - dans le lointain

PROJETS D'**ÉCRITURE**...

9. *Lis attentivement cette description puis, sur le même modèle, décris à ton tour une pièce en l'opposant à une autre, agencée de façon totalement différente.*

Au foyer il y a une cuisinière gigantesque, un évier gigantesque, un lave-vaisselle gigantesque et de grands placards blancs ; tout est d'une blancheur étincelante, et la vaisselle est bien rangée dans les placards. Ici il y a aussi une cuisinière, mais toute petite, l'évier est un bac minuscule, et la vaisselle n'est pas rangée dans des armoires, mais entassée en désordre sur un égouttoir, et rien n'est d'une blancheur étincelante. Au contraire. Ça paraît plutôt sale. Et pas de lave-vaisselle, je l'ai remarqué tout de suite. À la fenêtre, pas de rideau, et en plein milieu de la cuisine une table d'une longueur gigantesque. Mais ce n'est pas une vraie table, c'est une planche, très longue et très large, posée sur des tréteaux comme dans un atelier de menuiserie. J'ai vu ça dans un livre. Et sur la table, quel drôle de fourbi ! Tout sens dessus dessous ! Des tas de papiers çà et là, une machine à écrire, des crayons, des cahiers et des gommes, tout ça pêle-mêle.

G. MEBS, *L'Enfant du dimanche*, trad. R. LAUREILLARD, Gallimard.

10. *Décris à un ami ta maison ou ton appartement. Insiste particulièrement sur la description de ta chambre.*

11. *Décris cette photo.*

Photo Th. Poulet

Reprends le brouillon de tes descriptions. Réponds par oui *ou par* non *aux affirmations suivantes.*

- J'ai utilisé des mots et des expressions permettant de situer les éléments de ma description (exemples : au premier plan, au fond, au centre...).
- Ma description ne fait pas « d'aller-retour » entre les différents plans.
- J'ai décrit ce que je voyais, mais aussi ce que j'imaginais pouvoir entendre ou sentir.
- J'ai bien décrit tous les éléments essentiels du décor.
- J'ai fait des phrases courtes.
- J'ai utilisé d'autres tournures que « il y a ».

Si tu as répondu plusieurs fois non, *il faut que tu reprennes ton travail pour l'améliorer.*

Préparer un exposé

Science et Vie Junior, n°148, janvier 2002

Habillée par... 80 tonnes de cuivre

Le coup d'envoi de la fabrication est donné en 1875 dans un atelier parisien. À partir d'un modèle au quart de la taille finale, des centaines d'ouvriers s'attellent à réaliser une version morcelée de l'œuvre de Bartholdi. Avant-bras ou parcelles du drapé prennent les contours d'imposantes ossatures de bois recouvertes de plâtre. À partir de ces pièces détachées, les ouvriers réalisent ensuite des moules de la statue. Ces empreintes résistantes en bois sont utilisées pour donner leurs formes, à grand renfort de coups de marteaux, aux plaques de cuivres destinées à caparaçonner la dame. Un sacré boulot : il y en a environ 300, ce qui représente tout de même 80 t de métal !

Un air d'Eiffel

L'homme de la Tour a conçu les dessous de Miss Liberty : ce pylône de fer enrobé d'un treillis métallique offrant moult points d'appui à la robe de la dame.

La traversée de l'Atlantique

Sitôt montée, sitôt défaite ! Emballée dans 214 caisses, la statue en kit quitte Paris. Soixante-dix wagons sont nécessaires pour acheminer cette précieuse cargaison jusqu'à Rouen par le rail. Bien au chaud dans les cales de la frégate *Isère*, elle vogue sur l'Atlantique.

En plein Paris

Qu'elle est belle, la Liberté... Elle chavire le cœur des Parisiens qui affluent, nombreux, pour la voir pousser. En janvier 1884, les travaux sont bouclés. La statue est assemblée pour la première fois, des talons au sommet de la torche.

VUE EN COUPE

Welcome to America

L'arrivée à New York, c'est en juin 1885. Mais les travaux de construction ne démarrent pas dans la foulée : il faut attendre dix mois que le piédestal soit terminé. Dès lor[s] les ouvriers s'escriment sur l'immens[e] Lady. Et comme autant de Lilliputie[ns] fourmillant sur Gulliver enchevêtré, i[ls] parviennent au terme de leur tâch[e] après quatre mois d'efforts. L'ingénieu[r] Charles P. Stone, qui veilla au bo[n]

Jour de fête !

Voici enfin le 28 octobre 1886 et la ville de New York est en liesse ! Car cette journée — chômée pour l'occasion — est celle de l'inauguration de la statue. Au programme : défilés civils et militaires, parade navale internationale de plus de 200 bateaux et feux d'artifice. Et un instant crucial : celui où Bartholdi retire le voile tricolore recouvrant le visage de la statue. Il est accueilli par le concert assourdissant de sifflets et de sirènes. Près d'un million de spectateurs sont venus assister à la fête.

Le rêve américain

L'œuvre de Bartholdi a lentement cristallisé l'espoir de tous ceux qui sont venus chercher aux États-Unis une vie meilleure. Qui n'a pas vu la scène ! En tout cas au ciné : le petit Européen, casquette jusqu'au nez et le rêve américain plein la tête, qui découvre, émerveillé, depuis le pont du navire, la grandiose statue à l'entrée de New York. C'est qu'elle est visible de loin, trônant au large de Manhattan sur Bedloe Island (qui deviendra Liberty Island en 1956), dressée sur un piédestal un poil plus haut que la statue elle-même : 46,71 m contre 46,5 m. C'est sur ce gigantesque édifice en forme de pyramide tronquée qu'est gravé le poème accueillant chaque nouveau venu. *Le Nouveau Colosse*, nom de ce texte écrit par Emma Lazarus et dans lequel la statue est baptisée « Mère des Exilés », a été reproduit depuis au nouveau lieu d'arrivée des immigrants, l'aéroport John F. Kennedy.

Science et Vie Junior, n°148, janvier 2002

roulement des travaux, aimait rappeler que contrairement à ce qui s'était passé avec la récente construction du pont de Brooklyn, où près d'une trentaine d'ouvriers avaient trouvé la mort, pas un seul accident ne survint durant le remontage de la statue.

Foule de clones

La statue de New York a fait des petits. Des répliques existent, notamment en France, aux quatre coins de l'Hexagone, de l'Hérault au Morbihan, en passant par la Seine-Maritime. Et si vous avez le loisir de venir traîner du côté de la capitale, allez jeter un coup d'œil sur le pont de Grenelle. Vous y verrez la sœurette tricolore la plus connue de Miss Liberty. Imperturbable, même aux crues de la Seine !

Suivez le guide

Certes, la statue est fermée au public depuis les attentats du 11 septembre. Mais elle retrouvera sûrement bientôt ses 4,3 millions de visiteurs qui gravissent chaque année les 167 marches du piédestal puis les 171 autres pour gagner la tête. Éprouvant… Mais quelle vue sur la Grosse Pomme ! ■

Olivier Lascar

Musée Bartholdi, à Colmar (68). Rens. : 03.89.41.90.60.

1. Lis l'article sur la statue de la Liberté, pages 186 à 189, puis réponds aux questions.

a) Quel est le titre de la revue ?
b) Quel est le titre de l'article ?
c) À quoi sert le texte situé sous la tête de la statue et qui n'est pas encadré ?
d) Comment sont disposés les textes et les illustrations ?
e) Que trouve-t-on comme illustrations ?
f) À quoi servent les sous-titres que l'on trouve dans chaque encadré ? Relève-les.
g) Pourquoi utilise-t-on différents caractères d'imprimerie ainsi que plusieurs couleurs ?

2. Lis les pages 186-187 et réponds aux questions.

a) Qui a imaginé la statue de la Liberté ?
b) Pour quelle occasion la statue de la Liberté fut-elle construite ?
c) Quand la fabrication de la statue a-t-elle commencé ?
d) Qui a conçu la structure métallique ?
e) Où a-t-on assemblé pour la première fois la statue de la Liberté ?
f) Comment l'a-t-on transportée jusqu'en Amérique ?

3. Lis les pages 188-189 et réponds aux questions.

a) Dans quelle ville américaine trouve-t-on la statue de la Liberté ?
b) Que faut-il attendre avant de pouvoir remonter la statue ?
c) Combien de temps faudra-t-il pour remonter la statue ?
d) Que trouve-t-on gravé au pied de la statue ?
e) Quand sera-t-elle inaugurée, et par qui ?
f) Combien doit-on escalader de marches pour se rendre jusque dans la tête de la statue ?
g) La statue de la Liberté est-elle un modèle unique ?

4. Explique le titre choisi pour cet article sur la statue de la Liberté :
« *La Liberté éclairant le monde.* »

5. À partir de toutes tes réponses, écris un petit texte reprenant l'essentiel de l'article sur la statue de la Liberté que tu pourras présenter à tes camarades.

 6. Lis ces deux textes d'amorce. Qu'ont-ils en commun ? À quoi servent-ils ?

Rendre la vue aux aveugles ? C'est le pari d'un institut de recherche américain. Là-bas, grâce à une mini-caméra reliée à son cerveau, Jerry vient de sortir pour la première fois de l'obscurité. Mais que voit-il exactement ?

Science et Vie Junior, n° 127, avril 2000, S. Coishe.

Il y a 36 300 ans à peine, vous l'auriez croisé au détour d'une clairière. On le croyait pourtant disparu depuis bien plus longtemps ! Et voilà qu'il aurait pu fréquenter notre ancêtre Cro-Magnon. Et sans honte, s'il vous plaît : Néandertal n'était pas l'idiot qu'on imagine. Alors pourquoi a-t-il disparu ?

Science et Vie Junior, n° 37, mai 1992, DR.

7. Lis ces deux textes. Retrouve les informations qui te semblent les plus importantes si tu devais en faire un exposé.

Pourquoi y a-t-il eu autant de dégâts en décembre 1999 dans les forêts françaises ? Parce que le vent a soufflé très très fort, que deux tempêtes se sont succédé, que les sols étaient très humides et que forêts et parcs sont vieillissants... Près de 180 km/h ! Avec des pointes à plus de 210 km/h, comme au Mont-Saint-Michel. Comment résister à une telle furie ? Les 26 et 27 décembre, les vents ont traversé l'Hexagone d'ouest en est, déchaînés, sans jamais faiblir. Au contraire, dans leur course folle, ils ont même repris de la vigueur, alors que généralement les tempêtes déclinent en progressant dans les terres.

B. Sauvaget, « La Forêt de demain »,
Science et Vie Junior, n° 128, mai 2000.

Le Canada abonde en ressources naturelles : métaux, charbon, pétrole et bois. Certaines de ces ressources sont utilisées sur place par l'industrie canadienne, mais des quantités considérables de minerais et de bois sont exportées. Le Canada est l'un des premiers producteurs mondiaux de fer, de nickel, d'argent, de zinc, d'uranium et d'amiante. La plupart de ces minerais sont extraits des mines situées dans la région du Bouclier canadien. Au centre, dans les grandes plaines, le sous-sol renferme d'importantes réserves de pétrole et de gaz naturel.

L. Bender, Canada, Hachette.

PROJETS D'ÉCRITURE...

8. Lis attentivement le texte « Les conseils municipaux des jeunes », pages 212-213.

Prépare un exposé sur les conseils municipaux de jeunes (CMJ) en t'aidant de ta lecture. *Ne recopie pas tout, pense à ne noter que les choses les plus importantes. Tu pourras te renseigner auprès de la mairie de ton lieu d'habitation pour savoir s'il existe un CMJ et si l'on peut te fournir d'autres renseignements et des documents pour illustrer ton exposé.*

9. À ton tour, tu vas réaliser un exposé sur un sujet de ton choix (un animal, un pays, ta région, un personnage célèbre...).

Avant de commencer, écris toutes les questions dont tu aimerais connaître les réponses sur le sujet que tu auras choisi. Recherche des informations dans les livres, sur Internet. Surtout, ne recopie pas tout, mais résume les informations qui te paraissent les plus importantes.

Reprends le brouillon de tes exposés. Réponds par oui ou par non aux affirmations suivantes.

- La présentation est claire.
- L'exposé commence par un petit texte d'amorce.
- L'exposé est organisé en plusieurs parties comportant chacune un titre.
- Le titre et les sous-titres sont facilement repérables.
- Il y a des illustrations.

Si tu as répondu plusieurs fois non, il faut que tu reprennes ton travail pour l'améliorer.

Commenter des **photos**

1. *Observe les photos de cette double page et commente-les.*

Photo Renaudot / Hoa Qui

Photo Renaudeau / Hoa Qui

Jeux d'écriture

1. CAVIARDAGE

Les deux phrases ci-dessous étaient identiques mais, dans la seconde, on a supprimé certains mots. Du coup, cette phrase veut dire tout à fait autre chose.

À ton tour, amuse-toi à faire la même chose avec des extraits de textes que tu recopieras. Lis ensuite les deux extraits à tes camarades. Tu verras que le résultat est souvent drôle !

Attention, tes phrases doivent toujours être françaises et respecter les règles de grammaire !

Il attrapa un gros bâton, enjamba sa mobylette et nous fonça dessus en faisant de grands moulinets avec ses bras.

M. PIQUEMAL, *Le Jobard*, Milan.

▶ Il attrapa sa mobylette en faisant de grands moulinets avec ses bras.

2. S'IL FALLAIT DEMAIN...

Lis le début du texte ci-dessous, puis recopie-le et complète-le en faisant la liste de tout ce que tu aimerais emporter.

Tu peux écrire tout ce que tu souhaites : l'important n'est pas qu'il soit vraiment possible d'emporter ce qui composera ta liste mais que tu aies envie d'avoir tout cela avec toi.

S'il me fallait dès demain
Partir, très, très loin d'ici,
J'emporterais, c'est certain :

– ....
– ....
– ....
– ....
– ....

3. ET SI...

Et si mon chien, mon chat pouvaient parler ?
Et si l'argent n'existait plus ?
Et si l'on découvrait une autre planète habitable ?
Et si demain, les voitures, les camions, les bus, les trains, les avions refusaient de fonctionner ?

Choisis l'une de ces suppositions et imagine ce qui pourrait se passer...

4. LA POÉSIE EN QUESTION

Qu'est-ce que l'absence ?
Qu'est-ce que la mer ?
Pourquoi la mer est-elle bleue ?
Qu'est-ce que le rêve ?
Qu'est-ce que l'hiver ?
Pourquoi les hommes ont-ils deux jambes et une seule langue ?

Réponds aux questions posées.
Tes réponses ne seront peut-être pas très scientifiques, mais quelle importance ?
Avec tes camarades, lisez à haute voix vos différentes propositions. Et pourquoi, ensuite, ne pas en composer une poésie ?

5. PASSAGE OBLIGÉ

Tu vas écrire un texte en respectant le canevas qui est indiqué ci-dessous.
Tu dois utiliser tous les mots, dans l'ordre où ils sont cités. Attention aux majuscules ! Dans les pointillés, tu peux écrire quelques mots ou plusieurs phrases.

Quand tu recopieras ton texte, écris les mots imposés en rouge.

Dans ma nouvelle classe, ... son nom .... J'aime bien .... copains .... Même .... alors, évidemment, ... la maîtresse .... ne s'arrête jamais .... c'est comme ça !

6. MON DICTIONNAIRE ÉPHÉMÈRE

Observe les mots ci-dessous. *Choisis dans cette liste quelques mots qui te plaisent et dont tu ignores totalement le sens. Lis bien chaque mot, laisse-toi guider par ce que tu imagines, puis invente sa définition, comme dans un dictionnaire.* **Compare ensuite avec les définitions réelles.**

gaspacho - dandiner - urubu - escopette - noctambule - coalition - grumeleux - pétiole - ineptie - paroxysme - imputrescible - lansquenet - rocambolesque - jargon - spiritueux - caquelon - baryton - crypte - incandescent - sporadique - vareuse - propane - psalmodier.

7. LES VERS BRISÉS

Chaque vers de ce poème a été découpé en deux parties.
La première partie donne, dans l'ordre, le début de chaque vers.
La deuxième partie propose la fin des vers… mais dans le désordre.
À toi de recopier cette poésie en reconstituant chaque vers.

Demain, dès l'aube…

PREMIÈRE PARTIE

Demain, dès l'aube, à l'heure …
Je partirai. Vois-tu, …
J'irai par la forêt, …
Je ne puis demeurer …

Je marcherai les yeux …
Sans rien voir au-dehors, …
Seul, inconnu, le dos …
Triste, et le jour pour moi …

Je ne regarderai …
Ni les voiles au loin …
Et quand j'arriverai, …
Un bouquet de houx vert …

DEUXIÈME PARTIE

descendant vers Harfleur,
sans entendre aucun bruit,
où blanchit la campagne,
et de bruyère en fleur.

loin de toi plus longtemps.
courbé, les mains croisées,
je sais que tu m'attends
ni l'or du soir qui tombe,

fixés sur mes pensées,
sera comme la nuit.
j'irai par la montagne.
je mettrai sur ta tombe

V. Hugo, « Autrefois », *Les Contemplations*, livre quatrième.

8. C'EST COMPLÈTEMENT FARFELU !

Demain, la mer anéantira
mon époux dans sa chambre.

Hier, un dinosaure a tranquillement
éteint ce clou.

Il y a une heure, des voitures révisaient
méchamment leurs fautes de copie.

Catherine mange vaguement des oreilles
dans le jardin.

Ces phrases sont complètement farfelues, n'est-ce pas ? Elles ont pourtant été écrites par des élèves de CM2… Alors, lis attentivement la recette ci-dessous et tu pourras t'amuser seul(e) ou avec des camarades à inventer des phrases curieuses.

1. Découper une grande quantité de petits morceaux de papiers.

2. Répartir ces papiers en quatre tas (le 4e tas doit être plus important).

3. Sur chaque papier du premier tas, écrire un verbe transitif direct (derrière lequel on pourrait écrire un c.o.d.) à l'infinitif.

4. Sur chaque papier du deuxième tas, écrire un groupe sujet.

5. Sur chaque papier du troisième tas, écrire un c.o.d.

6. Sur chaque papier du quatrième tas, écrire un complément circonstanciel.

7. À tour de rôle, tirer un papier de chacun des trois premiers tas et deux ou trois du dernier tas.

Si personne n'a fait d'erreur en écrivant verbes, sujets et compléments, on obtient, après avoir conjugué le verbe, des phrases farfelues… mais grammaticalement correctes !

9. LIPOGRAMME

Le principe du lipogramme est tout simple : il s'agit d'écrire une ou plusieurs phrases en s'interdisant l'usage de certaines lettres.

Exemples :
un lipogramme en « e » (donc en s'interdisant d'utiliser la lettre « e ») :

Assis sur un banc au bord du canal, un poisson lisait son journal.

un lipogramme en « e », « o » et « r » :

Un gamin finlandais lavait un chat blanc dans un lac anglais.

Quelles sont, d'après toi, les lettres les plus difficiles à éviter ? Pourquoi ?

À ton tour maintenant !
Commence par un lipogramme où tu t'interdiras une voyelle et une consonne.

Tu pourras ensuite augmenter la difficulté en t'interdisant un plus grand nombre de lettres.

10. EN VARIANT LE POINT DE VUE...

Imagine la journée d'un objet familier : l'un de tes jouets, ton stylo bleu, ton bol du petit-déjeuner, ta paire de tennis...

Établis d'abord une liste de ce qui peut (ou pourrait) leur arriver dans la journée.
À partir de cette liste, rédige un texte dans lequel l'objet choisi parlera, exprimera ses sentiments.

Lecture

Ils ont dit « non » à la violence

Depuis le début du XXe siècle, quelques grandes figures ont démontré qu'il existait d'autres voies que la violence pour trouver une solution à un conflit. Aujourd'hui encore, des femmes et des hommes, seuls ou en groupes, luttent contre la violence sous toutes ses formes.

Gandhi, une vie contre la violence

Né en 1869, avocat de profession, le Mahatma Gandhi prôna toute sa vie la non-violence comme méthode politique, notamment pour lutter contre la domination anglaise dans son pays, l'Inde. Emprisonné à plusieurs reprises pour « désobéissance civile », il organisa de multiples manifestations pacifiques. Il fut assassiné à Delhi le 30 janvier 1948.

Martin Luther King, le combat pacifique

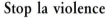

Le nom de ce pasteur est associé à la lutte des Noirs américains pour la reconnaissance de leurs droits civiques et leur intégration dans la société américaine. Prix Nobel de la paix en 1964, ce militant mena toutes sortes d'actions non violentes (sit-in*), marches pacifiques, etc.). Ce disciple de Gandhi, né en 1929, fut lui aussi assassiné, le 4 avril 1968.

Médecins sans frontières

Comme toutes les organisations humanitaires qui portent secours aux plus démunis et aux victimes de guerre, l'association Médecins sans frontières (fondée en 1971) lutte pour la non-violence en soignant les populations. Pour ces actions menées à travers le monde, cette organisation non gouvernementale a reçu le prix Nobel de la paix en 1999.

Stop la violence

Créée en 1997 à l'initiative de jeunes lycéens de la banlieue parisienne, l'association Stop la violence s'est donné pour objectif de lutter contre la violence dans les villes. « Plus puissant que la violence, le respect ! », « Les armes, ça ne protège de rien, au contraire », « Il faut savoir contre quoi on se révolte », tels sont quelques-uns des slogans de cette association, qui mène des campagnes de prévention.

* **sit-in** : forme de contestation non violente, consistant à s'asseoir par terre en groupes pour occuper des lieux publics.

E. VAILLANT, *Dire non à la violence*, Les Essentiels Milan Junior, Milan.

Lis le texte et réponds aux questions.

1. Qui obtint le prix Nobel de la paix et en quelles années ?
2. Quelle était la méthode politique de Gandhi ? Dans quel but ?
3. Qu'est-ce que Stop la violence ? Quel est son objectif ?
4. Quel est le point commun entre Gandhi et Martin Luther King ?
5. Que fait l'association Médecins sans frontières ?

50 000 météorites par an tombent sur la Terre

Interview de Michel Franco, chercheur de météorites.

Magazine « C'est pas sorcier » : **Qu'est-ce qu'une météorite ?**
M. Franco : C'est un bloc de pierre d'une planète qui tourne autour du Soleil. Parfois, elle est attirée par la Terre et peut alors s'écraser sur le sol. Mais la plupart sont brûlées dans l'atmosphère terrestre avant d'y arriver.

Quelles tailles et quels poids ont ces météorites ?
Certaines peuvent peser 20 g, d'autres quelques dizaines de kg. En Arizona (États-Unis), une météorite de 25 m de diamètre environ a formé un cratère de 1 200 m il y a plus de 20 000 ans.

Sait-on combien de météorites tombent sur la Terre ?
Il en tombe tous les jours. Il y en a environ 50 000 chaque année qui touchent le sol. Mais elles atterrissent le plus souvent dans les océans ou dans des endroits inhabités, comme les déserts.

Pourquoi les météorites sont-elles toujours noires ?
Parce que, avec leur vitesse, elles brûlent en entrant dans l'atmosphère. Elles sont alors recouvertes d'une croûte noirâtre. Dans l'espace, ces pierres sont vertes ou grises. Car la plupart contiennent du fer ou des cristaux de nickel.

Y a-t-il beaucoup de « chasseurs de météorites » comme vous ?
Non. Nous ne sommes que 5 en France.

Propos recueillis par M. REMBAUT, *Mon Quotidien*, le quotidien d'actualité dès 10 ans, n° 1804 du 6 février 2002. Tél. : 01 53 01 23 60 ou www.monquotidien.com

Lis le texte et réponds aux questions.

1. D'où viennent les météorites ?

2. Tombent-elles toutes sur la Terre ? Pourquoi ?

3. Pourquoi les météorites tombées sur la Terre ne sont-elles pas toutes trouvées ?

4. Quels sont les minéraux qui entrent dans la composition des météorites ?

5. Vrai ou faux ?
- Les météorites sont toujours noires.
- Les chercheurs de ces pierres sont nombreux.

De l'**électronique** aux **robots**

L'électronique est présente partout, dans les machines à laver, les voitures, les avions… Elle a remplacé les systèmes mécaniques dans les montres, les appareils photo et les machines à calculer. Sans l'électronique, il n'y aurait ni ordinateurs ni robots.

L'électronique, c'est l'utilisation de l'électricité à travers différents petits composants qui en modifient les propriétés.

Les composants électroniques (diodes, condensateurs, transistors) prennent moins de place que les pièces mécaniques, comme le ressort et les engrenages. De plus ils s'usent beaucoup moins vite et coûtent moins cher à fabriquer.

C'est l'électronique qui fait maintenant marcher la radio, la télévision, le téléphone sans fil… Mais l'électronique sert aussi à contrôler d'autres machines. Sans son aide, les avions ne pourraient pas atterrir la nuit ou par temps de brouillard.

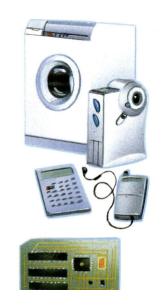

Un ordinateur est une machine électronique qui « sait » construire rapidement des images sur un écran. Il peut calculer presque instantanément. Il réagit si vite que tu as l'impression qu'il est intelligent. Mais ce n'est pas le cas, l'ordinateur se contente de suivre les instructions de ses programmes.

Le programme, c'est la liste des ordres qu'un homme a placée dans la mémoire électronique de l'ordinateur. Il suffit d'introduire une seule fois le programme. Ensuite, il exécute les ordres. Pour le modifier, on peut faire entrer de nouvelles instructions dans le programme.

Un robot est une machine commandée par un ordinateur. Les robots peuvent servir à des tâches extrêmement variées. On les emploie le plus souvent pour des travaux répétitifs (dans les usines) ou dangereux (dans les mines et au fond des mers). Ils travaillent toute la journée, sans fatigue.

Les robots sont également indispensables pour l'exploration lointaine de l'espace. Comme ils seront loin du contrôle direct des hommes, ils devront posséder une certaine autonomie et savoir prendre certaines décisions tout seuls.

Les robots ont rarement forme humaine.

S. Dorance, *Encyclo Benjamin*, Hachette Éducation.

Lis le texte et réponds aux questions.

1. Donne le nom de trois composants électroniques.

2. Donne trois avantages des composants électroniques par rapport aux pièces mécaniques.

3. Qu'est-ce qui fait fonctionner un robot ?

4. Grâce à quoi un ordinateur fonctionne-t-il ?

5. Quelles sont les raisons pour lesquelles on utilise des robots ?

6. À ton avis, comment des robots pourront-ils un jour prendre des décisions ?

La bataille des frontières

Le samedi 1er août 1914, vers cinq heures du soir, une même clameur s'élève en France : « C'est la mobilisation générale ! » Le cri des vendeurs de journaux, le roulement de tambour du garde champêtre n'émeuvent personne : « C'est la guerre contre l'Allemagne ? Soit ! » disent les plus résignés. « C'est la guerre contre l'Allemagne ? Allons-y ! » répondent les plus enthousiastes. [...]

À quoi bon s'inquiéter, les Russes et les Britanniques vont combattre à nos côtés. Les journaux écrivent tous les jours que les Allemands se rendent pour une tartine de beurre, que leurs obus n'éclatent pas, que leurs balles ne tuent pas. [...]

Mais nos soldats n'avancent pas. Pendant tout le mois d'août 1914, ils reculent. Les armées britanniques et françaises battent en retraite. Les Allemands avancent à pas de géants. Hourra ! En avant ! Voici la Marne ! Bientôt nous verrons les tours de Notre-Dame de Paris. [...]

Le 6 septembre 1914, au petit matin, les soldats français épuisés lisent la proclamation du généralissime Joffre : « Une troupe qui ne pourra plus avancer devra coûte que coûte garder le terrain conquis et se faire tuer sur place plutôt que de reculer. » Les soldats oublient leur fatigue et ils chargent au son du clairon. Le 10 et le 11 septembre, c'est partie gagnée pour nos troupes. La bataille de la Marne est une belle victoire.

Les Allemands se replient, ils fuient ; puis ils se retournent. [...] Ils courent vers les ports de la mer du Nord. Les armées se font face. Elles creusent des trous, des tranchées. Adieu le rêve d'une guerre courte ! L'hiver arrive, la guerre s'installe. [...]

Au front, l'année 1915 est une année sanglante.

En février 1916, les Allemands ont décidé de s'emparer de Verdun, le « cœur de la France ». Pendant 5 mois, la 5e armée allemande envoie chaque jour cent cinquante mille obus ! Le sol de Verdun est bouleversé... Tout n'est que poussière et cendres. Mais les trombes d'obus, les nuages de gaz asphyxiants, les flammes des incendies ne réduisent pas la 2e armée du général Pétain. [...] En juillet 1916, les Allemands s'épuisent et cessent leur offensive. Le « cœur de la France » continue à battre. [...]

En avril 1917, l'Amérique arrive avec ses armes et ses hommes.

En mars 1918, toutes les armées alliées, française, britannique, américaine, belge, obéissent à un seul chef : le général Foch. Depuis novembre 1917, le gouvernement est dirigé par Georges Clemenceau ; il n'a qu'un seul but : vaincre. Le 11 novembre 1918, le feu cesse. L'Allemagne est vaincue. La joie, la fièvre, le délire secouent les campagnes et les villes. [...]

Mais comment oublier ? Oublier 1 350 000 morts ?

Le 28 juin 1919, le traité de Versailles est signé. La France recouvre l'Alsace et la Lorraine.

A. BENDJEBBAR, *Histoire de France*, Hachette.

Lis le texte et réponds aux questions.

1. Combien de temps a duré cette guerre ?

2. Les Français paraissaient-ils redouter la guerre ? Pourquoi ?

3. Qui était le général en chef des armées alliées ?

4. Qui était le chef du gouvernement français ?

5. Relève cinq mots ou expressions montrant l'atrocité de cette guerre.

6. Qu'est-ce que le traité de Versailles apporte à la France ?

Les **changements** dans le **paysage**

Lorsque les hommes passèrent de l'état de chasseurs à celui de fermiers, il y a environ 10 000 ans, ils commencèrent à changer l'aspect de la surface terrestre. Ils ont transformé les forêts en terres cultivées, abattu des flancs de montagnes par l'exploitation minière, et barré le cours de rivières pour créer des lacs artificiels. Le développement de l'agriculture permit la constitution de villes : le cultivateur obtenait en effet plus de récoltes qu'il n'en avait besoin pour nourrir sa famille, et le surplus de nourriture pouvait être livré aux habitants des villes, en échange de produits de leur artisanat ou de services divers. Les citadins n'étaient plus exposés aux difficultés et dangers de la vie dans la nature sauvage, de sorte que leur population put s'accroître.

Après une période initiale d'expansion, les niveaux de population restèrent relativement stables pendant assez longtemps, et la surface des terres cultivées ne s'accrut que lentement.

Ce n'est qu'au cours des derniers millénaires que les hommes ont modifié considérablement le paysage qui les entoure.

Durant cette période, les grandes forêts qui couvraient presque toute l'Europe furent remplacées en grande partie par des terres cultivées. L'industrie se développa surtout durant les deux derniers siècles, en occupant par exemple la vallée de la Ruhr, en Allemagne. De vastes étendues sauvages d'Amérique du Nord furent également couvertes de cultures. De grandes zones de forêt tropicale sont encore abattues chaque jour, en Asie et en Amérique du Sud. Ces changements apportent aux hommes de grands avantages, mais comportent aussi des dangers. Les cultures peuvent réduire la fertilité du sol, et la destruction des habitats naturels risque de faire disparaître les animaux qui les occupaient.

D. Dixon, F. Carlier, *La Géographie*, coll. « Initiation à la science », Gamma Jeunesse.

Lis le texte et réponds aux questions.

1. Donne l'exemple de trois transformations du paysage dont les hommes sont responsables.

2. Pourquoi le développement de l'agriculture a-t-il permis l'apparition des villes ?

3. Vrai ou faux ? Lors des derniers millénaires, les paysages qui nous environnent ont assez peu changé.

4. Dans quelles parties du monde la forêt continue-t-elle aujourd'hui à disparaître à un rythme très rapide ?

5. Quels dangers accompagnent les changements dans le paysage dont les hommes sont responsables ?

Le **grand cycle** de l'**eau**

Depuis les origines de la Terre, l'eau suit un mouvement perpétuel entre les océans, les continents et l'atmosphère. Dans un texte indien vieux de 3 000 ans, on peut lire : « De l'océan viennent les nuages. Des nuages nous vient la pluie. De la pluie naissent les rivières. Et des rivières naît l'océan. Ainsi va le cycle des eaux. Ainsi va le cycle du monde. »

L'eau tient rarement en place : aujourd'hui elle est source, demain elle sera fleuve, après-demain océan. Mais qu'elle soit liquide, solide ou vapeur, qu'elle soit rivière, glacier ou nuage, c'est toujours la même eau.

Le temps de séjour moyen d'une molécule d'eau est de neuf jours dans l'atmosphère, un an dans les cours d'eau, 3 000 ans dans les océans, 5 000 ans dans les nappes phréatiques et jusqu'à 12 000 ans dans les glaciers. La masse d'eau toujours en mouvement est évaluée à 1 000 milliards de litres par seconde.

Un principe simple

De la surface des océans, d'où elle s'évapore sous la chaleur du soleil, l'eau s'élève dans l'atmosphère sous forme de vapeur invisible. En prenant de l'altitude, l'air se refroidit et la vapeur d'eau se condense pour former de fines gouttelettes et donner ainsi la grande famille des nuages. Sous l'effet de la pesanteur, l'eau retombe en surface sous forme de pluie, et s'il fait froid, en flocons de neige ou en grêle. Sur le sol, elle ruisselle pour gonfler les cours d'eau ou s'infiltre pour alimenter des nappes souterraines. Ce grand voyage s'achève à l'embouchure des fleuves. L'eau est alors revenue à son point de départ : la mer.

Une science nouvelle

La compréhension de l'existence d'un cycle de l'eau a fait naître une science nouvelle, l'hydrologie. Le Français Bernard Palissy, au XVIe siècle, a le premier décrit ce cycle de l'eau. Puis l'abbé Edme Mariotte, un siècle plus tard, a montré que la pluie ne se contente pas de ruisseler en surface, mais s'infiltre aussi dans les sols poreux. Pierre Perrault (frère de l'auteur des célèbres contes), le mathématicien Alexis Clairaut et le naturaliste Georges Louis Buffon ont ensuite calculé les volumes de pluie captés par le bassin de la Seine, pour les comparer au débit du fleuve à son embouchure : il apparut qu'il y avait bien relation entre les pluies, leur écoulement et leur évaporation.

Depuis plus de deux siècles et demi, nous savons que la même eau est recyclée sans cesse. Dès qu'elle s'est condensée à la surface du globe, voici un peu plus de 4 milliards d'années, l'eau a entamé son cycle, éternellement recommencé. Depuis une trentaine d'années, l'informatique permet, par des modèles mathématiques, une meilleure gestion des données hydrologiques.

P. KHOLER, Voyage d'une goutte d'eau, Fleurus-Mame.

Lis le texte et réponds aux questions.

1. Quels sont les trois états possibles de l'eau ?

2. Quels sont les différents temps de séjour d'une molécule d'eau dans les différents milieux ?

3. Quelle fut la première personne à s'intéresser au cycle de l'eau ?

4. Comment appelle-t-on la science qui s'occupe de l'eau ?

5. Depuis une trentaine d'années, qu'est-ce qui permet de mieux gérer les données du cycle de l'eau ?

6. En relisant très attentivement ce texte, dessine le cycle de l'eau.

 L'Arctique

Le monde arctique

L'image populaire qui veut que les régions arctiques soient éternellement gelées et pratiquement dépourvues de vie n'est pas tout à fait vraie. Entre l'océan Arctique, recouvert par la banquise, et la forêt septentrionale, s'étend une vaste zone qui infirme cette croyance. Il s'agit de la toundra, nom emprunté au vieux finnois, qui contourne le globe sur une étendue de 1 295 millions d'hectares, soit un dixième de la superficie totale des terres émergées de la planète. Le climat y est rigoureux et il n'y a presque pas d'arbres ; pourtant, même durant le long hiver, de nombreux animaux y trouvent un gîte et lorsque le court été survient après la fonte des neiges, des plantes y fleurissent et le sol s'anime de toute une vie sauvage.

La toundra ne ressemble à aucune autre terre. L'hiver, lorsque le pôle penche du côté opposé au Soleil, les nuits sont longues et les jours très courts ; alors l'Arctique reçoit très peu de chaleur. En revanche, les jours sont très longs en été mais la chaleur est juste suffisante pour fondre la neige et pour dégeler la couche superficielle du sol. Au-dessous d'un mètre environ de profondeur, ce dernier reste gelé en permanence : c'est pourquoi on l'appelle pergélisol (les Anglo-Saxons disent permafrost). Ce sol éternellement gelé constitue une importante caractéristique de la toundra.

Chacun sait que l'extrême Nord est froid mais rares sont ceux qui se doutent à quel point il est sec. La neige et la pluie tombées en une année ne représentent que 200 mm d'eau sur la plupart de la toundra, c'est-à-dire à peu près autant qu'il en tombe sur les déserts chauds. Partout ailleurs ces précipitations seraient insuffisantes pour satisfaire les besoins de la flore et de la faune mais le pergélisol constitue une barrière imperméable qui empêche l'eau de s'infiltrer profondément. Au-dessous de ce lit, le sol est comme une éponge qui gèle l'hiver et qui restitue l'eau l'été, permettant ainsi l'épanouissement périodique de la vie sur de vastes étendues qui sans cela seraient stériles.

La dernière contrée sauvage

La toundra est la dernière grande étendue sauvage à la surface de la planète. Il ne semble pas qu'elle puisse le rester. Pendant des millénaires, les civilisations se sont progressivement épanouies vers le nord et aujourd'hui les nations les plus riches et puissantes sont concentrées sur le tiers le plus septentrional de la surface terrestre. À l'ère de l'avion à réaction, l'océan Arctique est devenu une sorte de Méditerranée, car par là passent les routes aériennes les plus courtes pour relier de nombreux centres économiques et politiques de la planète, Du coup, les rivages de la toundra sont devenus des lignes défensives jalonnées par des chapelets de bases aériennes et de stations de radar. On a aussi découvert que l'Arctique est riche en cuivre, en or, en nickel et surtout en pétrole. Aussi, le lent mouvement des civilisations vers le nord s'est-il transformé en une course impétueuse.

J.-L. Hicks, *L'Arctique*, Trad. Th. de Galiana, éd. du Chat Perché, Flammarion.

Lis le texte et réponds aux questions.

1. Quelle est l'origine du nom « toundra » ?

2. Que permet juste la chaleur du court été arctique ?

3. Sous quels noms désigne-t-on le sol qui, à plus d'un mètre de profondeur, est éternellement gelé ?

4. Vrai ou faux ? Il tombe pratiquement autant d'eau sur les désert chauds que sur la toundra.

5. Cite trois menaces qui pèsent sur l'avenir « sauvage » de la toundra.

Étages des montagnes d'Europe

Que tu te promènes dans les Alpes ou dans les Vosges, les Apennins ou le Caucase, tu rencontreras partout la même répartition des végétaux : cinq étages qui se succèdent de la plaine aux plus hauts sommets.

Frontières diffuses

Certaines plantes préfèrent l'ombre, d'autres adorent le grand soleil. Tel arbre apprécie les pentes humides, alors que tel autre ne peut vivre que sur les versants très secs… Résultat : les limites de la végétation ne sont pas tout à fait les mêmes entre les deux versants, *adret* et *ubac*, d'une vallée. De plus, comme une montagne est faite de recoins venteux ou abrités, de creux riches ou pauvres en humus, les étages sont parfois un peu flous…

L'étage collinéen commence vers 800 m et se termine vers 1 200 m. La température moyenne annuelle est de 15 °C. On y trouve surtout des prairies, et quelques forêts de châtaigniers, charmes, chênes et pins sylvestres.

L'étage montagnard monte jusqu'à 1 700 m environ. La température annuelle encore douce (8 à 15 °C) et l'abondance des pluies y permet le développement d'une forêt dense de hêtres, d'épicéas et de sapins.

L'étage subalpin se termine vers 2 200 m par une « zone de combat », là où s'achève la forêt de résineux qui le compose. On trouve dans cette zone beaucoup de pâturages et de plantes buissonnantes. La température moyenne annuelle varie entre 5 et 8 °C.

L'étage alpin culmine vers 3 000 m. La température moyenne qui y règne (2 à 3 °C) et la neige fréquente ne permettent plus aux arbres de pousser. Une pelouse rase, recouverte de petites plantes et de graminées, donne le ton.

Au-dessus de 3 000 m, c'est le domaine des neiges éternelles et du minéral. Sur cet étage nival, seules quelques plantes pionnières réussissent à vivre à l'abri des rochers.

Vivre vite

Plus on monte en altitude, et plus la période de « végétation active » (c'est-à-dire l'été) est courte. C'est ce phénomène qui limite les plantes, certaines ayant besoin de plus de temps que d'autres pour pouvoir vivre :
– à 1 000 m, la période de végétation active est de 8 mois ;
– à 1 500 m, elle est de 6 mois ;
– à 2 000 m, elle passe à 4 mois ;
– à 2 600 m, elle n'est plus que de 2 mois ;
– au-dessus de 3 000 m, elle est pratiquement égale à 0.

Records européens

Sur les 3 500 espèces de plantes à fleurs vivant dans les Alpes, une centaine survit au-dessus de 3 000 m d'altitude, et seulement 12 au-dessus de 4 000 m. Parmi elles, la gagnante est la renoncule des glaciers, qui résiste encore à 4 275 m. Mais on trouve aussi, sur les pentes du mont Blanc, quelques algues et quelques lichens à 4 700 m.

F. LISAK, F. PILLOT, *Copain des Montagnes*, Milan.

Lis le texte et réponds aux questions.

1. Quels sont les différents étages de la végétation ?

2. Comment appelle-t-on chaque versant de la montagne ?

3. Recherche à quelle orientation correspond chaque versant.

4. Pourquoi les différents étages peuvent-ils être un peu flous ?

5. Quels arbres trouve-t-on essentiellement à l'étage collinéen ?

6. Au-dessus de 3 000 m, où les rares plantes poussent-elles ?

7. Vers quelle altitude les arbres ne parviennent-ils plus à pousser ?

8. Quel est le nom de la plante fleurie la plus haute des Alpes ?

L'Aéropostale (début du XXe siècle)

Le 12 septembre 1918, un jeune ingénieur, Pierre Latécoère, dépose, au sous-secrétariat d'État à l'Aéronautique, le projet d'une ligne aérienne régulière Toulouse – Buenos Aires. C'est là une véritable folie, si l'on pense que l'aviation vient à peine d'être créée et que les appareils en service sont encore bien rudimentaires. Peu rapides, munis d'hélices en bois, dotés d'une autonomie restreinte, dépourvus de système de freinage et de radio, ils ne sont guère susceptibles d'accomplir les performances nécessaires à l'exploitation de la ligne projetée. Pourtant Latécoère se met courageusement au travail et, dès le 25 décembre, il accomplit un premier vol d'étude sur le tronçon Toulouse-Barcelone (Espagne). Son avion, un Salmon, sort vainqueur du survol des Pyrénées, réputées pour leurs violentes tempêtes.

Dès 1919, le premier service postal est créé sur l'étape Toulouse-Rabat (Maroc). L'avion transporte un sac à courrier marqué PTT. Il ne contient aucune lettre : il est symbolique ; arrivé à Rabat, il démontre que les difficultés de la traversée de l'Espagne sont vaincues et que le Maroc, désormais, est tout près de la France. [...]

Alors les ralliements à l'idée de Latécoère se multiplient et une liaison régulière France-Maroc entre en service. Les lettres affluent et, pendant les six premiers mois de 1920, on en transporte ainsi 80 000 ! Pour aider à les trier, on a bientôt l'idée de border leurs enveloppes d'un liseré rouge, ancêtre de la bordure tricolore que nous connaissons.

En même temps, les pionniers de l'Aéropostale continuent à viser le sud. La technique restera toujours la même : tandis qu'on exploite un tronçon, on prépare le suivant. Mais au fur et à mesure qu'on s'éloigne de la France, les difficultés s'accumulent. Il faut sans cesse tout prévoir. À chaque escale, on doit installer une réserve de bidons d'essence, dresser des hangars pour protéger les appareils des intempéries, installer un atelier pour les réparations urgentes, stocker des lots de pièces de rechange. Sans radio ni radar, il faut nécessairement naviguer à vue, et les avions, pour rejoindre Dakar (Sénégal), suivent la côte. L'intérieur des terres, c'est le désert, avec des nomades bien souvent hostiles à la France. Les incidents ne manquent pas et plus d'un pilote, victime d'une panne, reste prisonnier des Maures jusqu'au versement d'une lourde rançon. En 1923 cependant, on considère le désert apprivoisé et le 1er juin, un service régulier Toulouse-Casablanca-Dakar, de 4 650 km, est assuré. [...]

Des noms s'attachent à ces premières victoires : l'ingénieur Pierre Latécoère, Didier Daurat l'infatigable organisateur et beaucoup d'autres, pilotes et mécaniciens, dont le courage, la ténacité, le sang-froid et le dévouement à la cause du courrier permettent de vaincre tous les obstacles. Provisoirement, on décide que le courrier traversera l'Atlantique par bateau. Mais les avions, un jour, seront capables de prendre le relais.

Les dangers et les pièges du continent sud-américain sont grands et effraient les pilotes. Il faut d'abord apprendre à survoler la forêt brésilienne. Là, point de repère, et peu de possibilités d'atterrissage. Il faut ensuite affronter les vents fantastiques des pampas uruguayenne et argentine qui peuvent emporter les avions comme de simples fétus de paille. Enfin, lorsqu'on sera parvenu à Buenos Aires (Argentine), il restera à vaincre la muraille des Andes, dont la chaîne culmine presque sans arrêt à près de 5 000 m d'altitude.

De grands noms, comme ceux de Jean Mermoz, de Henri Guillaumet et d'Antoine de Saint-Exupéry vont là aussi jalonner ces conquêtes. Mais les appareils ne sont pas en reste : ils ne cessent de se perfectionner et leurs performances ne cessent de s'accroître. [...]

Un premier courrier cent pour cent aérien transporte, en mai 1930, 120 kg de lettres entre Toulouse et Santiago du Chili, en un temps record : quatre jours et demi.

Le rêve de Pierre Latécoère est devenu, en douze années d'efforts et de sacrifices, réalité.

Toutes les difficultés ne sont cependant pas vaincues. La montagne, la pampa, l'océan prennent parfois leur revanche. Henri Guillaumet, pris dans une tempête de neige en plein cœur des Andes, ne devra qu'à son courage de survivre. Et Jean Mermoz, après tant de pannes et d'accidents, mourra, en décembre 1936, perdu au-dessus de l'Atlantique.

R. PONTHUS, F. TICHEY, *Rencontrer l'histoire*; *Les Grandes Routes*, Illus. S. DRESSLER, Épigones.

Lis le texte et réponds aux questions.

1. Quelle était l'idée de Pierre Latécoère ?
2. Pourquoi ce projet paraissait-il insensé ?
3. Quel pays a été le premier desservi par l'Aéropostale ?
4. Comment reconnaissait-on les lettres expédiées par avion ?
5. Quel danger les pilotes pouvaient-ils rencontrer à l'intérieur des terres africaines ?
6. Combien de temps a-t-il fallu pour que le service régulier Toulouse-Casablanca-Dakar soit assuré ?
7. Quels obstacles les pilotes eurent-ils à affronter pour parvenir à rallier l'Amérique du Sud ?
8. Nomme trois de ces hommes courageux.
9. Quelle ville, la plus éloignée, fut enfin desservie par l'Aéropostale en 1930 ?
10. Vrai ou faux ?
- Le premier sac de courrier arrivé à Rabat était vide.
- Le transport du courrier entre la France et le Chili se faisait en une seule étape.

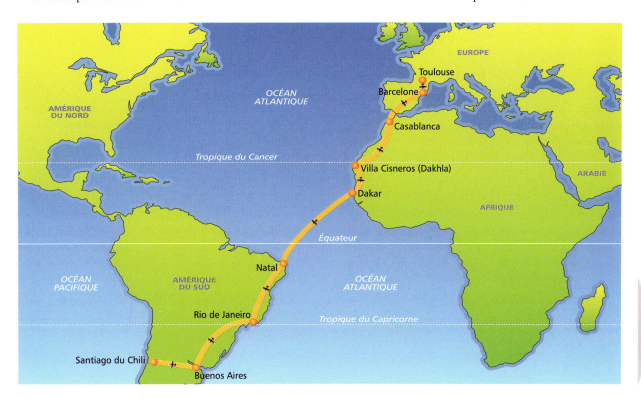

Les **orages** et la **foudre**

Les orages sont caractérisés par de fortes décharges électriques (la foudre) qui donnent des éclairs accompagnés par un bruit intense, le tonnerre. Ces phénomènes sont suivis de pluies violentes et soudaines. Chaque minute, il se produit 6 000 éclairs pour 1 800 orages dans le monde. Ceux-ci causent d'importants dégâts, parfois même des victimes.

Le cumulonimbus, berceau des orages

Un orage se forme quand de l'air humide a été transporté en altitude où il a formé un cumulus. Celui-ci grossit rapidement et devient un impressionnant cumulonimbus s'étalant de 1 000 à 10 000 m d'altitude sur une largeur de quelques kilomètres. Il prend une forme en chou-fleur et l'air humide qu'il contient se transforme en gouttes de pluie et en cristaux de glace. Son sommet est souvent aplati, comme une enclume.

Cette transformation de la vapeur en liquide s'accompagne d'un dégagement de chaleur : l'air du nuage devient plus chaud que l'air avoisinant. On peut comparer le cumulonimbus à une pile électrique avec une borne positive à son sommet et une borne négative à sa base. Entre la borne positive et la borne négative d'une pile s'établit un champ électrique qui permet, par exemple, d'alimenter une lampe de poche en courant électrique. Des phénomènes analogues, mais de forte puissance, existent dans un cumulonimbus. Les cristaux de glace, situés généralement en haut du nuage, prennent une charge positive en se heurtant les uns aux autres dans les courants d'air qui montent. Les gouttes de pluie, qui occupent plutôt les zones basses du nuage, sont chargées négativement. Ainsi s'établit un champ électrique entre le sommet et la base du nuage.

La foudre, les éclairs et le tonnerre

Lorsque la tension électrique à l'intérieur du nuage atteint plusieurs dizaines de millions de volts, de fortes décharges électriques se produisent. Elles décrivent une ligne plus ou moins brisée : la foudre. Sous l'effet de ces décharges électriques, une vive lumière se produit : l'éclair, dont la durée est de l'ordre d'un quart de seconde. Le tonnerre est le bruit que produit l'air, chauffé à 30 000 °C, lorsqu'il est traversé par un éclair.

La foudre au sol

La foudre peut aussi se former entre les nuages et la surface de la Terre. Cela se produit lorsque les charges négatives des nuages se dirigent vers la Terre, à une vitesse de 100 000 km/s. Une première décharge part du nuage vers le sol. D'un point élevé de ce dernier, arbre isolé, clocher d'une église ou sommet d'une montagne, une décharge part à sa rencontre. Lorsqu'elles se rejoignent, un éclair et un coup de tonnerre se produisent.

Comme le tonnerre se propage à une vitesse de 330 m/s, alors que l'éclair est visible presque instantanément, on perçoit le tonnerre toujours après l'éclair. On peut grâce à cela calculer la distance en mètres qui nous sépare du lieu de l'orage. Il suffit de compter le nombre de secondes entre l'éclair et le tonnerre et de multiplier par 330. La foudre a des effets ravageurs lorsqu'elle atteint un objet humide, un arbre par exemple : l'eau que celui-ci contient s'échauffe et entre en ébullition. Elle augmente de volume et le fait exploser. L'arbre est foudroyé. Aussi ne faut-il pas s'abriter sous ses branches par temps d'orage. En revanche, une voiture est un abri plus sûr, car les lignes de courant suivent la carrosserie et sont absorbées par le sol.

Les paratonnerres sur les toits des maisons, reliés au sol, protègent aussi efficacement.

En effet, comme ils sont placés en hauteur, ils attirent la foudre et la conduisent dans le sol, évitant que celle-ci s'abatte sur la maison.

La Terre, une planète active, Encyclopédie des jeunes, Larousse-Bordas.

Lis le texte et réponds aux questions.

1. Quels sont les deux phénomènes qui caractérisent l'orage ?

2. Que faut-il pour qu'un orage se forme ?

3. Comment s'appelle le nuage où les orages prennent naissance ? Décris-le.

4. Pourquoi peut-on comparer ce nuage à une pile électrique ?

5. Décalque le dessin et place les noms suivants :
charge positive (+) ; charge négative (−) ; gouttes de pluie ; cristaux de glace.

6. Quelle est la tension électrique atteinte à l'intérieur du nuage d'orage ?

7. Donne une définition scientifique du tonnerre.

8. Vrai ou faux ? Un éclair est causé par deux décharges électriques de sens opposés qui se rejoignent.

9. Comment peut-on calculer la distance qui nous sépare d'un orage ?

10. Une voiture est-elle un endroit sûr en cas d'orage ? Pourquoi ?

La **voile**

Égyptiens, Phéniciens, Grecs et Vikings sont les premiers à utiliser la voile pour transformer la force du vent en moyen de locomotion sur l'eau. La voile moderne est l'héritière directe de cette tradition très ancienne.

Voguer avec le vent

Né pour les besoins du commerce, l'art de la voile se développe peu à peu avec l'amélioration des bateaux, des techniques et des matériaux. Au Moyen Âge, la construction de coques plus élaborées conduit à réaliser de véritables voiliers. La découverte de l'Amérique, en 1492, intensifie encore les échanges commerciaux par voie maritime. Le yachting sportif naît aux Pays-Bas au XVIIe siècle. Les Néerlandais se livrent à des courses sur des voiliers légers appelés yachts (en néerlandais, *jacht* signifie pourchasser). En 1660, les Pays-Bas offrent un yacht au roi Charles II d'Angleterre. Des constructeurs anglais en font une copie pour son frère, le duc d'York. En 1664, Charles II organise avec son frère la première régate de l'histoire, dans l'estuaire de la Tamise. La voile comme sport naît officiellement en Angleterre, pays qui cultive l'art du bateau et des régates avec une grande passion. En 1851, à l'occasion de l'Exposition universelle, le premier club de voile américain envoie la goélette *America* en Angleterre participer à la Coupe de la Reine, la prestigieuse régate autour de l'île de Wight, dont le prix est une coupe en argent. *America* bat les 14 yachts anglais et remporte la coupe, qui depuis porte son nom. C'est le plus vieux trophée sportif du monde.

La voile olympique

La voile sportive entre aux Jeux olympiques en 1900, à Paris. Il existe trois catégories de bateaux : les quillards, les dériveurs et les multicoques. Les compétitions se font sur un parcours triangulaire. Le bateau remonte d'abord de la bouée de départ à la bouée d'arrivée : c'est le premier bord ; il navigue face au vent (au près). Le deuxième bord se fait entre la bouée d'arrivée et la bouée de largue : le bateau a le vent sur le côté droit. Le troisième bord se fait entre la bouée de largue et la bouée de départ. Le bateau a le vent sur le côté gauche. L'épreuve se poursuit par une remontée et une descente directes entre les bouées de départ et d'arrivée. Puis le bateau effectue un nouveau tour complet des trois bouées. Enfin, c'est l'ultime remontée vers la ligne d'arrivée.

Les courses transatlantiques

Les plus grandes courses transatlantiques sont : la Transat anglaise en solitaire, qui relie

Plymouth à Newport (5 740 km) ; la Route du rhum en solitaire, qui relie Saint-Malo à Pointe-à-Pitre (7 456 km) ; la Transat en double, à deux équipiers, qui relie Lorient à Lorient en passant par les Bermudes (10 740 km). Sur la route nord, le vent souffle de l'Amérique vers l'Europe ; les navigateurs bénéficient donc de vents violents. C'est dans ce sens que sont établis les records de vitesse. Dans les courses organisées de l'Europe vers l'Amérique, les navigateurs font face à des vents contraires et mettent plus de temps. Pendant longtemps, seuls les monocoques participent aux courses transatlantiques. Les progrès techniques récents ont donné plus de robustesse aux multicoques, qui, depuis, dominent ce type de course.

Les tours du monde à la voile

Trois courses autour du monde sont aujourd'hui organisées. Deux avec escales : la Whitbread, en équipage, et le BOC Challenge, en solitaire ; une sans escale, le Vendée Globe, en solitaire. Dans l'hémisphère Sud, les navigateurs franchissent la plus grande surface d'eau de la planète, sans terre qui puisse faire obstacle au vent. C'est dans cette zone que les vents sont les plus violents et les risques d'accident les plus grands.

Les Sports, Encyclopédie des jeunes, Larousse.

Lis le texte et réponds aux questions.

1. Dans quel pays est née la voile sportive ? À quelle époque ?

2. Où a eu lieu la première régate de l'histoire ?

3. Quel nom portait à l'origine la Coupe de l'America ?

4. Quand la voile a-t-elle fait son apparition aux Jeux olympiques ?

5. Sur quel type de parcours ont lieu les compétitions olympiques ? Quel est le nom des différentes bouées ?

6. Comment s'appelle la course autour du monde en solitaire et sans escale ?

7. Cite le nom de trois grandes courses transatlantiques.

8. Dans quel sens une course transatlantique sera-t-elle plus rapide ?

9. Avant d'être une activité sportive, à quoi servait la navigation à voile ?

10. Choisis la bonne réponse. Quand un bateau navigue face au vent, on dit :
- qu'il navigue au près ;
- qu'il a le vent en poupe ;
- qu'il fait la goélette.

Les **conseils municipaux** des **jeunes**

Sept écoliers de la ville de Chilly-Mazarin, dans l'Essonne, ont rendez-vous cet après-midi à la mairie. Ils ont entre neuf et treize ans et appartiennent au conseil municipal des jeunes. Leur commission, Sports et culture, *a pour mission d'organiser une « boum pour les moins de 17 ans ». Un projet plus sérieux qu'il n'y paraît…*

À peine installés dans la salle de réunion, les jeunes conseillers municipaux se partagent le travail selon leurs compétences ou leurs envies.

Des missions concrètes

Jean-Baptiste et Antoine ont entièrement réalisé un journal, *Le Chilly-Magazine Junior*, et ils examinent les épreuves à la recherche d'éventuelles fautes d'impression.

De leur côté, Florian, Farid et Floriane préparent une affiche annonçant la boum annuelle. Tout doit être clair et attrayant pour inciter les jeunes à venir : la date, le lieu, les horaires, le prix d'entrée (2 €). Ensuite, il faut organiser la fête : Qui tiendra la caisse ? le vestiaire ? Quelle quantité de boisson faut-il prévoir ? On discute et on vote à main levée, c'est la démocratie ! Les jeunes élus sont aidés par une employée de la mairie et une conseillère municipale adulte. Cette boum, c'est la perspective de bien s'amuser, mais aussi la possibilité de récolter une somme d'argent que les jeunes conseillers enverront cette année à Djéma, au Mali, ville jumelée avec Chilly-Mazarin, pour construire un puits, car, dans ce pays, la sécheresse est un fléau.

Qu'est-ce qu'un conseil municipal de jeunes ?

C'est un groupe d'enfants, de 9 à 13 ans en moyenne, élus par leurs camarades de classe pour découvrir et faire connaître la commune, pour donner leur avis sur ce qui s'y passe et participer aux activités en réalisant des projets. Mais ne croyez pas que cela soit réservé exclusivement aux jeunes élus. Tous les enfants ont la possibilité d'exprimer leurs idées, leurs opinions. Ainsi, si certains souhaitent faire améliorer les menus de la cantine, ou faire aménager une piste de VTT, ils en parlent aux jeunes conseillers municipaux !

Difficile de dresser le portrait type d'un conseil municipal des jeunes, car ses objectifs et sa taille varient vraiment d'une commune à l'autre. Généralement, les jeunes élus se retrouvent tous lors d'une première assemblée, qui réunit le maire et les élus adultes, où ils disent tout ce qui ne va pas dans leur ville ou village – absence de local pour se retrouver, de préau à l'école pour les jours de pluie, par exemple – et proposent des activités – organisation d'une fête où tout le monde se parlerait…

À partir de ces critiques et de ces idées, les adultes proposent la formation de commissions par thèmes (sports et loisirs, environnement, solidarité, culture et communication, etc.) auxquelles ils donnent un budget annuel […] et où les jeunes travailleront par petits groupes, environ deux fois par mois, assistés par des adultes.

Des idées plein la tête

Face aux adultes, les élus juniors sont souvent plus novateurs, plus directs et plus originaux ! Ils sont élus pour un mandat de deux ans, renouvelable ; ce qui leur permet de voir se réaliser les projets qui demandent du temps. Mais pour que ces initiatives prennent corps, il faut savoir argumenter, négocier et, parfois, reconnaître qu'une idée n'est pas réalisable. Parmi les exemples d'actions, on peut citer :

– la création d'une ludothèque à Faverges, en Haute-Savoie ;

– une boum au profit des « Restos du cœur » à Issy-les-Moulineaux, dans les Hauts-de-Seine ;

– un « safari dégoût » à Castres, dans le Var, pour dénoncer la pollution d'une industrie locale ;

– L'organisation d'un forum sur les métiers à Mortagne-au-Perche (Orne).

Sans compter l'installation, dans de nombreuses communes, d'espaces de jeux conçus par les enfants avec des urbanistes et des architectes, les campagnes pour la sécurité routière, la protection de l'environnement, la lutte contre le racisme, contre la drogue...

Et sans oublier les actions en faveur des jeunes des pays défavorisés.

<small>*Tout l'Univers*, Annuel 1994-1995, Le Livre de Paris - Hachette.</small>

Lis le texte et réponds aux questions.

1. Comment le travail est-il partagé entre les jeunes conseillers municipaux ?
2. Qui peut devenir membre d'un conseil municipal des jeunes ?
3. Comment se passe le vote au sein du conseil municipal des jeunes ?
4. Comment devient-on jeune conseiller municipal ?
5. Quelle est le fréquence des réunions du conseil municipal des jeunes ?
6. Y a-t-il le même nombre d'enfants dans tous les conseils municipaux des jeunes ?
7. Quelles sont les personnes présentes lors de la première réunion ?
8. Par la suite, comment les jeunes travaillent-ils ?
9. Cite quelques actions qui ont vu le jour.

Les Bas-Rouges voient rouges !

– C'est pas juste ! se lamenta P'tit-Boudin. C'est vraiment le plus mauvais tour qu'on puisse jouer à une sorcière !

– Nous priver du bal d'Halloween ! enragea sa copine Grande-Greluche. Comment cette vieille bique ose-t-elle nous faire une crasse pareille ?

La pilule était dure à avaler ! Le bal d'Halloween était le clou de l'année, sur l'île aux Sorcières. On s'y démenait toute la nuit, il y avait à boire, à manger, à danser, avec un buffet, un grand feu de joie et un orchestre de jazz pur jus. Mais, cette année-là, P'tit-Boudin, Grande-Greluche et toutes les autres sorcières Bas-Rouges étaient consignées dans leurs grottes.

Ce qu'il faut savoir, c'est qu'une sorcière reçoit ses bas rouges et son grimoire magique de Bas-Rouges lorsqu'elle atteint l'âge de cent ans. À deux cents ans, les bas deviennent verts et le grimoire s'épaissit. Enfin, à l'âge de trois cents ans, une sorcière est élevée au rang de Bas-Violet ; elle peut alors s'en donner à cœur joie et jeter les sorts les plus fielleux qui soient.

Et juste parce que M'ame Cadabra, reine en chef des sorcières, avait entendu deux ou trois Bas-Rouges glousser dans son dos, elle avait décrété qu'elles étaient toutes d'affreuses petites chipies qui méritaient un châtiment exemplaire. Elles seraient privées de grimoire pendant huit jours et elles ne pourraient pas mettre un orteil au bal d'Halloween. Na !

Du coup, la révolte grondait chez les Bas-Rouges.

– Non, mais quel toupet ! reprit Grande-Greluche. Nous traiter comme de vulgaires Bas-Jaunes !

Les Bas-Jaunes étaient les bébés sorcières qui allaient encore à l'école. Il n'y avait pire insulte que celle-là.

Pour tout dire, les Bas-Rouges n'avaient pas vraiment la cote parmi leurs aînées. P'tit-Boudin et Grande-Greluche en particulier, car c'étaient deux friponnes de première catégorie, toujours prêtes à jouer les tours les plus pendables à n'importe qui. À part ça, elles étaient inséparables depuis leur époque bas-jaune. Et elles avaient maintenant cent cinquante ans, ce qui est encore très jeune pour une sorcière. […]

Sur l'île aux Sorcières, personne n'avait droit à sa caverne personnelle avant d'être bas-violet. Les deux copines s'en moquaient pas mal : elles étaient enchantées de cohabiter et avaient déjà décidé qu'elles ne se sépareraient jamais. Mais ce bal, elles l'attendaient depuis des mois !

– J'en ai le sang qui postillonne ! ronchonna P'tit-Boudin. Buvons une bonne tasse de boue chaude, histoire de nous remonter le moral.

Grande-Greluche était bien trop furax pour ça.

– Je me contrefiche des ordres de cette peste de Cadabra, déclara-t-elle. J'irai à ce bal, qu'elle soit d'accord ou pas !

– Arrête ! répliqua P'tit-Boudin. Imagine ce qu'elle te fera, si elle s'en aperçoit !

Toutes les sorcières de l'île aux Sorcières étaient terrorisées par leur reine, qui était aussi grosse qu'un hippopotame et d'une mocheté incroyable, même pour des sorcières. Elle avait des dents en fer pointues comme des piques, le menton hérissé de poils gris et un caractère épouvantable.

Mais le pire, c'était qu'elle possédait le Chapeau Tout-puissant ! Un gibus de deux mètres de haut, avec une chandelle allumée au sommet. La flamme ne s'éteignait jamais, et le chapeau conférait à celle qui le portait des pouvoirs magiques considérables. Personne n'osait contrarier la reine quand elle avait son chapeau sur la tête.

– Je m'en moque, rétorqua Grande-Greluche. Nous irons à ce bal et M'ame Cadabra n'en saura rien, foi de moi ! Écoute…

Souriant de toutes ses dents, elle chuchota son super-plan à l'oreille vert épinard de P'tit-Boudin. […]

Halloween est la nuit préférée des sorcières, celle où elles quittent leur île pour aller enquiquiner les humains. Elles détraquent les antennes de télévision, font pleurer les bébés endormis en les secouant comme des pruniers et autres frasques dans ce goût-là. Mais ce soir-là, pour les Bas-Rouges, ce n'était pas la joie. […]

– Tout est prêt, Boud'? lança Grande-Greluche avec entrain.

– Tu es sûre que ça va marcher? chuchota sa copine, l'air inquiet.

– Arrête de gémir ou je te flanque une baffe! répliqua Grande-Greluche. Pressons-nous, sans quoi il n'y aura plus rien à manger. Ces vieilles Bas-Violets bâfrent toujours comme des cochons.

Elle tira de sous une pierre deux paires de bas verts, teints avec du jus d'épinard; l'opération leur avait pris tout l'après-midi. Elles les enfilèrent, admirèrent leur reflet dans une flaque d'eau boueuse, puis elles se peinturlurèrent afin de passer incognito. La précaution valait surtout pour P'tit-Boudin, dont la figure verte brillait aussi fort qu'un feu de signalisation.

Leur déguisement au point, elles foncèrent jusqu'au terrain de foot et se jetèrent à corps perdu dans la fête. À cette heure avancée, les autres sorcières étaient déjà si ivres qu'elles remarquèrent à peine ces deux étranges Bas-Verts. P'tit-Boudin et Grande-Greluche sautèrent et gambadèrent autour du feu de joie jusqu'à en perdre le souffle. Ensuite, elles allèrent au buffet et s'empiffrèrent de chauves-souris grillées au barbecue, de crânes de tritons salés et de beignets d'araignées.

Si elles s'étaient montrées prudentes, peut-être ne les aurait-on jamais découvertes. Mais elles firent alors une grosse bêtise: elles attrapèrent une pleine bouteille de potion extra-forte et la vidèrent en moins de deux.

Tous les gens sensés savent qu'il ne faut JAMAIS, absolument JAMAIS, boire une potion destinée à quelqu'un d'autre; le résultat peut être EXPLOSIF. Cela dit, comme P'tit-Boudin et Grande-Greluche étaient des sorcières, la potion ne fit que leur tourner la tête – et les rendre encore plus délurées.

K. SAUNDERS, *Les Bas-Rouges voient rouges!*, Nathan.

Lis le texte et réponds aux questions.

1. Pourquoi les sorcières Bas-Rouges sont-elles privées du bal d'Halloween?

2. De quoi sont-elles encore privées?

3. Quelles sont les différentes catégories de sorcières?

4. Pourquoi P'tit-Boudin et Grande-Greluche ne sont-elles pas très appréciées?

5. Quel privilège obtient-on lorsque l'on devient Bas-Violet?

6. Qu'est-ce que P'tit Boudin propose de boire pour se remonter le moral?

7. Quel est le symbole de la royauté de M'ame Cadabra?

8. Que font les sorcières aux humains la nuit d'Halloween?

9. Quel stratagème P'tit-Boudin et Grande-Greluche utilisent-elles pour se rendre au bal?

10. Quelle bêtise font-elles lors de la soirée?

📖 Drôle de **cadeau** de **Noël** !

Ce Noël était très spécial, au presbytère. Non seulement c'était le premier Noël des sorcières, mais c'était aussi le premier que le pasteur et le vicaire allaient passer sans leur effroyable gouvernante. L'année précédente, la cruelle Mme Sac-à-Crasses avait régalé les deux compères d'une croquette de poisson surgelée et de deux choux de Bruxelles moisis – pendant qu'elle engloutissait un superbe menu de réveillon dans sa chambre rose bonbon. Cette année, en revanche, des odeurs délicieuses flottaient dans la maison et le garde-manger débordait de provisions.

– Joyeux Noël, sorcières ! lança Tobie Babbercorn qui enfournait la dinde dans le four. Oh, quels ravissants cache-nez ! ajouta-t-il poliment.

Par chance, il savait à quoi s'attendre. Et il avait prévenu le révérend qu'il ne devrait surtout pas rire, quand il verrait arriver Boud' et Grelu affublées de leurs couvre-œufs tricotés.

– Joyeux Noël à vous deux ! déclara le pasteur en s'efforçant de garder son sérieux.

– Merci pour les cadeaux ! s'exclama P'tit-Boudin dont la figure verte rayonnait. Nous en sommes folles. Pas vrai, Grelu ?

– Ils sont PARFAITS, acquiesça sa copine. Voulez-vous ouvrir les nôtres avant d'aller à l'église ?

– Oh, vous n'auriez pas dû ! protesta le pasteur.

Il défit le paquet mal ficelé, enveloppé dans un vieux sac en papier, et poussa une exclamation ravie :

– Mon chocolat préféré ! Comme c'est gentil !

Il ne put résister à l'envie de le goûter tout de suite, sous le regard pétillant des deux complices qui gloussaient sous cape et se poussaient du coude. Ce cher Harry ne pouvait se douter que son chocolat favori était farci à la lotion magique !

– Un parapluie ! s'extasia le vicaire en déroulant le bulletin paroissial tout froissé qui enveloppait son cadeau. Quelle bonne idée ! Je perds toujours les miens.

– Celui-là, vous ne le perdrez pas ! pouffa P'tit-Boudin.

– Chuuuut ! siffla Grande-Greluche. Mais elles riaient si fort qu'elles avaient du mal à tenir debout, et ce furent deux sorcières hilares qui suivirent le pasteur et le vicaire dans la petite église Saint-Tramper pour assister à leur première messe de Noël.

Les problèmes commencèrent quand le pasteur monta en chaire pour faire son sermon.

– Mes chers amis, attaqua-t-il, en ce matin très particulier…

Tobie Babbercom se cacha derrière sa main pour bâiller. Il aimait beaucoup le révérend, mais ses sermons étaient plus soporifiques qu'une double dose de somnifère. Le vicaire se mit à rêvasser, pensant au repas de fête qui les attendait. Il se demandait avec inquiétude si la dinde serait cuite à point, quand tout à coup un cri perçant du pasteur le fit sursauter.

– Doux Jésus ! s'exclama le révérend, les deux mains plaquées sur sa tête chauve. Que m'arrive-t-il ?

Sous le regard ahuri de ses ouailles, un fin duvet châtain semblait jaillir de son crâne. Très vite ce duvet se changea en grosses boucles brillantes… qui se transformèrent à leur tour en longues anglaises lui arrivant aux épaules.

Le phénomène était si rapide que c'en était stupéfiant. Et inutile d'aller chercher bien loin pour savoir qui était responsable de ce déplorable incident ! Tandis que les villageois riaient ou poussaient des cris horrifiés, le vicaire furieux se tourna vers les sorcières qui se cachaient piteusement derrière leur chapeau.

Pendant ce temps, les cheveux miraculeux n'en finissaient pas de s'allonger, au grand effroi du pasteur qui ne savait plus à quel saint se vouer. Pareils à des serpents, ils descendaient en spirales jusqu'à sa taille, arrivaient à ses genoux, s'enroulaient à ses pieds…

– Au secours ! À l'aide ! bredouillait le malheureux Harry, les yeux exorbités, tandis que les boucles diaboliques dévalaient les marches de la chaire comme une coulée de mélasse. Débarrassez-moi de ce poison !

« Vilaines filles ! pensait le vicaire hors de lui. Comment ont-elles pu faire une chose aussi méchante ? Et le jour de Noël, par-dessus le marché ! »

Il se leva et foudroya d'un regard sévère les deux coupables qui auraient voulu disparaître sous terre.

– Mesdames et messieurs, déclara-t-il, je vous prie de bien vouloir garder votre calme. À ce qu'il semble, les sorcières de ce village se sont laissé griser par la joie de Noël, mais nous allons réparer ça. Boud' et Grelu, faites disparaître ce sortilège sur-le-champ !

Grande-Greluche bondit sur ses pieds.

– Il y a un malentendu ! se lamenta-t-elle. Ce n'est pas ce qui était prévu !

K. SAUNDERS, *Le chat mystérieux*, Nathan.

Lis le texte et réponds aux questions.

1. Pourquoi ce Noël est-il très spécial au presbytère ?

2. L'an passé, de quoi se composait le menu de réveillon du pasteur et du vicaire ?

3. Quel plat vont-ils manger cette année ?

4. Quels cadeaux les deux sorcières ont-elles eus pour Noël ?

5. Quels cadeaux les sorcières offrent-elles ?

6. Dans quoi le cadeau du vicaire est-il enveloppé ?

7. Devinettes :
- Je suis un adjectif du texte signifiant : « qui fait naître le sommeil. »
- Je désigne le discours prononcé par le prêtre ou le pasteur devant ses fidèles.
- Je suis un verbe du texte signifiant : « parler de manière confuse et précipitée. »

8. Retrouve les cinq noms qui désignent ce qui pousse sur la tête du pasteur.

9. Face au phénomène qui se déroule devant eux, quelles sont les deux réactions des villageois ?

10. Laquelle de ces expressions ne fait pas partie du texte ?
être rouge de confusion ; vouloir disparaître sous terre ; se cacher piteusement.

L'homme masqué

Ce soir, papa et maman sont invités à dîner chez des amis. Avant de partir, ils nous font mille recommandations :

« Pas question de lire jusqu'à minuit, Futékati, sinon tu n'arriveras pas à te lever demain matin.

– Niko, nous comptons sur toi pour veiller sur ta sœur. »

Niko se redresse de toute sa taille et me prend par l'épaule.

« Vous pouvez être tranquilles ! Futékati m'obéira au doigt et à l'œil ! »

À moitié convaincus, papa et maman finissent quand même par se décider à partir.

« Moi, je vais lire un petit moment dans mon lit, déclare Niko. Toi, Futékati, tu vas dormir tout de suite, d'accord ?

– Promis ! De toute façon, je suis fatiguée. »

Je fais semblant d'obéir à Niko pour qu'il ne se méfie pas, mais en réalité, je n'ai pas du tout l'intention de dormir…

Pendant le dîner, je me suis rappelé que j'avais une carte de géographie à recopier pour demain matin, et que j'avais oublié mon livre à l'école.

Une fois Niko endormi, j'irai le chercher. Mon frère ne risque pas de m'entendre : quand il dort, on pourrait tirer un feu d'artifice dans sa chambre sans le réveiller.

J'enfile un pantalon et un sweat-shirt par-dessus mon pyjama, j'attrape ma lampe de poche, et je me glisse tout doucement dans le couloir en évitant les endroits où le parquet craque. En moins d'une minute, je me retrouve en bas de l'escalier, le cœur battant.

C'est la première fois de ma vie que je sors toute seule la nuit. Je ne suis pas rassurée du tout ! Je me retourne à chaque instant pour vérifier que personne ne me suit.

Heureusement, l'école n'est pas très loin. À cette heure-ci, elle est fermée, mais il y a un endroit, au fond de la cour, où le grillage a été arraché. Je me faufile par le trou en faisant attention de ne pas accrocher ma natte, puis je traverse la cour à toute vitesse. Pour entrer dans le bâtiment, il suffit de pousser la fenêtre du gymnase qui ferme mal. Me voilà enfin à l'intérieur de l'école !

Mes pas résonnent bizarrement dans les longs couloirs. J'ai bien fait de prendre ma lampe de poche ! Si j'avais allumé le plafonnier, Madame Lambert, la directrice, aurait pu s'en apercevoir de sa maison au fond de la cour.

Je trouve tout de suite mon livre de géographie, sur la table à côté du tableau. Maintenant, je n'ai plus qu'à refaire le même trajet en sens inverse. J'ai hâte de me retrouver dans ma chambre !

Je suis presque arrivée au gymnase, quand tout à coup j'entends derrière moi un bruit très inquiétant : un bruit de pas… Catastrophe ! C'est sûrement Madame Lambert !

Complètement affolée, je me retourne... et ce que je vois est mille fois plus effrayant que Madame Lambert : c'est une immense silhouette sombre avec un masque noir sur la figure ! Je suis tellement terrifiée que j'ai l'impression que je vais m'évanouir.

« Ce n'est pas le moment de tomber dans les pommes, Futékati, me chuchote Myosotis, mon amie imaginaire. Cours ! Cours vite ! »

Mais mon cœur bat tellement fort qu'on dirait qu'il va éclater, et mes jambes sont aussi molles que de la guimauve !

Je n'ai même pas le temps d'atteindre la fenêtre du gymnase que la grande silhouette m'a déjà rattrapée. Elle me soulève comme un paquet, me porte jusqu'au placard à balais, et me jette par terre entre l'aspirateur et la tête de loup en chuchotant :

« La curiosité est un vilain défaut, Futékati. Pour ta punition, tu vas rester là jusqu'à demain matin ! »

Puis elle claque la porte, tourne la clé dans la serrure et s'éloigne en courant.

Myosotis peut toujours me chuchoter ce qu'elle veut, je suis morte de peur ! Est-ce que je vais vraiment rester enfermée dans ce placard jusqu'à demain matin ? Je ne peux même pas espérer que mon frère viendra me chercher, puisqu'il est en train de dormir ! Et qu'est-ce qui se passera, si la personne qui m'a enfermée revient ? Je serre les poings et je me mets à tambouriner de toutes mes forces sur la porte en appelant au secours. Tout à coup, il se passe une chose incroyable : la porte du placard s'ouvre toute seule ! La silhouette noire a dû faire semblant de tourner la clé dans la serrure. Elle voulait juste m'effrayer !

Mon livre de géographie sous le bras, je traverse la cour de l'école à toute vitesse, et je fonce jusqu'à la maison. Je ne suis pas près d'oublier mon aventure ! [...]

En classe, Mademoiselle Paprika, la maîtresse, nous raconte qu'il y a eu un vol pendant la nuit.

« Une grosse somme d'argent a disparu du bureau de Madame Lambert. [...] »

Madame Lambert préfère attendre un peu avant de porter plainte. Elle pense que le voleur est quelqu'un de l'école, et elle espère l'obliger à rendre l'argent.

B. Nicodème, *Futékati et l'homme masqué*, Illus. F. San Millan, Hachette.

Lis le texte et réponds aux questions.

1. Qu'est-ce que Futékati aime faire habituellement, le soir ?

2. Par quels moyens Futékati entre-t-elle dans l'école ?

3. Où habite la directrice ?

4. Relève trois expressions montrant que la fillette n'est pas rassurée, à l'aller.

5. Où le livre de géographie est-il posé ?

6. Donne trois réactions physiologiques de Futékati quand elle voit la silhouette noire.

7. Qui est Myosotis ?

8. Qu'est-ce qui permet de penser que la fillette et le personnage se connaissent ?

9. Qu'est-ce qu'une tête de loup ? Tu peux utiliser le dictionnaire.

10. Vrai ou faux ?
- Les parents font entièrement confiance à Niko.
- Futékati porte des cheveux longs.

Pour **sauver Pierre**

Le grain les a pris comme ils passaient la tour de la Canue.

Le vent, bien établi à l'ouest depuis le matin, remonta en quelques minutes dans le noroît et se mit à souffler en rafales. La mer se creusa et vint battre les rochers avec un grondement sourd.

Pierre releva le col de sa vareuse. Matelot, debout à l'avant du canot, regarda son jeune maître et lança un aboiement joyeux. Pierre sourit.

– Ça forcit, Matelot ! [...]

Pierre, le regard brillant, les cheveux ruisselants, défiait la tempête. Matelot vint le rejoindre et se frotta contre ses jambes. Il était bien, heureux. Et le hurlement du vent dans les oreilles lui chavirait la tête.

Tout alentour, les vagues colossales s'éventraient sur les cailloux dans un vacarme assourdissant, et les embruns, sur l'archipel, faisaient comme un brouillard d'écume. Les mains crispées sur la barre, bien campé à l'arrière de son canot, Pierre avait envie de crier sa joie.

Le *Petit Bulot* plongeait dans l'eau glauque en soulevant des gerbes d'écume, et l'étrave, avec un bruit sourd, cognait dans les montagnes d'eau qui se dressaient devant elle, comme une muraille.

Soudain, il y eut comme un claquement. Le moteur toussota, s'étouffa… Il s'arrêta.

Pendant quelques secondes, Pierre resta là, fixé à la barre, le regard vide. Puis, il se précipita vers le moteur et souleva le capot. Il blêmit : la courroie avait cassé net.

Alors, tout se précipita. Le vent sembla redoubler de violence. Pierre releva la tête et hurla. Une vague gigantesque arrivait. Elle déferla sur le canot et, de toute la force de son immense poitrail d'eau, le fracassa sur les rochers, dans un effroyable craquement de membrures.

L'horizon bascula, Pierre fut projeté dans les airs. Il tournoya quelques instants dans le vent, comme un pantin désarticulé, et s'abattit sur les cailloux. Il n'eut pas le temps de crier. Une terrible douleur lui transperça le corps. Sa tête cogna contre une pierre. Il s'évanouit.

À quelques mètres de là, Matelot se débattait dans les vagues. La tête dressée hors de l'eau, il luttait de toute la force de ses pattes. La gueule pleine d'eau, les yeux brouillés d'écume, il cherchait à regagner la rive, s'abandonnant aux vagues qui le précipitaient sur les cailloux. Enfin, il reprit pied. D'une puissante détente des jarrets, il se jeta hors de l'eau et, de pierre en pierre, gagna la plage. Là, il s'arrêta, hors d'haleine, le temps de reprendre son souffle.

Mais déjà, il cherchait Pierre. Il se mit à fouiller les rochers, escaladant les énormes dalles de granit balayées par les embruns.

Soudain, il se sentit défaillir, comme si son cœur allait éclater. Pierre ! Là !

Matelot se rua vers son jeune maître. [...] Pierre ne bougeait pas. Et dans son cœur de bête, Matelot comprit aussitôt qu'il ne s'agissait pas d'un jeu, comme cela arrivait autrefois. Non, Pierre était très pâle. D'une pâleur inquiétante. Matelot lança un cri plaintif, comme un appel désespéré.

Il tournait autour de Pierre, s'approchait, le flairait, reprenait son manège. Et puis il s'arrêta et, le cou tendu vers le ciel noir, poussa un long hurlement. Une plainte rocailleuse, comme celle d'une bête qu'on achève.

Dans la nuit de sa douloureuse inconscience, Pierre entendit-il l'appel déchirant de Matelot ? Un frisson parcourut son corps fiévreux et il ouvrit les yeux. Matelot le regardait, haletant. Pierre ne semblait pas le reconnaître. Il avait le regard vide, comme mort.

Que s'est-il alors passé dans la tête de Matelot ? Quelle mystérieuse force a bien pu guider sa raison de bête ?

Il a couru vers la plage et, après un dernier regard vers son ami, s'est jeté dans les vagues qui déferlaient sur le sable. [...]

Deux heures durant, Matelot s'est battu dans la tempête. Lorsque ses forces l'abandonnaient, il prenait pied sur un rocher balayé par le vent. Puis il repartait vers la Grande-Île. Deux heures d'un combat infernal. Pour sauver Pierre.

C'est Émile qui l'aperçut. Il était venu sur la cale vérifier les amarres de son doris. Matelot passait la balise de la Crabière, luttant contre le courant, dans un dernier sursaut de rage.

Émile comprit aussitôt. Un long frisson de peur lui passa dans le dos. Il hurla ;
– Matelot !

Le chien entendit l'appel et rassembla ses dernières forces. Quelques minutes plus tard, il atteignait la cale.
– Matelot ! Et Pierre ?

Émile avait posé la question sans réfléchir, comme si le chien allait lui répondre. Mais il n'attendait pas de réponse. Il remontait déjà la cale en courant.

Il entra en trombe chez tante Gine. Lucien, Jacques et Maurice buvaient un grog, assis près de la cheminée.
– Vite ! Il est arrivé malheur à Pierre ! Matelot est revenu tout seul ! Vite !

En quelques instants, ils avaient enfilé les cirés, chaussé les bottes et embarqué à bord de la *Marie-Jeanne*. Matelot avec eux, debout à la proue, la tête pointée dans la direction de la Plate-Île. Comme une main tendue vers son jeune maître.

C'est le canot de sauvetage de Granville qui a ramené Pierre à terre. Lorsqu'il arriva à l'hôpital, il était toujours dans le coma.

Sur l'île, Matelot dormit une journée entière d'un sommeil lourd et douloureux.

Le temps a passé. Et Pierre est devenu mon ami.

Pendant les vacances que je passe sur l'île, je l'accompagne tous les jours à la pêche. Matelot est un vieux chien maintenant. Pourtant, lorsque le nouveau *Petit Bulot* taille sa route dans la houle, il est toujours là, bien campé à l'avant, le vent dans les poils et les yeux brillants de joie. Et Pierre, à la barre, a le sourire des gens heureux.

J.-M. ROBILLARD, *Les Chants du coquillage*, Nouvelles du bord de mer, illus. M. ANGELI et B. PILORGET, Castor Poche, Flammarion.

Lis le texte et réponds aux questions.

1. Comment s'appelle l'embarcation ?

2. Quelle est la panne ?

3. Comment se produit l'accident ?

4. Pourquoi Pierre s'évanouit-il ?

5. Qu'est-ce qui prouve à Matelot que son maître ne joue pas ?

6. Que fait le chien pour sauver son maître ?

7. Comment Émile comprend-il qu'il s'est passé quelque chose ?

8. Comment s'appelle l'endroit où a eu lieu l'accident ?

9. Comment appelle-t-on l'état d'inconscience dans lequel se trouve Pierre ?

10. Relève, dans le texte, quatre noms qui font partie du vocabulaire relatif aux bateaux.

📖 Tiny MacTimid, fantôme d'Écosse

De tous les fantômes d'Écosse, le petit Tiny MacTimid était certainement le plus timide.

D'ordinaire, ses semblables se déplacent à grand renfort de cliquetis, de ricanements effrayants ou de violents courants d'air.

Tiny MacTimid, lui, évoluait en silence. Il avait la délicatesse d'une bulle, la légèreté d'un duvet, la douceur d'un soupir.

Tiny MacTimid ne quittait jamais de doux et silencieux chaussons blancs en fil de pleine lune.

Ne croiser âme qui vive, tel était son souci majeur.

La présence d'une simple musaraigne le paralysait. Pour une peccadille, ou même pour rien, il rosissait.

Eh oui ! La blancheur caractéristique du linceul des personnes de sa condition se teintait de rose. Un fantôme rose ! Quelle aberration !

De quoi déconsidérer toute une profession.

Dans la communauté des fantômes d'Écosse, les ennemis de Tiny MacTimid avaient mené campagne pour son exclusion de la confrérie.

Cette année-là, les fantômes s'étaient rassemblés comme à leur habitude, pour la Grande Fête du Blanc. Au cours de la fête, chaque fantôme d'Écosse se voyait confier, par décision de l'assemblée souveraine, la hantise d'un château, d'un manoir, d'une demeure, voire d'une simple chaumière ou d'une ruine infâme. Chauffés à blanc par le fantôme à bretelles – l'ennemi juré de Tiny MacTimid –, les fantômes firent connaître leur décision :

– Un fantôme qui rosit nous porte tort à tous !

– Il déshonore une corporation qui n'a jamais vu la vie en rose. Blancs, nous devons rester blancs !

– Immaculés !

Le fantôme à bretelles insinua même :

– Ne court-il pas le bruit que des nuées de papillons volettent autour de Tiny MacTimid dès qu'il ressent de violentes émotions ?

– On le dit.

– C'est un fait.

– Qu'as-tu à répondre pour ta défense, MacTimid ?

Confus, terriblement gêné d'être le point de mire de tant de linceuls houleux et réprobateurs, Tiny MacTimid piqua le plus violent fard de sa vie de fantôme.

Il se savait perdu d'avance. Mais il voulut rester digne. Il regarda par terre. Il avait un gros boulet dans la gorge. Une envie de pleurer terrible. Mais il ne broncha pas. Il ne dit rien. Mais il libéra un nuage de papillons chiffons.

Lui qui n'avait jamais comploté contre quiconque, il était la victime d'une machination ourdie par le fantôme à bretelles, son éternel ennemi.

Le fantôme à bretelles détestait Tiny MacTimid. Il n'avait jamais cessé de le persécuter. De toute éternité, il se moquait de lui en s'ingéniant, pour peiner MacTimid, à remplacer les vraies paroles de la chanson de Dame Tartine par celles-ci :

*C'était un fantôme à tétine
Très timide et qui rosissait
Son linceul était de farine,
Et virait au cochon de lait
On va lui couper
Son affreux boulet
Au vilain Tiny, au teint de radis !*

Pour ne plus rosir, MacTimid avait tout essayé. On lui avait conseillé :
– de ne manger que du blanc de poulet,
– de passer des nuits blanches,
– de se parler d'une voix blanche,
– de se regarder sans respirer de minuit au lever du coq dans le blanc des yeux.
Rien n'avait réussi.
Parfois la recette était nulle. Parfois MacTimid la comprenait de travers. Ainsi avait-il longtemps essayé de se regarder sans respirer de minuit au lever du coq dans le blanc des yeux.
MacTimid avait donc violemment rosi. Le fantôme à bretelles prétendit y voir une preuve accablante de la culpabilité du petit fantôme ; il interrogea ses confrères à la cantonade :
– Que décide la confrérie ?
– Bannissement ! crièrent les fantômes en chœur. Bannissement !
– Qu'il aille hanter la lande !
– Trouvons-lui une ruine isolée.
– Un château minable oublié de tous…
– Qu'on n'en entende plus parler !
– Bonne idée. Et toc !
C'est ainsi que Tiny MacTimid se vit attribuer La Ruine du Bout du Monde.

J.-L. CRAIPEAU, *Tiny MacTimid, fantôme d'Écosse*, Castor Poche, Flammarion.

Lis le texte et réponds aux questions.

1. Où l'histoire se passe-t-elle ?

2. À quelle occasion les fantômes se rassemblent-ils ?

3. Quel est, en temps normal, le but de cette réunion ?

4. Quel est le problème de Tiny ?

5. Qui est l'ennemi de Tiny ?

6. Quel est le point commun de tous les conseils donnés à Tiny ?

7. Qu'est-ce que les ennemis de Tiny avaient déjà essayé de faire ?

8. Quelle est la punition de Tiny ?

9. Vrai ou faux ?

- Le rose est la couleur préférée des fantômes.

- C'est l'assemblée souterraine qui prend les décisions.

Le **secret** de **maître Cornille**

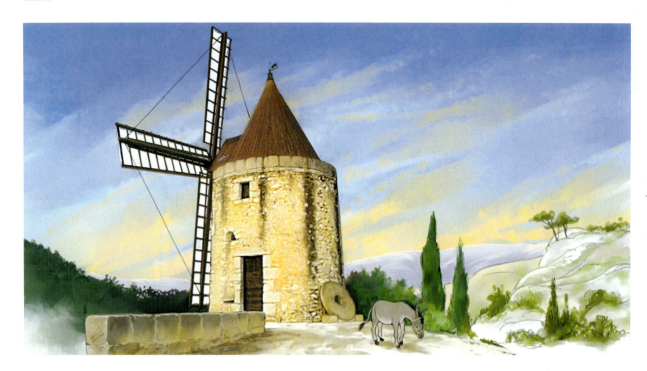

Des Français de Paris eurent l'idée d'établir une minoterie à vapeur sur la route de Tarascon. Tout beau, tout nouveau ! Les gens prirent l'habitude d'envoyer leur blé aux minotiers, et les pauvres moulins à vent restèrent sans ouvrage. Pendant quelque temps, ils essayèrent de lutter, mais la vapeur fut la plus forte, et l'un après l'autre, ils furent obligés de fermer… On ne vit plus venir les petits ânes… Le mistral avait beau souffler, les ailes restaient immobiles… Puis, un beau jour, la commune fit jeter toutes ces masures à bas, et l'on sema à leur place de la vigne et des oliviers.

Pourtant, au milieu de la débâcle, un moulin avait tenu bon et continuait de virer courageusement sur sa butte, à la barbe des minotiers. C'était le moulin de maître Cornille. […]

Maître Cornille était un vieux meunier, vivant depuis soixante ans dans la farine et enragé pour son état. L'installation des minoteries l'avait rendu comme fou. Pendant huit jours, on le vit courir par le village, ameutant tout le monde autour de lui et criant de toutes les forces qu'on voulait empoisonner la Provence avec la farine des minotiers. « N'allez pas là-bas, disait-il ; ces brigands-là, pour faire le pain, se servent de la vapeur, qui est une invention du diable, tandis que moi je travaille avec le mistral et la tramontane, qui sont la respiration du Bon Dieu…» Et il trouvait comme cela une foule de belles paroles à la louange des moulins à vent, mais personne ne les écoutait.

Alors, de rage, le vieux s'enferma dans son moulin et vécut tout seul, comme une bête farouche. Il ne voulut pas même garder près de lui sa petite-fille Vivette, une enfant de quinze ans, qui, depuis la mort de ses parents, n'avait plus que son *grand* au monde. La pauvre petite fut obligée de gagner sa vie et de se louer un peu partout dans les mas. […] Et pourtant son grand-père avait l'air de bien l'aimer, cette enfant-là. Il lui arrivait de faire ses quatre lieues à pied par le grand soleil pour aller la voir au mas où elle travaillait, et quand il était près d'elle, il passait des heures entières à la regarder en pleurant. […]

Dans la vie de maître Cornille, il y avait quelque chose qui n'était pas clair. Depuis longtemps personne, au village, ne lui portait plus de blé, et pourtant les ailes de son moulin allaient toujours leur train, comme devant… Le soir, on rencontrait par les chemins le vieux meunier poussant devant lui son âne chargé de gros sacs de farine.

« Ça va donc toujours la meunerie ? lui criaient les paysans.

– Toujours, mes enfants, répondait le vieux d'un air gaillard. Dieu merci, ce n'est pas l'ouvrage qui nous manque. »

Alors, si on lui demandait d'où diable pouvait venir tant d'ouvrage, il se mettait un doigt sur les lèvres et répondait gravement : « Motus ! Je travaille pour l'exportation… » Jamais on n'en put tirer davantage.

Quant à mettre le nez dans son moulin, il n'y fallait pas songer. La petite Vivette elle-même n'y entrait pas…

Et lorsqu'on passait devant, on voyait la porte toujours fermée, les grosses ailes toujours en mouvement, le vieil âne broutant le gazon de la plate-forme, et un grand chat maigre qui prenait le soleil sur le rebord de la fenêtre et vous regardait d'un air méchant.

Tout cela sentait le mystère et faisait beaucoup jaser le monde. Chacun expliquait à sa façon le secret de maître Cornille, mais le bruit général était qu'il y avait dans ce moulin-là encore plus de sacs d'écus que de sacs de farine.

À la longue pourtant, tout se découvrit. […]

Maître Cornille venait de sortir. […] L'idée vint aux enfants d'entrer par la fenêtre, voir un peu ce qu'il y avait dans ce fameux moulin…

Chose singulière ! La chambre de la meule était vide… Pas un sac, par un grain de blé ; pas la moindre farine aux murs ni sur les toiles d'araignée… On ne sentait pas même cette bonne odeur chaude de froment écrasé qui embaume dans les moulins… L'arbre de couche était couvert de poussière. […] La pièce du bas avait le même air de misère et d'abandon : un mauvais lit, quelques guenilles, un morceau de pain sur une marche d'escalier, et puis dans un coin trois ou quatre sacs crevés d'où coulaient des gravats et de la terre blanche.

C'était là le secret de maître Cornille ! C'était ce plâtras qu'il promenait le soir par les routes, pour sauver l'honneur du moulin et faire croire qu'on y faisait de la farine…

Les enfants revinrent tout en larmes, conter ce qu'ils avaient vu. […]

Tout le village se met en route avec une procession d'ânes chargés de blé, du vrai blé, celui-là ! […]

« Ohé ! du moulin ! Ohé, maître Cornille ! »

Et voilà les sacs qui s'entassent devant la porte et le beau grain roux qui se répand par terre, de tous côtés…

Maître Cornille ouvrait de grands yeux. Il avait pris du blé dans le creux de sa vieille main et il disait, riant et pleurant à la fois :

« C'est du blé ! du bon blé ! Laissez-moi que je le regarde. Ah ! Je savais bien que vous me reviendriez… Tous ces minotiers sont des voleurs. »

A. Daudet, *Les Lettres de mon moulin*, Le Livre de Poche - Fasquelle.

Lis le texte et réponds aux questions.

1. Recherche le sens des mots soulignés.

2. Que sont devenus les anciens moulins à vent ?

3. Qu'est-ce qui les a remplacés ?

4. Comment Vivette appelle-t-elle maître Cornille ?

5. Qu'est-ce qui paraît étrange aux paysans ?

6. Que pense la majorité d'entre eux ?

7. Relève trois expressions montrant que le moulin ne sert plus.

8. Quel est donc le secret de maître Cornille ?

9. Pourquoi, à ton avis, maître Cornille a-t-il agi ainsi ?

10. Comment réagissent les paysans en apprenant ce secret ?

La **gloire** de **mon père**

Un beau soir du mois d'avril, je rentrais de l'école avec mon père et Paul. C'était un mercredi, le plus beau jour de la semaine, car nos jours ne sont beaux que par leur lendemain.

Tout en marchant le long du trottoir de la rue Tivoli, mon père me dit :

– Crapaud, j'aurai besoin de toi demain matin.

– Pour quoi faire ?

– Tu le verras bien. C'est une surprise.

– Moi aussi, tu as besoin de moi ? demanda Paul, inquiet.

– Bien sûr, dit mon père. Mais Marcel viendra avec moi, et toi tu resteras à la maison, pour surveiller la femme de ménage, qui va balayer la cave. C'est très important.

– Moi, d'habitude, dit Paul, j'ai peur d'aller dans la cave. Mais avec la femme de ménage, je n'aurai pas peur.

Le lendemain, vers huit heures, mon père vint me réveiller, en imitant une sonnerie de clairon, puis il rejeta mes couvertures au pied de mon lit.

– Il faut que tu sois prêt dans une demi-heure. Je vais me raser.

Je frottai mes yeux à poings fermés, je m'étirai, je me levai.

Paul avait disparu sous ses draps, il n'en sortait qu'une boucle de cheveux dorés. […]

Je trouvai mon père assis devant la table de la salle à manger. Il était en train de compter de l'argent ; en face de lui, ma mère buvait son café. Ses nattes noires, qui avaient des reflets bleus, pendaient jusqu'à terre derrière sa chaise. Mon café au lait était servi. Elle me demanda :

– Tu t'es lavé les pieds ?

Comme je savais qu'elle attachait une importance particulière à cette opération futile, et dont la nécessité me paraissait inexplicable (puisque les pieds, ça ne se voit pas), je répondis avec assurance :

– Tous les deux.

– Tu t'es coupé les ongles ?

Il me sembla que l'aveu d'un oubli confirmerait la réalité du reste.

– Non, dis-je, je n'y ai pas pensé. Mais je les ai taillés dimanche.

– Bien, dit-elle.

Elle parut satisfaite. Je le fus aussi.

Pendant que je croquais mes tartines, mon père dit :

– Tu ne sais pas où nous allons ? Eh bien, voilà. Ta mère a besoin d'un peu de campagne. J'ai donc loué, de moitié avec l'oncle Jules, une villa dans la colline, et nous y passerons les grandes vacances.

Je fus émerveillé.

– Et où est-elle, cette villa ?

– Loin de la ville, au milieu des pins.

– C'est très loin ?

– Oh oui, dit ma mère. Il faut prendre le tramway, et marcher ensuite pendant des heures.

– Alors, c'est sauvage ?

– Assez, dit mon père. C'est juste au bord d'un désert de garrigue, qui va d'Aubagne jusqu'à Aix. Un vrai désert !

Paul arrivait, pieds nus, pour savoir ce qui se passait et il demanda :

– Est-ce qu'il y a des chameaux ?

– Non, dit mon père. Il n'y a pas de chameaux.

– Et des rhinocéros ?

– Je n'en ai pas vu.

J'allais poser mille questions, lorsque ma mère me dit :

– Mange.

Et comme j'oubliais ma tartine, elle poussa ma main vers ma bouche.

– Toi, va d'abord mettre tes pantoufles, sinon tu vas nous faire encore une angine. Allez, file !

Il fila.

Je demandais :

– Alors, tu m'emmènes dans la colline, ce matin ?

– Non ! dit-il. Pas encore ! Cette villa est toute vide, et il va falloir la meubler. Seulement, les meubles neufs coûtent très cher : alors, nous allons ce matin chez le brocanteur des Quatre-Chemins.

Mon père avait une passion : l'achat des vieilleries chez les brocanteurs.

Chaque mois, lorsqu'il revenait de « toucher son mandat » à la mairie, il rapportait quelques merveilles : une muselière crevée (0,50 F), un compas diviseur épointé (1,50 F), un archet de contrebasse (1 F), une scie de chirurgien (2 F), une longue-vue de marine où l'on voyait tout à l'envers (3 F), un couteau à scalper (2 F), un cor de chasse un peu ovalisé, avec une embouchure de trombone (3 F), sans parler d'objets mystérieux, dont personne n'avait jamais pu trouver l'usage, et qui traînaient un peu partout dans la maison.

Ces arrivages mensuels étaient, pour Paul et pour moi, une véritable fête. Ma mère ne partageait pas notre enthousiasme. Elle regardait, stupéfaite, l'arc des îles Fidji, ou l'altimètre de précision, dont l'aiguille, montée un jour à 4 000 mètres (à la suite d'une ascension du mont Blanc, ou d'une chute dans un escalier), n'en voulut jamais redescendre.

Alors, elle disait avec force : « Surtout, que les enfants ne touchent pas à ça ! »

Elle courait à la cuisine, et revenait avec de l'alcool, de l'eau de Javel, des cristaux de soude, et elle frottait longuement ces épaves.

Il faut dire qu'à cette époque, les microbes étaient tout neufs, puisque le grand Pasteur venait à peine de les inventer, et elle les imaginait comme de très petits tigres, prêts à nous dévorer par l'intérieur.

Tout en secouant le cor de chasse, qu'elle avait rempli d'eau de Javel, elle disait, d'un air navré :

– Je me demande, mon pauvre Joseph, ce que tu veux faire de cette saleté !

Le pauvre Joseph, triomphant, répondait simplement :

– Trois francs !

J'ai compris plus tard que ce qu'il achetait, ce n'était pas l'objet : c'était son prix.

– Eh bien, voilà trois francs de gaspillés !

– Mais, ma chérie, si tu voulais fabriquer ce cor de chasse, pense à l'achat du cuivre, pense à l'outillage spécial qu'il te faudrait, pense aux centaines d'heures de travail indispensables pour la mise en forme du cuivre…

Ma mère haussait doucement les épaules, et on voyait bien qu'elle n'avait jamais songé à fabriquer ce cor de chasse, ni aucun autre.

M. Pagnol, *La Gloire de mon père*, éditions Bernard de Fallois, Marcel Pagnol, 1988.

Lis le texte et réponds aux questions.

1. Comment le père de Marcel se débrouille-t-il pour que Paul, le petit frère, ne vienne pas avec eux ?

2. À quoi la mère de Marcel attache-t-elle beaucoup d'importance ?

3. Qu'en pense Marcel ?

4. Où doit-il se rendre avec son père ?

5. Pourquoi ?

6. Quelle est la passion du père de Marcel ?

7. Explique l'expression « *toucher son mandat* ».

8. Pourquoi la mère de Marcel n'aime-t-elle pas que ses enfants touchent les objets rapportés par le père ?

9. Que vont-ils faire pendant les prochaines grandes vacances ?

10. Recherche le sens des mots suivants dans le dictionnaire : garrigue, altimètre, tramway.

📖 Enquête

Ma grand-mère est détective amateur. À force de lire des romans policiers et d'étudier les méthodes de Sherlock Holmes, d'Hercule Poirot ou du commissaire Maigret, elle a fini par se dire : « Pourquoi pas moi ? » Depuis, elle mène ses propres enquêtes, et elle trouve toujours la solution de l'énigme.

J'ai décidé de marcher sur ses traces et, l'autre jour, je lui ai demandé de me prendre comme apprenti détective.

– D'accord, a-t-elle dit, tu seras mon assistant. Dès qu'un nouveau cas se présente, je fais appel à toi.

Eh bien, aujourd'hui même, j'ai pu suivre mamie et observer sa méthode. En plus, c'était pratique, ça s'est passé chez nous. C'est maman qui a découvert le crime : la crème au chocolat qu'elle avait préparée pour ce soir avait été (largement) entamée, et il en restait à peine la moitié. Mamie s'est mise sans tarder au travail.

Pour commencer, elle a enfilé un imperméable et s'est coiffée d'un chapeau mou. Et ainsi attifée, elle a interrogé la victime.

– À quelle heure avez-vous découvert le vol ? a-t-elle demandé à maman.

– À trois heures et demie, quand j'ai voulu prendre un yaourt.

– Et à quelle heure aviez-vous mis la crème au Frigidaire ?

– Vers dix heures ce matin, a répondu maman.

– Bien, a conclu mamie, nous pouvons donc en déduire que le malfaiteur a opéré entre dix heures et quinze heures trente. Et maintenant, transportons-nous sur les lieux du crime à la recherche d'indices.

Tout d'abord, elle voulait relever des empreintes digitales sur la jatte de crème, mais j'ai réussi à l'en empêcher : je ne voulais pas qu'elle gâche ce qui restait de crème au chocolat ! Ensuite, elle a tenté de repérer sur le carrelage les traces de pas du voleur. Mais la cuisine n'avait pas été nettoyée depuis une semaine, de sorte que le sol était noirci de plus d'empreintes qu'un hall de gare.

– Ça ne fait rien, m'a dit mamie, on va établir l'emploi du temps des suspects et, crois-moi, je finirai bien par mettre la main sur celui qui a fait le coup !

Elle a dit cela sur un ton si féroce que j'en ai eu froid dans le dos.

Elle a donc fait comparaître les « suspects », c'est-à-dire mon père et ma sœur, les seules personnes à avoir libre accès à la cuisine, en dehors de maman et moi. Anne, ma petite sœur, avait un solide alibi : elle était en excursion avec son club de danse et pouvait fournir une bonne trentaine de témoins.

L'interrogatoire de papa a été nettement plus intéressant. Il a d'abord prétendu avoir passé toute la journée au bureau. Mais quand mamie a saisi le téléphone pour appeler sa secrétaire, il a avoué qu'il avait annulé deux rendez-vous avec des clients pour aller pêcher avec son copain Marc. Il avait l'air d'un gamin pris en faute !

La plus ennuyée, cependant, c'était mamie : si tous ses suspects avaient un alibi, l'affaire se compliquait ! Mais elle n'avait pas dit son dernier mot.

– Suis-moi, m'a-t-elle ordonné, on va résoudre ce petit problème.

Nous sommes montés dans sa chambre. Là, elle a bourré une pipe et s'est mise à fumer en toussant à fendre l'âme.

– Maintenant, il faut réfléchir ; la solution est là ! a-t-elle proclamé en se frappant le crâne.

Moi, je n'ai rien dit. Je l'ai regardée réfléchir. Tout à coup, elle s'est levée d'un bond et s'est précipitée au salon. Et elle a pointé le doigt sur maman en criant :

– J'ai trouvé, c'est toi qui as mangé la crème au chocolat ! Oh, c'était bien joué : le coupable se faisant passer pour la victime, très fort, vraiment très fort ! Mais tu n'avais pas compté sur mon flair, hein ?

Hou ! là, là ! le drame que ça a déclenché ! Maman a traité mamie de « Sherlock Holmes à la noix » et de « commissaire d'opérette ». Finalement, mamie a dû s'excuser. Mais c'est surtout vis-à-vis de moi qu'elle était gênée : elle échouait lamentablement le jour même où elle voulait m'initier à sa méthode ! Je lui ai dit qu'elle ne devait pas s'en faire, que c'était très bien comme ça.

Et c'est vrai, c'est très bien comme ça. Car le coupable, le voleur de crème au chocolat, je le connais, moi.

C'est moi.

B. FRIOT, *Encore des histoires pressées*, Milan Poche Junior.

Lis le texte et réponds aux questions.

1. Quels sont les célèbres policiers cités dans le texte. Recherche le nom des écrivains qui les ont créés.

2. Quel est, selon la mamie, le costume du parfait détective ?

3. Que permet de préciser l'interrogatoire de la victime ?

4. Après l'interrogatoire de la victime, où se déplacent les enquêteurs et dans quel but ?

5. Quand la mamie veut relever les empreintes digitales sur la jatte, quel motif invoque le garçon pour l'en dissuader ? Est-ce le vrai motif ?

6. Quels sont les noms des suspects ?

7. Quel nom désigne le fait de pouvoir prouver que l'on n'a pas pu commettre le délit dont on est accusé ?

8. Que révèle l'interrogatoire du père ?

9. Quand la maman est accusée, cherche-t-elle à démontrer son innocence ? Pourquoi ?

10. Lequel de ces noms n'est pas cité : un détective - un malfaiteur - une énigme - un crime - une déposition - un témoin - un coupable.

 Crin-Blanc

« L'eau a encore baissé », pensa Folco.

Le jeune garçon sentit sous ses pieds sa vieille barque vermoulue racler le fond de vase. C'était le mauvais passage entre les îles de boue.

Folco connaissait bien tous les chemins d'eau de son marais de Camargue. Ce marais, c'était son merveilleux domaine. Souvent, le soir, comme aujourd'hui, il partait à la découverte, tout seul sur le barquet du grand-père Eusébio, tel un prince qui visite son royaume.

Cet immense pays de ciel bleu et d'eaux calmes, c'était à lui, Folco.

Le garçon était grand et musclé pour ses douze ans. [...]

Il allait pousser jusqu'au fond du marais, vers les grandes terres qui attiraient le jeune garçon.

Là-bas, au milieu de leurs pâturages, vivaient en liberté les troupes de chevaux sauvages. Folco, parfois, les apercevait, galopant crinière au vent, dans un nuage de sable et de soleil.

Folco rêvait de ces merveilleux chevaux.

Le grand-père Eusébio aurait voulu que son petit-fils soit pêcheur comme lui. Mais non… Folco ne serait pas pêcheur. Plus tard, il serait gardian. On est à cheval tout le jour. On galope à la recherche des manades de taureaux noirs… On capture et on dompte les chevaux sauvages. [...]

Tout à sa rêverie, le jeune garçon avait complètement oublié qu'il n'avait pas quitté, ce soir, le petit mas, pour courir le marais à l'aventure.

Le grand-père Eusébio l'avait chargé de relever les nasses qu'ils avaient tendues ensemble, quelques jours auparavant.

« En souquant ferme, j'ai encore le temps », pensa Folco.

D'un coup de perche il fit virer sa barque. Elle était lourde. L'eau s'infiltrait à travers les planches vermoulues. Le garçon en avait jusqu'aux chevilles. Il fallait s'arrêter et écoper avec le vieux seau dans lequel on mettait le poisson.

Folco poussa donc sa barque vers la rive et planta sa perche en bout de bateau pour le retenir au milieu des herbes.

C'était le hasard qui l'avait conduit ce soir au fond du marais et l'avait obligé à faire halte à cet endroit où d'épais buissons cachaient la plaine. Seul le hasard avait conduit Folco au-devant de son rêve.

Son seau défoncé à la main, le garçon s'agenouilla dans le barquet. C'est alors qu'il lui sembla entendre un léger bruit dans les roseaux.

Sans doute une bête qui venait boire…

Peut être la loutre brune dont Folco avait si souvent entrevu le regard moqueur entre deux moustaches.

Plus une feuille ne bougeait.

Dans le grand silence du soir, on n'entendait plus que le clapotis menu de l'eau contre le flanc de la barque.

Et tout à coup, Folco aperçut, là, tout près de lui, l'image un peu floue qui se dessinait à la surface de l'eau ridée, brillante comme un miroir.

Une silhouette blanche se précisait, avec deux fines oreilles et deux grands yeux sombres qui s'ouvraient et se refermaient.

Retenant son souffle, le cœur battant, Folco se releva doucement. Il écarta avec précaution les roseaux.

Sur l'eau, l'image aussitôt s'effaça. Puis, elle reparut.

Folco, n'en croyant pas ses yeux, aperçut enfin, tendant son cou un peu grêle, un magnifique poulain. Il se mirait dans l'eau.

Sans doute le petit cheval découvrait-il pour la première fois son reflet dans l'onde du marais. Mais c'était sûrement la première fois que cet enfant des chevaux sauvages voyait de si près un enfant de chez les hommes.

Brusquement, le poulain releva la tête, faisant voltiger la touffe de crins blancs qui pendaient sur son front. Un long frémissement courut dans les poils ras de sa robe immaculée… blanche comme la neige, de la crinière à la queue.

Inquiet, étonné, le petit cheval tremblait un peu sur ses longues jambes fines comme des fuseaux. Mais il ne fuyait pas. Il restait immobile, planté des quatre pieds dans la boue, en face du garçon.

Et alors, leurs regards se rencontrèrent.

C'était comme si le sourire ébloui de Folco eût fasciné le jeune animal tout craintif. Le poulain ouvrait larges ses yeux immenses. Des yeux si doux et un peu tristes.

C'est ainsi que les chevaux vous regardent quand ils vous connaissent bien, quand ils sont vos amis. C'est ainsi qu'ils essaient de vous parler, dilatant leurs naseaux, tandis qu'un léger frémissement fait trembler leurs lèvres noires.

Folco tout ému n'avait qu'une seule crainte, celle d'effrayer le merveilleux petit cheval. Le garçon n'osait pas faire un geste. Enfin, il s'enhardit. Tout doucement, en se penchant, il tendit la main pour essayer timidement une caresse.

Aussitôt, une flamme s'alluma dans les yeux trop grands du poulain. Il fit un écart, à demi cabré. Puis, d'un bond, il se lança tête baissée à travers les roseaux.

C'était pour Folco, toujours sous le charme, comme s'il avait rêvé. La belle apparition s'était effacée.

Le garçon se hissa sur la berge. Dans la terre détrempée, restait marquée la trace des minuscules sabots.

Folco se glissa à travers les buissons.

À vingt pas à peine, dans la plaine rousse, il vit une haute jument aux flancs rebondis, toute blanche aussi.

R. Guillot, Crin-Blanc, Hachette.

Lis le texte et réponds aux questions.

1. Qui est Folco ?

2. Dans quel lieu Folco se promène-t-il ?

3. De quoi Folco rêve-t-il ?

4. Quel métier souhaite-t-il faire plus tard ? En quoi consiste ce métier ?

5. Quelles sont les espérances du grand-père Eusébio pour son petit-fils ?

6. Qu'était venu faire Folco dans cet endroit ?

7. Pourquoi Folco est-il obligé de s'arrêter ?

8. Qu'aperçoit-il dans l'eau ?

9. Que se passe-t-il entre l'animal et le garçon ?

10. Pourquoi l'animal se sauve-t-il ?

Un **jeu d'enfer** – La **première manche**

Il y avait une fois à Dublin un joueur de cartes qui était très, très fort. Toute la journée, et la nuit, il jouait aux cartes. Il jouait au whist et à l'écarté, à la manille coinchée et aux tarots, au mouss et au lansquenet, au gin-rummy et au mistigri qu'on appelle aussi Schwartz Peter. Mais surtout il jouait au poker. Toutes les formes et variantes de poker, le classique, l'américain, le grec. Highlow et mississippi. Aveugle et ouvert. Le poker, quoi.

Un soir en rentrant chez lui après des heures et des heures de jeu où il avait gagné, il se verse un verre de vieille fine qu'il réchauffe dans ses mains, il s'étire dans son fauteuil en velours rougi au coin du feu, et tout haut, se parlant à lui-même comme cela arrive quand on est seul, assez content et un peu las, il dit :

– Je suis vraiment le meilleur joueur du monde. Et si le diable acceptait de jouer avec moi, sûr, je le battrais.

Silence. Silence de deux, peut-être trois minutes, pas plus. Et on entend : drringgg. La sonnette de la porte. Le joueur se lève et va ouvrir. Devant la porte, un monsieur entre deux âges, ni grand ni petit, ni gros ni maigre, complet-veston bleu trois pièces de confection, cravate un peu vulgaire, pochette un peu trop voyante, genre chef comptable zélé ou bureaucrate qui veut de l'avancement, une sorte de monsieur tout-le-monde qui se prendrait juste pour un peu plus avec quand même un air en dessous. Il dit d'une voix sucrée :

– Pardon, monsieur. J'ai cru comprendre que vous cherchiez un partenaire. Ou ai-je mal entendu ?

Vous, les enfants, vous avez déjà compris qui c'était. Je le dis ? Je ne le dis pas ? Je le dis : le diable.

– Entrez, dit le joueur. Un bon feu nous attend.

Ils s'installent autour d'une table à jeu en acajou à tapis de feutre vert. Les rideaux du salon sont bien tirés. La ville dort. Au loin le roulement d'un camion, tout près une bûche qui crépite. Le joueur offre au diable plusieurs jeux, le diable fait signe que cela lui est égal et que pour lui tous se valent. Le joueur lui offre de couper. Il touche seulement le jeu sans le couper.

– Enchères illimitées ? demande le joueur.

– Illimitées, dit le diable. Et que souhaitez-vous que je mette comme enjeu ? La fortune ?

– La fortune me va, dit le joueur. Et moi, que dois-je jouer ? Le salut éternel ? Mon âme ?

– Tout de suite les grands mots, dit le diable.

Comme vous êtes vieux jeu. Nous sommes devenus beaucoup plus réalistes, modestes, et modernes.

– Alors que souhaitez-vous ?

– Un doigt.

– Un doigt ?

– Oui, seulement un doigt.

Ils jouent, et le joueur gagne.

– Une autre partie ? dit le diable.

– Bien sûr, dit le joueur.

– Que voulez-vous que je mette comme enjeu ? demande le diable. La santé ?

– D'accord, la santé. Et moi ?

– Vous, un doigt.

– Encore un doigt ?

– Encore un doigt.

Ils jouent. Le joueur gagne.

– Une autre ?

– Oui, une autre.

– Que voulez-vous, l'amour de la plus belle femme du monde ?

– Mais oui, pourquoi pas l'amour de la plus belle femme du monde. Et moi, toujours un doigt ?

– Oui, un doigt.

Dix fois ils jouent ainsi dans le silence du salon bien chauffé aux rideaux de velours rouge. Dix fois le joueur gagne, la jeunesse, l'aventure, l'amitié, la gloire. Et dix fois le diable demande comme enjeu un doigt, et encore un doigt.

Ils arrêtent. Le diable dit :

– Vous êtes vraiment un joueur trop fort. Je paye toujours mes dettes. Dans quelques minutes, descendez et ouvrez votre porte. Vous ne serez pas déçu.

Et à petits pas discrets, il disparaît.

Deux ou trois minutes. Le joueur descend l'escalier, ouvre sa porte. Dehors c'est l'aube. Une brume monte de la Liffey, la rivière de Dublin. On entend un tramway du côté des docks. Les lampadaires qui ne sont pas encore éteints donnent une lumière un peu jaune et tremblotante, comme si l'électricité était malade. Une superbe Rolls-Royce, la plus belle voiture du monde, vient doucement se ranger devant la porte de la maison du joueur. Assise à l'arrière, dans un manteau de vison, une femme d'une beauté bouleversante. Son visage radieux perce la brume. Ses yeux bleus éclairent celui qui les regarde. À son cou, à ses oreilles, des diamants d'une eau si rare, si pure qu'on croit, quand elle bouge un peu la tête, entendre un bruit de source. Le joueur la voit et, dans la seconde, dans l'instant, passionnément il l'aime. Et dans la seconde, dans l'instant, il a senti que passionnément, depuis toujours et pour toujours, elle l'aimait. Il ouvre la portière et lui tend les bras. Elle lui tend les mains. Elle n'a pas de doigts.

J.-F. Deniau, *Le Secret du roi des serpents et autres contes*, Pocket Junior, Plon.

Lis le texte et réponds aux questions.

1. Relève le nom des neuf jeux de cartes cités dans le texte.

2. Quand arrive-t-il que l'on se parle à soi-même ?

3. Relève, dans la description du diable, les éléments qui signalent son manque de distinction.

4. Que signifie « couper » avant de commencer à jouer aux cartes ? Pourquoi, à ton avis, le diable ne le fait-il pas ?

5. Par quels adjectifs le diable désigne-t-il ses semblables ?

6. Les adversaires ont disputé dix parties. Peux-tu citer sept des récompenses remportées par le joueur ?

7. Relève les noms des moyens de transport cités dans le texte ?

8. Quelles récompenses se matérialisent avec l'arrivée de la femme ?

9. Vrai ou faux ? La table de jeu est recouverte de velours rouge.

10. Le diable est un mauvais joueur. Pourquoi ?

Corrigés des exercices

Grammaire

Page 9, exercice 10.
- Phrases verbales : c, d.
- Phrases non verbales : a, b, e.

Page 11, exercice 9.
Les rails de la voie ferrée firent entendre un son aigu suivi d'un grondement lointain. Une bouffée d'air jaillit de la bouche du tunnel. Le train arrivait enfin. Whitbourne s'avança vers la ligne blanche qui marquait le bord du quai. Ses pieds couvraient à moitié les mots « attention à la marche » peints en jaune pâle sur le béton. La pression du vent se fit plus forte dans le tunnel et le bruit sourd s'amplifia. Il y eut un mouvement général vers l'avant.

Page 13, exercice 9.
- Quel est le plus grand animal carnivore de France ?
- De quoi l'ours se nourrit-il ?
- Pourquoi retourne-t-il des pierres ?
- Quand hiberne-t-il ?

Page 15, exercice 9.
La mêlée qui s'ensuivit / fut terrifiante. / Ils tombèrent à l'eau, / pataugèrent, / reprirent le combat de plus belle, / sans que rien pût devoir les calmer. / Enfin ils regagnèrent la berge, / s'ébrouèrent, / se séchèrent / et se mirent en poste, chacun sur son rocher. / Le monde était redevenu aussi calme que possible.
On entendit un plouf. / C'était le frère. / Sa patte ressortit de l'eau, brandissant un poisson brillant et frétillant, / qui fut entièrement dévoré avant de pouvoir s'échapper.

Page 17, exercice 11.
- L'eau est distribuée par des tuyaux. (voix passive)
- Ma voisine est rentrée de vacances. (voix active)
- Le sol est recouvert de feuilles. (voix passive)
- Des cavaliers étaient arrivés des montagnes. (voix active)
- La viande était accompagnée de pruneaux. (voix passive)
- Le préau de l'école a été abattu. (voix passive)

Page 19, exercice 11.

GS	GV		GF
	verbe	complément obligatoire	
l'équipe des verts	marque	un superbe but	D'entrée de jeu
Le renard sournois	observait	le poulailler	sans bruit
des cerfs-volants multicolores	s'élèvent		Au-dessus de la plage
Sa haute silhouette	se reconnaît		facilement
La chèvre	est et se nourrit	une excellente grimpeuse	en arrachant la moindre pousse
les ânes	portaient	des fardeaux très lourds	Jadis, sur les chemins

Page 21, exercice 9.
- Au bord de la rivière **s'installaient** deux pêcheurs.
- Martin et ses deux sœurs **observaient** les étoiles.
- Le peintre, observant ses premiers essais, **hésitait** à ajouter un peu de colorant.
- Avec l'arrivée du froid, les premières gelées **blanchissaient** la campagne.
- Le long du canal **poussaient** des saules et des peupliers.
- À l'entrée du village, un panneau de grandes dimensions **annonçait** : « Attention, virage dangereux. »
- Dans le jardin de l'école, quelques élèves **arrachaient** les mauvaises herbes, **cueillaient** les framboises et **arrosaient** les salades.

Page 23, exercice 10.
- Aujourd'hui, je **lave** les assiettes, puis je les **rince** et je les **essuie**.
- Bientôt, les architectes **termineront** le plan et le **proposeront** au directeur de l'usine.
- Vendredi dernier, le ministre des Finances **annonçait** une baisse des impôts.
- L'année prochaine, **débuteront** d'importants travaux sur cette route.
- Maintenant, les élèves **copient** le résumé ; après, ils le **reliront**. Ce soir, ils l'**apprendront** et le **réciteront** demain.

Page 25, exercice 13.
Dans une fleur, les pétales et les sépales forment **la corolle**. *(c.o.d.)* Après la floraison, seul reste **le pistil**. Les graines du pistil tombent et s'installent **en terre**. Elles germent et donnent **une nouvelle plante**. *(c.o.d.)* Une nouvelle fleur verra **le jour**. *(c.o.d.)*

Page 27, exercice 10.
c.c. de lieu :
À travers le monde – dans les boîtes aux lettres.
c.c. de temps :
Depuis 1961 – en 1863 – lors de catastrophes naturelles et des guerres – Régulièrement.
c.c. de cause :
à cause de leur race, de leur religion ou de leurs opinions – pour la collecte des anciens vêtements.

Page 28, exercice 5.
arpentait : verbe
allègre : adjectif qualificatif
chatoyantes : adjectif qualificatif
étole : nom commun
totalement : adverbe
euphorique : adjectif qualificatif
vers : préposition

Page 29, exercice 3.
verbes d'action : relit - installent - hébergeons - hélitreuillent - livrera.
verbes d'état : semblait - paraissent - sera.

Page 31, exercice **10.**
adjectif démonstratif : **ces** montagnes
adjectif possessif : **son** lit
adjectifs indéfinis : **quelques** siècles, **chaque** jour
articles : **la** contrée, **une** femme, **du** fleuve, **d'**eau, **un** soir, **le** Llobregat, **les** Pyrénées, **la** rive, **une** cruche, **d'un** coup, **un** orage, **le** lendemain, **des** arbres, **la** pluie, **une** fontaine, **le** fleuve, **aux** rivages, **la** crue, **le** pont.

Page 33, exercice **10.**
Amanda : elle
tous les bouts de tissu : les
Zidane et Pirès : ils
des glaces à l'italienne : en
Quelqu'un : il
la porte : la
ma voisine et moi : nous

Page 35, exercice **7.**
Depuis la rentrée des classes, les enfants jouent aux billes pendant les récréations. Ce matin, Léo a apporté **les siennes** ; certaines sont en fer, d'autres sont en verre.
« **Celles-ci** sont magnifiques, déclare-t-il. Mais je préfère **celles** de mon copain Hugo ; elles sont plus belles ! »
Comme ils sont sortis un peu en retard de la classe, tous les emplacements sont pris, même **le leur**.
« Cela n'est pas juste, ils auraient pu éviter de prendre **le nôtre**. Ils savent bien que l'on joue toujours au même endroit ! » grogne Hugo.

Page 37, exercice **9.**
<u>Véritable</u> bonheur
d'une montagne <u>propre</u> et <u>sauvage</u>
des <u>grands</u> espaces <u>glaciaires silencieux</u>
des <u>immenses</u> parois
des vallons <u>déserts</u> et <u>secrets</u>
un itinéraire <u>superbe</u>

Page 39, exercice **11.**
• Les ours paraissent brutaux et obstinés.
• Les goélands sont grands et massifs.
• L'araignée de mer est vive et agressive.
• Les renardes sont rousses et fines.
• Les juments paraissent agiles et obéissantes.

Page 41, exercice **12.**
Les noms précisés sont en bleu.
À peine débarqué sur l'**île** des Trois Étoiles, le **roi** Singe s'était enfoncé dans la forêt qui recouvrait les **pentes** de la montagne. Il finit par croiser un bûcheron qui lui indiqua le **chemin** de la grotte où vivait le **sage** Immortel avec ses élèves. Il arriva enfin à l'**entrée** de la caverne. Mais une lourde **porte** en bois en fermait l'accès. Sur le côté, un grand gong servait de **cloche** d'appel pour les visiteurs.

Page 43, exercice **9.**
Martha **nettoie soigneusement** son vélo.
Cet élève **arrive** assez **régulièrement** en retard.
Anaïs n'**aime guère** les œufs durs.
Pour le carnaval, Doug a confectionné un masque **totalement terrifiant**.

Page 44, exercice **7.**

compléments du verbe	compléments du nom
sur les marchés	en osier
à côté des stands	d'oliviers
Pendant l'été	
derrière les étalages	

Page 45, exercice **4.**
• Laura aime bien les sports individuels **mais** elle aime bien aussi les sports collectifs.
• Antoine recherche sa sœur **car** elle n'est toujours pas rentrée.
• Le coureur de marathon a soif **donc** il s'arrête pour prendre un gobelet d'eau.
• Demain, nous jouerons au football **ou** au basket.
• En fonction du temps, les randonneurs opteront pour un vêtement de pluie **ou** un vêtement plus chaud.
• La fête bat son plein **et** les invités sont très contents.
• Les jumeaux pourront aller chez leurs grands-parents **ou** au centre aéré ; ils ont le choix.

Page 49, exercice **5.**
• La haie est verte **et** fleurie.
• Tu cries **mais** tu as tort.
• Le chemin était boueux, **donc** pénible.
• Ses yeux n'étaient **ni** bleus ni verts.
• Neige **ou** pluie, tout dépend de l'altitude.

Page 51, exercice **8.**
Le roi se fâche. *(proposition indépendante)*
Il prend Francis par le col de sa chemise. *(proposition indépendante)*
Il l'enferme tout en haut du donjon *(proposition principale)* / qu'il fait garder par trois chevaliers en armure. *(proposition subordonnée)*
Rouge de colère, le roi hurle : *(proposition indépendante)*
– Si tu réussis à sortir de ce donjon, *(proposition subordonnée)* / tu prendras ma place sur le trône ! *(proposition principale)*

Page 53, exercice **8.**
• Les chevaliers attaquaient les habitants du château **qui se réfugiaient derrière les remparts**. *(proposition subordonnée relative)*
• Je ne crois pas **que ce soit une bonne solution** ! *(proposition subordonnée complétive)*
• **Quand les pompiers sont arrivés**, il y avait déjà dix centimètres d'eau dans la cave. *(proposition subordonnée circonstancielle)*
• Le livre **que je viens d'acheter** me paraît extrêmement intéressant. *(proposition subordonnée relative)*
• Le livre **dont mon père est l'auteur** s'est vendu à plusieurs milliers d'exemplaires. *(proposition subordonnée relative)*

Conjugaison

Page 59, exercice 11.

1ᵉʳ groupe	2ᵉ groupe	3ᵉ groupe
envoyer	abasourdir	prédire
accumuler	aboutir	s'abstenir
	s'accroupir	acquérir
	bannir	boire
	barrir	aller
	compatir	confondre
	démolir	couvrir
	dégarnir	convenir
		devenir
		disparaitre

Page 61, exercice 10.

- Nous prendr**ons** de vos nouvelles. *(1ʳᵉ personne du pluriel)*
- Je souhait**ais** vous rencontrer. *(1ʳᵉ personne du singulier)*
- Elles découvr**ent** la montagne. *(3ᵉ personne du pluriel)*
- Tu plier**as** ta serviette. *(2ᵉ personne du singulier)*
- Vous garantiss**ez** cet appareil. *(2ᵉ personne du pluriel)*
- Il t'offr**ait** des fleurs. *(3ᵉ personne du singulier)*

Page 63, exercice 7.

- Le maçon **bâtit** sa maison avec des briques.
- **Veux**-tu toujours être électricien quand tu seras grand ?
- Les couvreurs **installent** la charpente puis **disposent** les tuiles sur le toit de la maison.
- Le peintre **peint** les murs de la salle à manger en jaune paille.
- **Croyez**-vous que le pavillon sera terminé avant l'hiver ?

Page 65, exercice 10.

- Je bénéfici**e** d'une entrée gratuite. *(bénéficier)*
- Ce résultat anéanti**t** tous mes efforts. *(anéantir)*
- Monsieur Marcos lou**e** un garage fermé. *(louer)*
- L'aéronaute accompli**t** son tour du monde. *(accomplir)*
- Je frémi**s** en pensant qu'on publi**e** ce texte. *(frémir - publier)*
- Sarah tri**e** ses CD. *(trier)*

Page 67, exercice 11.

- je suis
- nous croyons
- elles feignent
- tu recueilles
- il offre
- vous élisez
- ils craignent
- je commets
- tu ressors
- elles entretiennent

Page 69, exercice 7.

- Le jongleur lançait ses balles et il les rattrapait à tous les coups.
- Les musiciens entamaient un morceau de musique pour signaler le début du spectacle.
- Les trapézistes se balançaient et rattrapaient leurs partenaires par les mains.
- Le dresseur de chiens partageait les friandises entre tous les animaux.
- Les clowns faisaient des acrobaties et ils amusaient beaucoup les spectateurs.

Page 71, exercice 11.

- Les maçons **construiront** un mur autour de la maison.
- J'espère que je **reverrai** bientôt mes amis.
- Quand Mamie nous **enverra** son colis, nous **courrons** au devant du facteur.
- Le directeur vous **recevra** lundi prochain.
- Demain, tu me **rappelleras** la demande que tu as faites et je l'**appuierai**.
- Je **parierai** sur la victoire de mon équipe.
- Puisque tu me le demandes, désormais, je te **tutoierai**.
- Elles **pourront** répondre aux questions.

Page 73, exercice 11.

- Alors, les eaux envahirent la cave.
- Les pompiers aidèrent les vieilles personnes.
- Ils les firent monter dans une barque.
- D'énormes tuyaux pompèrent le trop-plein.
- Les boues détruisirent et emportèrent le vieux pont.

Page 75, exercice 11.

Les oies sauvages **se dirigeaient** vers le continent à bonne vitesse, malgré un fort vent du sud. Mais lorsqu'elles **approchèrent** des premiers récifs, elles **entendirent** un vacarme étourdissant. L'eau, au-dessous d'elles, **devenait** noire. La tempête venue de l'ouest les **surprit**. Déjà, elle **chassait** devant elle des nuages de poussière. [...] D'un coup, elle **balaya** aussi les oies sauvages, les **bascula** et les **repoussa** vers le large.

Page 77, exercice 9.

Les caméras disposées sur le plateau du studio **ont envoyé** plusieurs images différentes à la régie. Dans cette pièce, le réalisateur **a choisi** l'image qui va être diffusée. D'autres techniciens **ont participé** à la réalisation d'une émission : l'ingénieur du son qui **a réglé** les micros, les éclairagistes qui **se sont occupés** des projecteurs, la scripte qui **a aidé** le réalisateur.

Page 79, exercice 8.

- **Traverse** la chaussée en empruntant les passages protégés.
- **Sors** tout de suite de la maison, **tu salis** la moquette avec **tes** chaussures sales !
- **Guéris** vite pour venir jouer avec nous dans le jardin.
- **Prends ton** temps, de toute manière nous avons raté notre train !
- **Sois** courageux, ce ne sont pas quelques petites araignées qui vont **t'**arrêter !

Page 81, exercice 11.

- Si la mer était plus chaude, je **me baignerais**.
- Quand le linge sera sec, tu le **plieras**.
- Si j'allais au cirque, j'**aimerais** voir des clowns.
- Lorsque nous sortirons en récréation, nous **sauterons** à la corde.
- Si je prenais plus de photos, je **ferais** un bel album.

Page 83, exercice 10.

- La musique que nous **écoutons** est une musique classique.
- Il faudrait que nous **écoutions** plus souvent de la musique classique.

- J'**ai** de bonnes notes, ce trimestre.
- Pourvu que j'**aie** de bonnes notes, ce trimestre.
- Il est possible qu'ils **aillent** se baigner maintenant.
- Je pense qu'ils **vont** se baigner.
- Les bateaux qui **sont** dans le port sont des chalutiers.
- Il faut qu'ils **soient** prêts dans deux minutes.

Page 84, exercice 6.
- Tu **t'**inquiètes de sa santé.
- Notre voisine **s'**accoude à la fenêtre.
- Avant chaque repas, vous **vous** lavez les mains.
- Abrite-**toi** sous la véranda.
- Je **me** rends compte de sa grande mémoire !

Page 85, exercice 3.

passé composé de la voix active	présent de la voix passive
Nous sommes entrés	Elles sont battues
Vous êtes revenus	Elle est grandie
Je suis né	Elle est garantie
Ils sont repartis	Je suis rafraîchi
	on est secoué

Page 87, exercice 9.
a.
- Quand Étienne aura compris la consigne, il **fera** l'exercice rapidement.
- Quand Étienne eut compris la consigne, il **fit** l'exercice rapidement.
- Quand Étienne a compris la consigne, il **fait** l'exercice rapidement.

b.
- Dès que le feu d'artifice sera terminé, les spectateurs **rentreront** chez eux.
- Dès que le feu d'artifice était terminé, les spectateurs **rentraient** chez eux.
- Dès que le feu d'artifice est terminé, les spectateurs **rentrent** chez eux.

Orthographe

Page 92, exercice 2.
Ils discutèrent, marchandèrent, et **finalement** s'accordèrent. Le loup signa le pacte d'une goutte de sang. […] Fluthdezut se sentit **soudain** rassuré. **Certes**, cette journée sur terre n'était pas une grande réussite, **mais**, **au moins**, elle n'était **pas** un échec total. Il avait obtenu une signature, fût-elle celle d'un loup. Pour un **peu**, il se serait félicité. C'est **donc très** fier de lui qu'il prit congé.

Page 93, exercice 4.
un laborat**oire** - un interrogat**oire** - une hist**oire** - une écum**oire** - un access**oire** - la mém**oire** - la gl**oire** - un ras**oir** - un perch**oir** - un réfect**oire** - un dort**oir** - une balanç**oire** - une nage**oire** - le sav**oir** - un isol**oir** - un arros**oir** - l'iv**oire** - un répert**oire** - une traject**oire**.

Page 95, exercice 11.
- Au mariage de Tiphaine et Loïc, des petits sacs de drag**ées** remplissaient un pani**er** en osi**er**.
- Mon voisin est le sos**ie** parfait d'un acteur américain.
- À mar**ée** basse, nous allons à la pêche aux coquillages.
- Nous avons été invités à une soir**ée** dans une superbe propriét**é**.
- Son échec à l'examen lui a causé un gros dép**it**.
- Nos pieds sont mouillés à cause de l'humidit**é** de la nuit.

Page 97, exercice 10.
le ref**us** - la mor**ue** - la gl**u** - un intr**us** - un sal**ut** - la br**u** - une verr**ue** - le tal**us** – une sangs**ue** - la trib**u** - l'attrib**ut** - le conten**u** - une lait**ue** - une mass**ue** - le dess**us** - une aven**ue** - un éc**u** - le refl**ux** - une iss**ue** - la vert**u**.

Page 99, exercice 7.
- **Mes** parents ne sont pas là **mais** ce n'est pas pour cela que j'ai le droit de rester seul à la maison.
- **Mes** amis sont venus me rendre une petite visite, **mais** je n'étais pas là.
- Je ne crois pas que **mes** calculs soient justes.
- Le vent se lève **mais** la pluie n'est toujours pas arrivée.
- Je n'ai pas retrouvé **mes** rollers, pourtant je les avais bien rangés.
- « **Mes** tomates sont bien rouges **mais** pas trop grosses », dit le jardinier.
- **Mes** frères et sœurs s'accordent à dire que je suis énervant.

Page 101, exercice 9.
- J'ai retrouvé cette vieille guitare **dans** le grenier, mais il est impossible **d'en** jouer.
- **Dans** ce village montagnard, les chalets **d'en** haut sont les plus ensoleillés.
- Élodie aime les jolies comptines ; elle rêve **d'en** écrire pour les enfants.
- **Dans** quel journal as-tu lu cela ?
- L'eau monte **dans** le sous-sol ; il est urgent **d'en** pomper une partie.
- L'an dernier, j'ai cueilli beaucoup de cèpes **dans** cette forêt ; je suis quasiment sûre **d'en** trouver de nouveau cet automne.

Page 103, exercice 9.
« Martin, **quel** imprudent tu fais ! Tu connais pourtant bien Stacy. Alors, pourquoi vouloir courir plus vite **qu'elle** ? **Quelle** folie ! Tu pensais **qu'elle** n'était pas entraînée ? **Qu'elle** était fatiguée ? Regarde maintenant tes admiratrices. Tu vois la tête **qu'elles** font ? Tu as beau dire que tu ne savais pas **quelles** chaussures utiliser sur cette piste, chacun pense que tu cherches n'importe **quel** prétexte pour expliquer ta défaite. Sois beau joueur et va plutôt féliciter Stacy. »

Page 104, exercice 4.
- Demain, la mo**y**enne des températures ne dépassera pas 15 °C.
- Le château de Versa**ill**es fut construit à l'époque de Louis XIV.
- Pour leur clafoutis, Aurélie et Tiphaine déno**y**autent toutes les prunes.
- Le ravita**ill**ement sera assuré par une équipe de professionnels.
- Les méda**ill**es seront distribuées à l'arrivée.
- Il faut faire son devoir de cito**y**en : aller voter.
- Une frise éga**y**ait les murs blancs du salon.
- Les Resec et les Dumas ont construit un mur mito**y**en entre leurs deux pavillons ; ils ont ensuite pendu la créma**ill**ère ensemble.

Grammaire

Page 105, exercice 5.

c ou qu

une bar**qu**e - les va**c**ances - une embus**c**ade - comi**qu**e - une épo**qu**e - un **c**aprice - **qu**atorze - in**c**alculable - un **qu**adrillage - dé**c**aper.

g ou gu

le lan**g**age - une mont**g**olfière - un ma**g**azine - un ci**g**are - élé**g**ant - une **gu**enon - gi**g**antesque - l'irri**g**ation - la **gu**itare.

Page 106, exercice 5.

- Le rôti de porc rôti**t** à feu doux.
- Le comte envoi**e** un pli au marquis.
- Nous avons fait un envoi de livres à une classe du Burkina Faso.
- Le blanchisseur pli**e** les draps avant de les repasser.
- Le jardinier entretien**t** son jardin avant l'arrivée de l'hiver.
- Il a eu un entretien pour un nouveau travail.
- En été, le fermier travail**le** tard le soir.

Page 107, exercice 6.

- Les peintures intéri**eures** de cette villa sont abîmées.
- Le rendez-vous est remis à une date ultéri**eure**.
- Anaïs a réussi à passer dans la classe supéri**eure**.
- L'ère néolithique est postéri**eure** à l'ère paléolithique.
- Les pattes antéri**eures** du chameau sont attachées pour qu'il ne se sauve pas.

Page 108, exercice 6.

- Faire passer d'un navire à un autre. ▶ transborder
- Percer de part en part. ▶ transpercer
- Porter, faire parvenir d'un lieu dans un autre. ▶ transporter
- Verser un liquide d'un récipient à l'autre. ▶ transvaser
- Recopier un écrit sur un autre support. ▶ transcrire
- Faire passer quelque chose d'une personne à l'autre.
  ▶ transmettre

Page 109, exercice 5.

- correspondant ▶ correspondance
- indulgent ▶ indulgence
- excellent ▶ excellence
- patient ▶ patience
- intelligent ▶ intelligence
- impuissant ▶ impuissance
- abondant ▶ abondance
- indifférent ▶ indifférence
- indépendant ▶ indépendance
- imprudent ▶ imprudence

Page 112, exercice 14.

- Mamie a tricoté **des chandails** pour **ses petits-fils**.
- Nous avons planté **des végétaux** au fond du jardin.
- **Les généraux** et **les caporaux** sont des soldats.
- **Les bateaux** ont emprunté **des canaux** pour rejoindre l'océan.
- **Les chats** courent après **les souris** qui ont fait **des trous** dans le sac de farine.

Page 113, exercice 6.

- des serre-tête
- des pommes de terre
- des martins-pêcheurs
- des chiens-loups
- des cache-col
- des plates-bandes

Page 116, exercice 14.

- il est jaloux, elle est jalouse, ils sont jaloux, elles sont jalouses
- il paraît muet, elle paraît muette, elles paraissent muettes, ils paraissent muets
- il semble discret, ils semblent discrets, elle semble discrète, elles semblent discrètes
- il a l'air gracieux, elle a l'air gracieuse, elles ont l'air gracieuses, ils ont l'air gracieux

Page 117, exercice 4.

La régate réunissait 54 bateaux, essentiellement **espagnols**, **portugais** et **français**. Les voiles **rouge sang**, **caramel** ou simplement **blanches** composaient un tableau magnifique sur la mer **bleu vert**. Plus de 200 marins participaient à ce grand rendez-vous. Sur les pontons, on croisait en même temps des marins **bretons** en cirés **jaune vif** qui bavardaient avec des touristes **canadiens** et des équipages **hollandais**, moulés dans des tee-shirts **orange**, qui plaisantaient avec des journalistes **américains**.

Page 119, exercice 8.

« N'importe, poursuivit la bonne demoiselle. Je suis all**ée** ach**eter** mes graines, je suis rentr**ée** sans me press**er** – il fait si beau aujourd'hui –, et j'ai trouv**é** cette cage ouverte et mon Patapon envol**é**. J'ai aussitôt pens**é** que c'était moi qui avais oubli**é** de ferm**er** la cage et que le cher petit était all**é** se promen**er**. J'essayais de le retrouv**er** quand vous êtes arriv**és**. »

Page 120, exercice 5.

- Les détritus **envahissant** la plage posent problème.
- Les enfants jouent avec des balles **bondissantes**.
- Le feu s'est propagé, **brûlant** toute la forêt.
- L'air **vivifiant** de la montagne me fait du bien.
- J'ai installé un placard à portes **coulissantes**.
- Les piliers **étayant** la terrasse sont très solides.

Vocabulaire

Page 125, exercice 13.

- une foule : une grande quantité
- habiter : emplir
- dormir : rester oublié

Page 126, exercice 6.

- Avaler de l'eau **douce**. ▶ salée
- Chanter d'une voix **douce**. ▶ forte
- **Monter** l'escalier. ▶ descendre
- **Monter** le son de la télévision. ▶ baisser
- Sa réponse est **nette**. ▶ imprécise, confuse
- Les vitres sont **nettes**. ▶ sales

Page 127, exercice 6.

- Manon **mène** *(sens figuré)* ses parents **par le bout du nez**. *(sens figuré)*
- L'argile est une roche **imperméable**. *(sens propre)*
- Les poutres **supportent** *(sens propre)* le toit.
- Je n'en peux plus ; **j'ai l'estomac dans les talons**. *(sens figuré)*
- Le Premier ministre **a donné le feu vert** à ses ministres. *(sens figuré)*
- Cette histoire est **cousue de fil blanc**. *(sens figuré)*